미국·프랑스·영국
교육제도

미국·프랑스·영국 교육제도

초판 1쇄 발행 2013년 6월 25일
초판 5쇄 발행 2024년 2월 10일

지은이 정일용

펴낸곳 서울대학교출판문화원
주소 08826 서울 관악구 관악로 1
도서주문 02-889-4424, 02-880-7995
홈페이지 www.snupress.com
페이스북 @snupress1947
인스타그램 @snupress
이메일 snubook@snu.ac.kr
출판등록 제15-3호

ISBN 978-89-521-1508-9 93370

미국·프랑스·영국

교육제도

그 들 이 걸 어 온 교 육 의 길

정일용 지음

서울대학교출판문화원

머리말

인류는 18세기 이후 300여 년의 짧은 기간에 엄청난 발전을 이룩한다. 무엇이 이를 가능하게 하였을까? 저자는 이것이 교육의 힘이라고 생각한다. 프랑스혁명(1789-1791) 당시 작성된 결혼신고서 기록에 의하면 자신의 이름을 제대로 쓸 수 있는 남성은 채 50%도 되지 않았고, 여성은 거의 글을 읽고 쓸 수 없었다.[1] 1814년 영국의 경우, 귀족과 중소상인을 제외한 일반 서민(당시 영국 인구 1700만 명 중 약 70%인 1200만 명으로 추정)은 약 5%만이 읽고 쓸 수 있었던 것으로 파악된다.[2] 인쇄술이 발달하기 전에는 책 한 권 값이 집 한 채 값에 이를 정도로 비싸 지식이나 산업기술 대부분은 구술로 전수 · 보존되는 상태였기 때문에 산업발전과 지식의 축적에 한계가 있었다. 1751년 디드로(D. Diderot) 등이 당시 존재하던 기술과 지식을 모아 펴낸 『백과전서(Encyclopedia)』는 대단히 획기적인 책이었는데,[3] 발간된 책은 4,250권뿐으로, 당시 책을 구

---

1 당시 결혼신고 후 자필로 자신의 이름을 서명하게 되어 있음에 착안하여 자필서명을 읽을 수 있게 쓴 사람은 어느 정도 글을 읽을 수 있는 사람으로 추정하여 그 비율을 구한 것이다. Espen Moe, *Governance, Growth and Global Leadership: The Role of the State in Technological Progress 1750-2000* (Burlington, VT: Ashgate, 2006).

2 Marc Demarest, *Controlling Dissemination Mechanism: The Unstamped Press and the Net* (1995). http://www.noumenal.com/marc/unstamped.html (2012. 6. 1).

3 프랑스의 디드로와 달랑베르가 편집한 『백과전서』는 과학자 · 수학자뿐 아니라 당시 유명한 루소, 볼테르, 몽테스키외 등과 비단가공업자, 시계제조업자, 야금업자, 맥주양조업자, 출판업자 등 전문적 기능을 가진 상인 · 기업가들도 참여하였다. 그들은 당시의 지식과 기술을 집대성하여 백과전서만 공부해도 물건을 생산하고 다양한 지식을 습득할 수 있도록 하였다. 이를 통해 비합리적인

입하고 읽을 수 있는 사람이 매우 한정되었음을 보여준다. 그러나 프랑스혁명 약 100년 후인 1876년에는 프랑스와 영국 모두 문명률이 80%를 넘어선다. 이는 인쇄술이 발달함에 따라 저렴한 비용으로 다양한 서적이 발간된 것도 한 이유겠지만, 산업혁명과 계몽주의에 힘입은 학교교육의 발전에 의한 것이라 할 수 있다. 이후 유럽의 경제사회 발전에 가속도가 붙는다.

학교교육에 대한 요구는 갈수록 확대된다. 프로이센은 나폴레옹에 패한 후 1819년 세계 최초의 전국적 의무교육 제도를 도입한다. 프랑스는 1870년 나폴레옹 3세 시대에 이르러 프러시아와의 전쟁에서 패하자 그 원인이 독일 군인이 프랑스 군인보다 교육을 잘 받은 데 있다고 보고 1882년 의무교육을 도입한다. 영국은 그보다 앞선 1870년 의무교육을 시작한다. 19세기 유럽 국가들은 산업혁명과 국가 간 전쟁을 겪으면서 산업인력 확보와 잘 훈련된 군대를 유지하는 것을 국가의 생존 전략으로 삼았다.

한편 대서양을 건너 열악한 환경에서 시작한 미국의 개척자들은 교육을 그들의 생존 전략으로 삼았다. 이들에게 교육이란 지역적 · 종교적 결속을 강화하는 중요한 수단이었던 것이다. 이에 미국 매사추세츠 주에서는 영국이나 프랑스보다 빠른 1852년에 의무교육이 시작된다. 한편 유럽에서의 고등교육은 1088년 이탈리아 볼로냐 대학에서 시작된다. 영국의 케임브리지 대학은 1229년, 프랑스의 소르본 대학은 1257년에 설립된다. 1636년에는 미국 최초의 대학인 하버드 대학이 설립된다. 하버드 대학은 케임브리지 대학을 모델로 설립 · 운영되

낡은 제도를 개혁하여 보다 이성적이며 자유로운 사회를 실현하고 산업기술의 발전을 통해 살기 좋은 사회를 만드는 것이 발간 목표였다.

지만 차츰 자신만의 발전 모델을 정착시켜 현재 세계 일류 대학으로 발돋움하기에 이른다. 현재 미국은 세계 100위권 대학의 40-50%를 차지할 정도로 고등교육 분야의 중심지이다. 반면 유럽은 20여 개 국가를 다 합쳐도 세계 100위권 대학 중 30% 정도를 차지할 뿐이다.[4]

이 책에서는 유럽 국가, 특히 영국과 프랑스에 비하여 교육환경은 물론 사회 · 경제 등 모든 분야에서 열악한 조건으로 출발한 미국이 어떻게 하여 이처럼 강한 대학들을 배출하게 되었는지 살펴보고자 한다. 먼저 미국이 왜 교육발전에 중점을 두었는지, 그리고 미국 고등교육이 어떻게 발전해왔는지 등을 살펴본다. 또한 미국 교육의 모델이자 유럽 대륙의 중심에서 우수한 교육제도를 구축하여 근대화에 앞장섰던 영국과 프랑스 교육제도의 주요 특징과 문제점, 개혁동향을 중심으로 분석한다. 아울러 볼로냐 프로세스로 알려진 유럽 대학의 통합 발전 방안 등 유럽 대학들이 과거의 명성을 되찾기 위해 벌이는 노력도 살펴본다. 나아가 미국, 프랑스와 영국 3개국에서 독특하게 발전해온 대학입학제도도 비교해봄으로써 교육발전의 동력이 무엇인지 등을 알아보고자 한다.

이들 나라의 교육제도는 해방 이후 우리나라의 교육제도 기본틀 구성뿐 아니라, 5 · 31 교육개혁방안 등 우리나라 교육개혁에 많은 영향을 주었다. 이들 세 나라의 교육발전 사례는 우리나라의 교육문제에 대한 해결방안을 모색하는 데 도움을 줄 수 있을 것이다.

통계자료의 경우 여건상 최신의 것을 수록하지 못한 경우도 있어

---

4 세계 대학의 종합평가로는 크게 영국 'THES-QS 세계 대학 순위'와 중국 상하이 교통대학이 주관하는 '세계 500대 대학평가'가 있다. 2007년, THES-QS 평가에서는 세계 100대 대학 중 미국 대학이 37개였으나 2012년에는 34개로 감소하고, 상하이 교통대학의 평가에서는 미국 대학이 2007년 54개에서 2012년에는 52개로 약간 감소하였다.

양해를 구한다. 그럼에도 미국, 프랑스, 영국 교육제도의 흐름과 의미를 보여주는 데에는 도움이 될 것으로 믿는다.

끝으로 이 책이 나올 수 있도록 도와준 가족, 선후배와 동료, 서울대학교출판문화원에 특별한 감사를 드린다.

2013년 6월
파리에서
정일용

| 차례 |

III. 영국 교육제도 … 151

I. 미국 교육제도

1. 미국 교육제도 현황

2. 미국 교육제도의 발전

3. 미국 대학의 발전

4. 결어

ㅇ

미국의 정식 명칭은 "the United States of America"이다. 1607년 버지니아 지역에 첫 이주자가 도착한 데 이어 1620년 소위 필그림 파더스(Pilgrim Fathers)로 알려진 청교도(Putritans)들이 보스턴 지역에 정착한 이후, 미국은 세계 각지에서 온 이주자로 구성된 다민족, 다문화 국가로 발전해왔다.[1] 당시 미국은 세계의 억눌린 자들(the world's oppressed)의 천국으로 비쳤고, 세계 각지에서 모여든 이들의 다양한 요소가 청교도의 근면정신을 바탕으로 활발히 상호작용하면서 소위 "거대한 용광로(great melting pot)"[2] 속에 융합, 엄청난 시너지 효과를 만들어내며 230여 년이라는 짧은 역사임에도 세계 제일의 강국이 된다.

이 과정에서 미국의 개척자들은 교육의 중요성을 일찍이 깨달았으며, 이를 생존전략으로 삼았다. 신대륙 북부 지역에 정착한 청교도들은 혹독한 환경에서 지역사회의 결속 강화와 유지를 위해 교육을 개인이나 가족의 문제가 아닌 지역사회의 문제로 인식하고, 특히 성경을 읽을 수 있도록 교육받는 것이 중요하다고 보았다. 이에 1635년 미국

1 현재 미국의 인구 구성 비율은 백인 87.5%, 흑인 12.4% 등이다. 이 중 백인계 구성을 보다 구체적으로 보면, 영국계 15.3%, 독일계 12.7%, 아일랜드계 8.1%, 스페인계 4.4%, 이탈리아계 4.3%, 프랑스계 2.6%, 유태계 1.8% 등이다.

2 1782년 프랑스에서 미국으로 귀화한 존 헥터(J. Hector St. John de Crevecoeur)는 어느 나라에서도 찾아볼 수 없는 이러한 현상을 "거대한 용광로(great melting pot)"라고 묘사한다.

에서 가장 오래된 초중등학교로 알려진 보스턴 공립 라틴학교(Boston Public Latin School)가 설립되었고, 1647년 매사추세츠 주에서는 학교의 설립과 지원을 강제하는 법을 제정하는 등 종교교육의 강화와 지역사회의 결속 차원에서 교육이 강화되기 시작한다. 이러한 노력이 근간이 되어 미국은 18세기에 이르러 유럽보다 먼저 조세에 의한 공교육 제도를 실시하고 우수한 대학들을 배출하게 된다.

이 장에서는 초기 이주자들이 어려운 환경에서도 왜 교육에 중점을 두었는지, 미국 교육제도의 특징을 이루는 학점 제도, 조세운영 무료 공교육 제도, 입학사정관 제도 등은 어떻게 도입되고 발전해왔는지, 그리고 유럽 대학을 모방하여 세워진 미국 대학들이 어떻게 세계적인 대학으로 발전할 수 있었는지에 대하여 살펴본다.

1. 미국 교육제도 현황

1) 학제

미국의 학제는 우리와 같은 6-3-3-4제를 기본으로 하며, 주나 지역에 따라 4-4-4-4제, 4-8-4제 등 다양한 학제가 사용된다. 초중등교육과 유치원(만 5세)은 무료로 제공되며, 초중등학교에는 약 5540만 명(이 중 10.8%는 사립 초중등학교 재학), 고등교육기관에 약 2060만 명(이 중 약 27.7% 학생이 사립대학 재학)이 재학 중이다. 이 중 약 62%는 4년제 대학에, 38%는 2년제 대학에 재학 중이다. 고등교육기관 수(2년제 대학 포함)는 총 4,474개이며 이 중 연구중심대학은 전체의 6.3%인 281개교이고, 석사 과정 운영학교는 649개교, 학사 과정 운영학교는 1,833개교,

2년제는 1,711개교이다.[3]

2010년 고교졸업생 320만 명 중 대학에 등록한 학생은 220만 명으로 진학률은 약 68.1%이다. 4,474개 대학 중 학생 수가 5,000명 이상인 학교는 1,111개로 전체 학교의 약 25%이고, 5,000명 이하의 소규모 학교가 많다.[4] 고등교육기관에 재학하는 여학생의 비율은 1950년 31.6%였으나 1979년 50.9%로 역전된 이후 2009년 현재는 전체 대학생의 57.1%가 여학생으로 꾸준히 증가했다. 초중등학교의 학교중도탈락률(dropout rate)은 1970년 15%(백인 13.2%, 흑인 27.95%)였으나 2009년에는 8.1%(백인 5.2%, 흑인 9.3%, 히스패닉 17.6%; 남학생 9.1%, 여학생 7%)로 크게 낮아졌다.

2) 정부지원

미국은 2009년 현재 GDP의 7.9%를 교육에 투자하고 있으며, 유럽 국가와 다른 교육재정 지원 방식을 따른다. 학교를 관리하는 학교구(school district)는 해당 지역의 부동산에 대한 재산세(property tax)에서 지방교육재정을 충당하며 일부는 주정부와 연방정부로부터 지원을 받는다. 2007, 2008년의 경우 전체 초중등교육 재정의 43.5%는 재산세 세입 등으로 충당하고 주정부에서 48.3%, 연방정부에서 8.2%를 지원받았다. 주정부지원은 대개 해당 교육구의 재정부담 노력에 따라 지원액이 달라진다(대체로 재산세 비율이 높을수록 주정부로부터 재정지원이 많음). 재산세는 교육재정 규모에 따라 매년 달라질 수 있기 때문에 지

3 더 자세한 것은 *Digest of Education Statistics 2010* 참조. www.nces.ed.gov.

4 US Department of Labor, *College Enrollment and Work Activity of 2010 High School Graduates*, News Release (USDL-11-0462, 2011. 4. 8).

역에서 학교를 신설하거나 개축하는 등 재정지원이 큰 시설사업의 경우, 해당 지역의 주민투표에 의하여 추진 여부를 결정하기도 한다.

3) 교육평가기관

① 개요

대학평가인증제가 미국에서 시작된 가장 중요한 이유는 유럽이나 아시아 국가에서와 달리, 미국의 대학은 정부의 통제를 받지 않고 독자적인 헌장(charter)에 의해 설립 · 운영할 수 있었기 때문이다. 1819년 다트머스 대학 판결은 학교법인의 활동에 대한 정부의 규제를 상당 부분 막아주는 판례로, 사립대학이 공공의 압력이나 몰수로부터 자유권을 누리게 됨으로써, 이후 수많은 사립대학이 설립된다. 이로 인해 19-20세기 초 미국에는 매우 다양한 형태의 교육기관이 설립되었지만 학위 남발로 인한 교육의 질 저하가 심각한 문제로 제기된다. 이를 해결하기 위한 제도적 장치로 대학협의회에 의한 품질관리 방식이 도입된다. 협의회의 당초 목적은 대학 입학 자격 기준 표준화, 대학 입학 준비학교의 바람직한 성격 규정, 고등학교와 대학의 교육과정 권고, 교육기관 간 상호관계 강화와 정보의 교류가 목적이었다. 그러나 협의회 기능이 점차 학교평가인증으로 확대되기 시작한다.

가장 오래된 평가인정기관인 뉴잉글랜드학교협의회(NEASC: New England Association of Schools and Colleges)는 1885년 설립되었으며, 대학평가인증은 1913년부터 시작되었다. 현재 학교평가인증(accreditation)은 교육기관을 종합적으로 평가인증하는 기관평가와 개별 전문 분야 교육 프로그램에 대한 평가인증 방식으로 구분된다. 전문 분야 교육 프로그램 평가인증은 미국의학협회에 의해 1910년 시작된 데 이어, 치의학(1918), 법학(1923), 공학(1936) 약학(1940) 등으로 확산되었다. 미국의 프로그램 평가인증제는 면허증이나 자격증을 취득하는 전문교육 프로그램(professional education program)의 질을 보장할 목적으로 도입되었다. 실질적 고등교육기관 평가인증은 지역평가기구와 전문 분야별 평가인정기관에서 수행하며, 이들의 기능을 종합적으로 총괄 · 조정하기 위한 평가기관이 존재하는 형태이다.

기관은 8개 지역 평가인정기관(regional accreditors)을 통해, 전문 분야는 70여 개 전문 평가인정기관(programmatic accreditors)을 통해 평가인증이 이루어진다. 또 종교 계통 학교를 주로 평가인증하는 4개의 종교 기초 평가인정기관(faith related accreditors)과 주로 영리교육기관인 직업기술 교육기관(학위 · 비학위 과정 포함)을 평가인증하는 7개 직업교육기관 평가인정기관(career related accreditors)이 있다. 이처럼 다양한 평가인정기관으로 인해 발생하는 문제를 해결하기 위해 평가수행기구협의체를 만들어 운영하고 있는데, 최초의 통합기구는 COPA(Council on Postsecondary Accreditation, 고등교육평가협의회)이다. COPA는 1974년 기존 지역평가기관 연합체인 FRACHE(Federation of Regional Accrediting Commissions of Higher Education)와 전문 분야 평가인정기관인 NCA(National Commission on Accrediting, 전국평가위원회)를 통합하여 만들어진 것이나, 평가인정기관 간 갈등으로 1993년 해체된다. 이를 보완하고자 CORPA(Council for Recognition of Postsecondary Accreditation, 고등교육인정위원회)가 통합기관으로 설치 · 운영되다가 1996년부터 현재의 CHEA(Council for Higher Education Accreditation, 고등교육평가인정위원회)로 대체되었다. COPA가 해체된 이후, CHEA가 다양한 평가인정기관을 총괄하고 인증하는 역할을 담당하고 있다. 평가 방식은 평가인증(Accreditation)과 평가인정(Recognition)으로 구분된다. 평가인증은 교육기관(institutions)에 적용되는 것으로, 최저 기준 달성 여부를 판단하고 지속적 자체발전으로 유도하기 위한 비정부적 동료평가 과정(nongovernmental peer process)인 반면, 평가인정은 관리기관(agencies)에 적용되는 것으로, 정부가 지원하는 사업의 품질관리 차원에서 정부를 대신하여 평가인증을 행하는 정부 또는 비정부 기관을 승인하는 과정이다. 예를 들면 CHEA는 미 교육부의 승인을 받아 80여 개 평가인정기관(accreditators)을 인정(recognition)하고, 이들 인정받은 평가인정기관(recognized accreditation associations)은 각 대학을 인증(accreditating)한다.[5]

② 대학평가기관

• CHEA

고등교육의 질 보장과 향상을 위해서 1990년대 말 이후 각국에서는 중앙정부(연방정부) 차원에서 고등교육 평가 전담기구를 신설 · 확대하여 고등교육기관에 대한 평가기능을 강화하고 있다. 예를 들면 미국(CHEA, 1996), 영국(QAA, 1997), 일본(NIAD-UE, 2000), 호주(AUQA, 2001), 프랑스(CNE, 1984) 등이 대표적이다.[6]

CHEA는 직접적인 평가를 수행하지 않고 10년 주기로 평가기관을 인정하며 대학평가를 총괄 조정한다. CHEA는 미국에서 이루어지는 대학 평가인증 활동을 조정하기 위한 사적이고 비정부적인 조직으로, 3,000개 이상의 고등교육 기관과 80여 개 지역별, 전공별 평가인정기관이 연합하여 운영하며, 대학총장, 교육단체, 일반대표 13명으

5 CHEA, *Recognition of Accreditation Organization* (1998).

6 우리나라도 대학교육협의회에 부설된 한국대학평가원을 평가인정기관으로 지정하여 2011년부터 대학평가인증을 시작했다.

로 구성된 이사회(Board of Directors)가 있다. CHEA는 비영리, 비정부 조직이나, 대학평가에 관한 사항은 고등교육법 규정에 의하여 미국 교육부의 업무를 위임받아 수행한다. CHEA에는 8개 지역별 평가인정기관과 60개 전문 분야 평가인정기관이 회원으로 참여하고 있으며 3,000여 개의 고등교육기관을 평가인증한다.

• 교육부 지정 기관

CHEA와 별도로 미국 교육부(USED: U.S. Department of Education)는 평가인정기관을 지정하여 고등교육기관과 프로그램을 5년 주기로 인증하고, 평가인증받은 기관의 명단(positive list of schools)[7]을 발표한다. 교육부가 CHEA와 별도로 이러한 평가인증을 하는 이유는 연방정부 학생지원 예산이 일정 수준 이상의 양질 프로그램을 지원하도록 보장하기 위한 것으로, 연방정부 평가인증을 받은 기관만이 학생들에 대한 연방정부 재정지원을 받을 수 있다. CHEA의 평가인증은 초중등학교와 대학을 대상으로 교육의 질적인 사항에 중점을 두고 있으나, 교육부 평가인증은 고등교육단계(직업기술교육 포함)만을 대상으로 한다. 교육부지정 평가인정기관의 상당수는 CHEA의 평가인정기관으로 중복 지정되어 있다.[8]

• 평가인증의 혜택

평가인증을 받으면 다음과 같은 혜택이 있다. (1) 평가인증을 받은 교육기관만이 정부의 재정지원(학생장학금이나 학비대출 포함)을 받을 수

7 http://ope.ed.gov/accreditation 참조.
8 이 장 〈참고〉 미국 평가인증기관 참조.

있다. (2) 주정부가 담당하는 교육기관 평가절차나 전문직업교육 분야의 자격인증(licencing)을 받은 것으로 인정된다. (3) 인증받은 교육기관만 상호 학생 취득학점을 인정하여 학생 교류와 편입학을 허용한다. 따라서 평가인증을 받지 못한 고등학교 출신자는 평가인증을 받은 대학에서 입학을 허용하지 않는다. (4) 평가인증을 받은 것 자체가 대외적으로 최소한의 교육 기준을 충족한다는 표시로, 학부모, 학생, 교직원, 사회로부터 신뢰를 받는다.

평가인증은 한 번 받으면 영원히 유효한 것이 아니라 정기적으로 받아야 하므로 학교교육의 질을 일정 수준 이상 유지하는 데 유효한 장치로 사용된다. 평가인증을 받지 못한 학교 출신 학생은 상급학교 진학 시 불리하거나, 졸업 자체를 인정받지 못하거나, 정부에서 지원하는 장학금이나 보조금 등을 받지 못할 수 있다. 때문에 학생들을 유치하기 위해서도 학교는 평가인증을 받을 수밖에 없다.

2. 미국 교육제도의 발전

1) 신대륙 초기 이주자들[9]

소위 필그림 파더스로 알려진 청교도들은 1620년 9월 16일 메이플라워 호에 몸을 싣고 영국을 떠나 긴 항해 끝에 그해 11월 말경 케이프코드(Cape Cod)에 도착, 현재의 플리머스(Plymouth)[10]에 정착한다. 메

---

9 이 절의 상당 부분은 A. Rippa, *Education in a Free Society: An American History* (New York: David McKay, 1974)에서 발췌 · 요약한 것임을 알려둔다.

10 미국 매사추세츠 주에 있는 도시로 보스턴에서 남쪽으로 약 50㎞ 지점에 위치한다.

이플라워 호가 플리머스에 도착하기 13년 전인 1607년 12월, 지금의 버지니아 주 제임스타운에 이미 첫 이주자가 도착해 버지니아의 해안을 따라 자리 잡고, 농업, 특히 담배재배 등을 주 산업으로 정착해가고 있었다. 뉴잉글랜드[11]에 정착한 메이플라워 호 이주자들은 거친 환경에서 살아남기 위해 보다 강력한 단결력을 주는 종교적 힘을 필요로 했다. 반면 대규모 농업을 통해 부를 축적하기 시작한 남부 지방은 상대적으로 보다 자유롭고 느슨한 상호관계를 추구했다.

17, 18세기 미국은 여러 나라(영국, 독일, 스위스, 네덜란드, 프랑스, 스웨덴 등)에서 온 이주자로 붐볐지만, 교육은 주로 영국식으로 운영되었다. 영어권 출신 이주자가 비영어권 이주자보다 많았으며, 뉴잉글랜드 지역에서 영어권 출신이 가진 정치적 영향력, 그리고 영어권 출신 이주자가 본국과의 유대감이 더 강했기 때이다.

영국식 교육제도 정착에 어려움이 없었던 것은 아니다. 18세기 초 이주자들의 다양한 민족성, 거주 지역 산재로 인한 약한 사회적 결속력, 공통 언어의 부재와 정치력 부재 등으로 교육발전에 한계가 있었다. 각기 다른 종교적 배경 때문에 교구 내에서는 자신들의 언어와 교리에 따라 아이들을 가르치려 했다.[12] 펜실베이니아에 정착한 퀘이커

11 뉴잉글랜드는 영국으로부터의 초기 이주자들이 정착한 미국 북동부 지역을 지칭하며, 지금의 메인, 뉴햄프셔, 버몬트, 매사추세츠, 로드아일랜드, 코네티컷 주 지역이다.

12 1519년 마틴 루터(Martin Luther)에 의하여 시작된 청교도혁명(Protestant Reformation)은 칼뱅(John Calvin: 1509-1564)을 통해 전 유럽에 확산된다. 신대륙(New World)에서는 청교도가 압도적이었다. 미국인의 삶과 역사, 문화는 청교도 정신을 토대로 하여 발전한다. 1560-1650년 약 100년간 유럽의 청교도혁명에 가장 영향을 많이 준 칼뱅 신봉자들은 나라마다 다른 이름으로 불렸는데, 예를 들면 영국(England)에서는 'Puritans', 스코틀랜드에서는 'Plesbyterians', 프랑스에서는 'Huguenots', 네덜란드에서는 'the Dutch Reformed Church' 회원이라고 불렀다. 청교도는 주로 뉴잉글랜드 지역, 영국성공회는 주로 버지니아와 캐롤라이나 지역, 퀘이커는 펜실베이니아 지역, 그리고 가톨릭은 주로 메릴랜드 지역에 정착한다. 초기 매사추세츠 지역에 정착한 청교도들이 미국 역사에 가장 영향을 많이 준 것으로 알려진다.

(Quaker) 교도와 독일인들은 각각 자신들의 방식을 고집한다. 특히 뉴네덜란드[13]에 정착한 네덜란드인은 네덜란드가 식민지로 지배하던 1614년부터 1664년 영국에 지배권을 넘길 때까지는 물론, 영국지배 당시에도 자신들의 교리(Dutch Reformed Church)와 언어를 고수한다.

매사추세츠에 정착한 청교도들은 혹독한 환경에서도 문명을 영위하기 원했고, 종교적 단체생활을 중시하면서 문화적 유대감을 강화하기 위하여 집단정착 방식(compact settlements)을 장려했다. 한편 독일로부터의 첫 이주자들은 프랑크푸르트의 변호사 출신 파스토리우스(Francis Daniel Pastorius)와 함께 1683년 펜실베이니아에 정착한다. 그는 이주자들에게 열심히 일할 것을 요구하고 단결력과 근면성실을 바탕으로 부를 축적해 다른 이주자들에게 일종의 본이 되었다. 이러한 집단 거주 방식은 후에 북부 지역의 교육발전에 큰 영향을 준다.

반면 상대적으로 여건이 좋은 남부 지역에 정착한 영국 성공회교도(Anglicans)들은 플랜테이션(plantation, 대규모 농업재배)을 통해 부를 축적한다. 이에 따라 대규모 농지를 소유한 신흥 귀족이 나오기 시작했다. 이들은 영국에서와 마찬가지로 교육은 기본적으로 부모의 책임이며 개인적인 관심사이지 사회나 종교적 문제가 아니라고 보았다. 교회의 교육지원은 학비를 감당할 수 없는 아이들을 위한 자선적 차원의 것이었다. 이처럼 정착 초기 남부와 북부 간 생활 여건의 차이는 교육제도 발전에 서로 다른 영향을 준다.[14]

풀턴(Fulton)의 증기선 발명(1807), 오대호와 뉴욕 시를 연결하는 이

---

13 현재의 뉴욕, 뉴저지, 델러웨이, 코네티컷, 로드아일랜드 주 지역을 말하며, 현재의 맨해튼 섬에 있는 뉴욕 시는 1665년까지 뉴암스테르담으로 불렸다. 이 지역은 네덜란드 동인도회사(Dutch East India Company)의 허드슨(Henry Hudson) 선장이 1609년 발견했고, 1614-1664년 약 50년간 네덜란드가 지배한다.

14 Rippa, 앞의 책, p. 10.

리(Erie) 운하 개통(1825), 철도 개설(1830)을 통해 새로운 땅을 찾아 서부로 떠나는 이주자들이 더욱 증가하기 시작한다. 광활한 개척지에 몰려든 이주자들은 기존 북부나 남부 지역 사람들에 비하여 자유주의적 경향이 강했고, 이러한 경향이 정치와 교육제도 발전에 강하게 반영된다.

2) 이민 초기 초중등교육 현황 및 특징

① 북부 지역

신대륙 북부 지역에 정착한 청교도들은 혹독한 환경에서 지역사회의 결속 강화와 유지를 위해 교육을 가족 문제가 아닌 지역사회의 문제로 인식하였다. 이러한 특징은 청교도들이 거주하던 북부 뉴잉글랜드 지역에서 두드러지게 나타난다.

1635년 봄 보스턴 지역 이주자들이 모임을 갖고 보스턴 공립 라틴 학교(Boston Public Latin School)라고 부르는 문법학교(grammar school)를 설립하기로 하는데, 이 학교가 미국에서 가장 오래된 초중등학교로 알려진다. 이 학교는 17세기 뉴잉글랜드 지역의 유일한 초중등학교로 인기가 있었다. 학교의 교육과정은 정확히 알려져 있지는 않지만 영국의 전형적인 라틴문법학교(Latin Grammar School)를 모방하여 라틴어 등 고전과목(classical study)과 종교적 과목이 주류를 이루었던 것으로 추측된다. 당시 유럽에서 라틴어를 쓰고 말할 수 있는 사람은 잘 교육받은 사람으로 인식되었고, 미국도 그러한 사고의 영향을 받았다. 라틴문법학교에 다닐 수 있느냐 없느냐는 부모의 사회경제적 지위에 의하여 정해졌고, 소수의 상류계층 자녀에 기회가 국한되었다. 여자는 입학이 거의 허용되지 않았고 재력이 있는 경우에는 개인교습을 받았다.

대학에 진학하려는 남학생들은 7-8세가 되면 라틴문법학교에 등록한다. 이들 문법학교는 하버드 대학 입학을 목표로 라틴어 읽기, 쓰기, 말하기와 그리스어의 일반 문법 사항을 가르쳤다. 라틴문법학교들은 종교적 훈육을 강조하여 매일 아침 성경을 읽고 시편을 외우는 종교적 행사로 시작하고, 매주 금요일 오후에는 교리문답을 받도록 했다. 교사는 교회에서 선발하여 자격(license)을 주었다. 대체로 7년 과정으로 일주일에 6일 수업을 하였고 엄한 규율 속에서 생활해야 했다. 대부분 교사는 고용된 자이거나 목사가 되고자 준비하는 학생들이었다. 교사들은 담배, 콩, 밀 등의 현물을 봉급으로 받기도 했고, 종종 교회 청소나 장례식 때 목사를 돕는 일, 심지어 관을 묻을 땅을 파는 일 등을 했다.[15]

1642년 매사추세츠 주의회는 각 마을(town)마다 어린이들의 글 읽기 능력을 조사할 수 있는 사람을 선임하도록 하였고, 어린이들에게 종교적 원리와 지역의 법을 읽고 쓸 수 있게 가르쳐야 하며, 이를 거부하는 경우에는 벌금을 매길 수 있게 요구하는 법을 통과시킨다. 이 법은 학교 설립을 요구하지는 않았지만 미국 교육사에 있어서 기념비적인 사안이다. 1647년 매사추세츠 주는 학교의 설립과 지원을 강제하는 유명한 "악마퇴치법(Old Deluder, Satan Act)"을 통과시킨다. 당시 청교도들은 성경을 읽고 배울 수 있으면 사탄의 유혹으로부터 벗어날 수 있다고 믿었기 때문에 교육을 강조하였고 법의 명칭에도 그런 생각을 담았다. 악마퇴치법은 미국에서 학교 설립을 강제한 최초의 법으로 알려진다. 이 법은 50가구가 넘는 마을은 모든 아이를 가르칠 사람을 지명해야 하고, 교사 월급은 학부모나 아이들을 가르치는

15 Rippa, 위의 책, pp. 38-41.

장인(masters),[16] 또는 마을 전체가 부담하도록 하였다. 100가구마다 라틴문법학교 설립을 의무화하여 대학에 진학할 청소년들을 교육하도록 하고, 거부하는 부모나 장인에게는 5파운드의 벌금을 매겼다. 매사추세츠 주의 1647년 법은 공립학교 설립에 대한 최초의 법적 제도였으며, 다른 지역의 학교교육 제도 도입에 많은 영향을 주었다.

② 남부 지역

반면 남부 지역은 달랐다. 광범위한 땅을 소유한 부자들은 다른 가정 자녀의 교육을 적극 주장할 필요를 거의 느끼지 않았다. 특히 버지니아에 거주했던 부유층은 자녀를 영국으로 보내거나 가정교사를 고용하여 교육을 시켰다.

드물게 저소득층과 노예에게 무료로 교육을 하는 학교(free school)가 운영되었다. 1635년 시메스(Benjamin Symmes)에 의하여 시메스 무료학교(Symmes Free School)가 처음 세워지고, 이어서 1659년 이튼(Thomas Eaton)이 이튼 무료학교를 세운다. 이 두 학교는 1804년까지 운영되다가 햄튼 아카데미(Hampton Academy)로 통합된다. 1701년 SPG(the Society for the Propagation of the Gospel, 복음선교회)에 의하여 자선학교(charity school)가 설립된다. 이런 자선학교는 소수였고 항상 환영을 받은 것도 아니었다. 예를 들어 사우스캐롤라이나에서는 1740년 노예에게 글을 가르치는 것을 금하는 법을 통과시켰다.

16 사회가 점차 안정되면서 기능인력(skilled worker)에 대한 수요가 증가하여, 기능인력 양성을 위한 도제식 교육(Apprenticeship) 방식이 확산된다. 당시 장인들(masters)의 도제식 교육 대상은 주로 고아, 저소득층 자녀와 사생아들이었는데, 가난한 집 자녀들은 생계유지를 위해 집안의 가사를 도와야 했기 때문이다. 도제식 교육을 하는 장인들은 일종의 보호자로서 역할을 수행하였다.

③ 실용적 사립학교의 탄생

17, 18세기 들어 유럽의 새로운 사상적 흐름인 계몽주의에 접하면서 사람들은 점차 보다 자유로운 환경, 즉 종교와 정치의 분리(secularism)를 원하게 된다. 이주자가 많아지고 무역 등 상거래 활동이 활발해지면서 등장한 중산계층은 계몽주의 사상 도입에 보다 적극적이었다. 또한 당시 중산층은 고전학이나 라틴어 대신 외국어, 회계, 지리학 등 실용적인 학문과 기술 습득에 관심이 많았다. 이에 18세기경에는 거의 모든 마을마다 상거래와 관련된 회계, 전기나 기계과목을 가르치는 사립학교(private schools, 일종의 학원)가 점차 생기기 시작했고, 심지어 글쓰기, 읽기와 계산(수학) 등을 가르쳐 대학 입학 준비생을 가르치는 사립학교도 나오게 된다.

실용적 기능과 관련된 과목들을 가르치는 사립학교는 대체로 장인들에 의하여 운영되었다. 이런 형태의 학원은 18세기 초부터 나타났고, 스쿨(School), 아카데미(Academy), 잉글리시 스쿨(English School) 등의 명칭을 사용하여 광고하기도 했다. 이들 학원은 벤자민 프랭클린이 주장했던 실용적인 과목 위주로 과정을 운영하였고, 18세기 말경에는 그 수가 크게 늘어나면서 일종의 중등교육기관처럼 자리를 잡게 된다.

당시 뉴잉글랜드 지역에는 대학 입학 준비 과정을 가르치는 사립학교가 많았고, 남부 지역에는 남학생을 위한 일종의 사관학교(military academy)가 있었다. 여학생들에게는 사교생활에 필요한 것을 최종적으로 교육한다는 의미로 피니싱 스쿨(finishing school)이라는 사립학교가 있었다. 이러한 형태의 사립학교는 1860년까지 번성한다. 이들 사립학교는 통학 혹은 기숙 형태였고, 대체로 학부모가 부담하는 학비로 운영되었으나 종교단체나 자선단체가 운영비를 지원하는 경우도 있었다.

여러 명이 공동으로 설립한 통상 아카데미(academy)라고 불리는 사립학교는 개인이 혼자 운영하는 사립학교보다 규모가 컸고, 주정부에 법인등록을 하였으며 이사회(board of trustee)에 의하여 운영되었다. 이사회는 직원고용과 예산, 그리고 학칙제정 등의 권한을 가졌다. 법인등록을 하지 않은 사립학교도 종종 위원회 형태를 구성하여 법인등록 사립학교와 비슷한 방식으로 운영되었다. 이들 아카데미는 중산계층의 실용과목에 대한 요구를 반영하여 기존의 문법학교 교육과정 외에 벤자민 프랭클린이 주장한 실용적 과목을 가르쳤다. 아카데미는 대학진학을 목표로 하는 라틴문법학교와 달리 지금의 실업계 고등학교처럼 졸업 후 바로 사회생활에 필요한 지식과 기능교육에 중점을 두었다. 아카데미는 무료가 아니었기 때문에 많은 학생이 다니지는 못했다.

초기 사립학교는 학생 모집과 학교 운영비 조달에 어려움이 많았다. 학생 모집은 주로 신문광고에 의존했고, 돈 많은 학부모에게 수업료 이외의 별도 지원이나 기부를 요구하기도 했다. 1784년 뉴욕 주는 일정 조건에서 법인으로 등록(charter of incorporation)하고 주정부와 협력하여 학교를 운영하는 경우 재정지원을 하는 법안을 통과시킨다. 이로써 사립학교에 대한 재정지원과 통제의 개념이 등장하게 된다. 학교법인을 등록하려면 학교 설립에 필요한 비용의 반 이상을 부담하고 이사회(이사 수는 12-24명)를 둘 것과 매년 재정보고서를 주정부 교육감독위원회(Regents)[17]에 제출할 것을 요구받았다. 교육감독위원회에는 정기적인 보고를 요구하고, 현장 방문을 통해 학교를 감독할 수 있는 권한이 부여된다.

---

17 교육감독위원회(Regents)는 공식적으로 "the Regents of the University of the State of New York(USNY)"라고 불린다. 뉴욕 주가 1784년 당시 킹스칼리지(King's College, 지금의 컬럼비아 대학)나 사립학교 등을 관할(면허와 등록권, 학교 감독권)하도록 법에 의해 설립한 기관이다. 이름이

3) 공교육의 태동 및 발전

초창기 미국 이민자들은 열악한 환경에서 종교적, 지역적 결속을 위해 교육의 중요성을 강조한 반면, 종교적 가치가 훼손될 것을 우려해 독립 이후에도 자유로운 학교 운영에 반대하였으며 정부의 조세지원 교육에도 회의적이었다. 대체로 교육은 정부가 해야 할 업무의 영역이 아니라 종교적 또는 개인적 문제로 여겼던 것이다. 이에 1787년 미국 헌법의 초안을 작성할 때도 교육은 연방정부나 주정부의 업무 영역에 포함되어야 한다고 여기지 않았다. 그러나 19세기에 이르러 미국 교육은 점차 종교와 분리되었고, 조세지원을 통한 공교육 제도가 도입, 정착되기에 이른다.

뉴욕주립대학(SUNY: State University of New York)과 유사하여 혼동할 수 있지만, 학교감독기관이지 대학이 아니다. 초기에는 주지사, 뉴욕과 알바니 시장, 그리고 주정부 공무원 외 24명의 위촉위원이 임기 없이 평생 업무를 담당했다. 현재 감독위원회(Board of the Regents)는 주의회에서 선출하는 16명의 위원으로 구성되는데, 12명은 12개 주 행정구역에서 1명씩, 나머지 4명은 광역 단위로 선출한다. 현재 교육감독위원회는 NYSED(New York State Education Department, 뉴욕 주 교육부)를 지도 감독하며, 교육부 사무총장(chief of executive officer)을 선출할 수 있다. 교육감독위원회는 NYSED를 통하여 각종 집행업무를 수행하며, 각급 학교[7,000여 개의 공 · 사립 초중등학교, 250여 개의 공 · 사립대학, 250여 개 개인소유 학교(영리기관, 특수학교 및 직업교육기관 등)]는 물론 박물관, 도서관, 공공 방송기관 등도 관할한다. 1787년에 주의회는 각 교육기관은 자체 관리위원회(trustee)를 운영하도록 하고, 교육감독위원회는 주 교육 전반을 지도 · 감독하도록 법안을 개정한다. 새로운 법은 교육감독위원회가 학교(공 · 사립 초중등학교 및 대학 등 모든 교육기관)에 대한 방문 및 조사권, 고등교육 학위수여권과 예산배분권을 갖도록 했다. 교육감독위원회는 사립학교 법인허가 기준을 만들었는데, 주정부의 보조금을 받기 위해 필수적으로 가르쳐야 할 과목과 교과서를 특정하였다. 보조금은 지역의 입학시험을 통과한 학생에 한하여 지급되었다. 학교가 보조금을 더 많이 받기 위해 학생을 더 많이 받아들이면서 교육의 질이 떨어지는 경향이 나타나자, 19세기 말경에는 교육감독위원회가 고등학교(high schools) 과정에 대한 교육 기준(educational standards)과 교수개요(syllabus)를 개발하고, 거의 모든 졸업생은 일종의 표준화된 학력검사인 교육감독위원회 시험(the Regents examination)을 보아 일정 점수 이상을 획득해야 졸업장을 받을 수 있도록 했으며, 지금도 시행 중이다.

① 1785년 토지법(Land Ordinance)의 의미

독립 이후 많은 사람이 애팔래치아(Appalachian) 산맥과 오하이오 강을 넘어 서쪽으로 이주하기 시작한다. 이들은 새로운 지역에 자리 잡으면서 토지소유권을 행사하기 위하여 땅의 구입을 요구한다. 대서양을 끼고 자리 잡은 주정부들은 이 땅에 대한 관리를 포기하였기 때문에 연방정부가 나서게 된다. 헌법이 제정되기 전이었지만 급한 대로 1785년 토지법(Land Ordinance of 1785)이 제정되는데, 이 법은 미국 교육의 발전에도 중요한 의미를 지닌다. 토지법에 따라 모든 지역을 사방 6마일 단위(약 10km)마다 하나의 군구(郡區, township)를 두게 하고, 각 군구를 다시 사방 1마일 단위로 쪼개 그 사방 1마일 토지마다 번호를 1부터 36까지 매겼다. 그리고 매 16번째 토지(16th section)는 지역의 교육을 위한 재산으로 남겨 놓았다. 1787년 2개의 땅을 토지회사에 팔면서, 연방의회는 토지회사에게 그 지역을 위한 학교를 설립하도록 허가한다. 이러한 방식(section grant)은 1802년 오하이오 주 승인 시 적용되었고, 텍사스, 메인 주와 웨스트버지니아를 제외한 모든 새로운 주정부의 승인 시에도 적용된다. 이러한 땅에서 나온 수입(주로 토지 매각 대금)은 지역 교육발전에 매우 요긴하게 사용되었다. 하지만 아직까지는 일부 주에 한한 것으로, 이후 조세지원 공교육을 위한 노력은 계속된다.

② 공립학교운동의 태동

1840년에 이르러 공립학교운동이 태동한다. 당시 미국은 다양한 국적의 유럽인이 이주하는데, 이들 중 아일랜드인과 독일인은 주로 천주교 신자로 기존의 정착민(주로 청교도들)과 종교적 마찰을 빚기 시작했다. 이에 종교 · 언어 · 문화적으로 다양한 배경을 가진 이주자들을 미국화

(Americanizing)할 필요가 생긴다. 산업이 발달하면서 산업 현장에 투입될 신규 인력을 확보하는 현실적인 요구도 커졌다. 또한 루소나 페스탈로치 등의 계몽주의 사상에서 영향을 받아 교육을 통해 불행과 빈곤을 개선할 수 있다고 믿는 혁신가들이 등장하였고, 이러한 사회적 요구는 공립학교 추진운동(common school movement)으로 이어진다. 다만 공립학교운동은 이주자들의 미국화 차원에서 주장된 학교 설립 추진운동으로, 개인의 다양한 잠재 능력 신장보다는 사회적 단결(social unity)을 강조했다는 면에서 현재의 공립학교 개념과는 다르다.

공립학교 추진운동은 만(Horace Mann: 1796-1859)으로부터 시작된다. 1839년 만은 자신이 발간한 『공립학교 저널(Common School Journal)』(1839-1852)이나 버나드(Henry Barnard)가 창립한 『코네티컷 공립학교 저널(Connecticut Common School Journal)』(1838-1842) 등의 잡지에서 페스탈로치가 운영하는 유럽 학교를 소개하고, 아메리칸 라이시움(American Lyceum) 등의 단체가 독일식 조세를 통한 무료 공립학교 추진운동을 전개함으로써 사회의 여론 형성에 크게 기여한다.

홀브룩(Josian Holbrook)은 1826년 아메리칸 라이시움[18]을 설립한다. 그는 미국인을 계몽하기 위하여 과학과 사회생활에 유용한 지식이나 기술 등이 필요하다고 보고, 이를 작은 마을 단위부터 전국 단위로 확산시키는 운동을 전개한다. 라이시움을 통해 사람들은 자신의 기술을 가르치고 동시에 다른 사람의 기술을 배우며, 관련 서적이나 농작물 재배 등 실생활에 필요한 기계나 기구를 전시 · 판매하였다. 1826년 매사

---

18 라이시움(lyceum)은 고대 아테네의 성 바깥에 있던 김나지움(gymnasium, 일종의 운동선수 훈련장이면서 동시에 각종 토론 등이 벌어지던 장소)으로, BC 335년 아리스토텔레스(Aristotle)가 여기에 학교를 세우고 학생들을 가르쳤다. 라이시움이란 명칭은 계몽을 위한 교육모임이라는 뜻에서 사용된 듯하다.

추세츠 주 밀버리에서 첫 라이시움이 시작된 이후 2년 사이에 약 100여 개가 더 생겨났다. 1831년에는 뉴욕 시에 전국 단위로 아메리칸 라이시움을 결성하고, 그 전국조직의 목적으로 일반적 지식의 확산과 공교육의 발전을 선언했다. 1839년경에는 전국에 있는 조그만 마을에도 결성되어 4,000여 개가 넘었다.

그러나 이러한 공교육 제도 도입운동이 지속되는 이면에는 여전히 세금으로 운영되는 공교육 제도 도입을 반대하는 세력이 많았다. 특히 부유한 사람은 가난한 근로자의 자녀교육을 위해 비용을 지불하는데 부정적이어서 세금을 더 걷는 것에 적극적으로 반대한다. 또 일부는 종교적 관점에서 공교육 제도는 교구학교(教區學校, parochial schools)와 갈등을 야기할 수 있다는 이유로 반대하기도 하였다. 가난한 아이들을 교육시키면 일할 의욕을 잃고 게을러질 수 있다고 주장하는 사람도 있었다. 이러한 반대 속에서 미국 공교육 제도의 발전에 기여한 혁신운동가로 카터(James G. Cater), 만(Horace Mann), 버나드(Henry Barnard) 등을 들 수 있다.

카터(1795-1849)는 비용절감만을 위해 교육의 질을 고려하지 않는 랑케스터식 학교(Lancasterian Monitorial School)[19]를 비난하면서 학생평가(grading) 도입, 표준화된 교과서(uniform textbooks), 좋은 교사 확보로 양질의 교육을 제공하는 학교가 필요하다고 주장했다. 또 그는 자격교사를 양성하기 위한 학교의 설립을 제안했다.

---

19 영국인 랑케스터(Joseph Lancaster)가 도입한 방식으로, 한 명의 교사가 담당할 학생(적게는 100여 명, 많게는 1,000명까지)을 여러 그룹(한 그룹당 약 10명)으로 나눈 후 각 그룹별로 상급생이나 우수 학생을 지정하여 담당하도록 하면서 교사는 전반적으로 학업 진행사항을 감독(monitor)하는 방식이다. 1명의 교사가 여러 학생을 다룰 수 있어 비용절약 면에서 1806년 미국에 처음으로 도입된 이후 매우 선호된다. 무료학교협회(Free School Society)도 1806년부터 1853년까지 이 방식을 사용했다.

③ 학교구 제도의 도입과 교육행정기관의 설치

1789년 매사추세츠 주의회는 지역의 학교 설립과 감독을 담당하는 학교구(學校區, school districts) 제도를 도입한다. 1800년 공립학교 지원에 필요한 경비조달을 위해 해당 지역에 세금을 부과할 수 있는 권한이 학교구에 주어진다. 1827년 주의회가 학교구에 교사임용권과 교과서선택권을 갖는 학교이사회의 이사선임권을 부여하면서 제도가 정비된다. 다른 주도 이러한 학교구 제도를 따른다.

1789년 법이 통과되었지만 공교육의 질을 개선하는 문제는 여전히 남았다. 조세부담률은 여전히 너무 낮아 교육의 질이 형편없었고, 조세부담권을 제대로 행사하지 못하는 교육구도 있었다. 이에 카터의 지속적인 교육개혁운동으로 1834년 공교육의 질을 높이기 위한 주교육재정기금(state school fund)이 만들어진다. 카터는 1837년 매사추세츠 주의회 교육분과위원장으로 활동하면서 반대하는 의원들을 설득하여 미국 최초의 교육위원회(state board of edcuation)[20] 창설을 주도한다.

만(Horace Mann)은 매사추세츠 주교육위원회의 초대 사무총장(Secretary of the State Board of Education)을 맡게 된다. 그는 1837년부터 12년간 사무총장으로 근무하면서 주교육위원회의 역할과 기능을 강화하고, 미국 교육제도 발전에도 크게 기여한다. 만은 독일의 교육제도에 매료되어 1843년 독일 방문 후 독일식 제도를 미국에 도입시키고자 많은 노력을 한다. 특히 조세에 의하여 무료로 제공하는 의무교육 제도

---

20 당시 주교육위원회는 규모도 작았고, 교육정책 수립이나 학교감독보다는 학교실태 파악이나 자료수집에 집중했다. 현재의 주교육부에 해당하는 교육행정기관(State Sperintendent, 주교육부장관)은 1813년 뉴욕 주가 처음으로 설립했고 1826년 메릴랜드 주가 뒤를 이었다. 주교육위원회와 다른 점은 통일된 방식(unified control)으로 학교를 직접 지도 · 감독했다는 점이다. 이런 행정체제를 도입한 주는 대체로 주교육위원회와 주교육부(office of state superintendent 또는 commissioner of schools)를 모두 두는 방식을 택했다.

와 교사양성을 위한 사범학교 도입 등을 강하게 주장한다.[21] 당시 남자 교사의 연봉은 185달러, 여자교사의 연봉은 64달러였는데, 기술자가 연 300달러를 정도를 받았던 것에 비하면 교사의 처우는 매우 나쁜 편이었다. 그는 우수한 교사양성을 위해 3개의 사범학교(normal schools)[22]를 운영하고, 『공립학교저널』을 창간하여 교사들에게 정보를 제공하며 교육 분야의 여론형성에 노력하였다. 만은 당시 종교지도자들로부터 무신주의자라는 비난을 받기도 했다. 또한 만은 페스탈로치의 교육방법론에 영향을 받아 학생과 교사 사이에 상호존중과 사랑을 전제로 친밀한 관계(rapport)가 형성되어야 한다고 보고, 학생체벌을 비난했다. 그는 학생의 자기통제능력(self-discipline 또는 self-control)을 키우는 방향으로 교육해야 한다고 주장했다. 그는 복종과 타인에 대한 존중은 타인에 대한 이해와 배려를 통해서 습득하게 된다고 믿었다.

이처럼 만은 사무총장으로 재임하면서 주정부 교육예산을 두 배로 끌어올려 조세지원 공교육 제도(tax-supported education system)[23]의 정착

---

21 당시 독일은 교육부장관 훔볼트(Wilhelm von Humboldt, 1767-1835)가 학문의 자유를 기본으로 한 연구중심 대학 설립, 초등교육 의무화, 국가의 교사양성과 자격제도 도입, 모든 학생 대상의 국가 수준 시험 실시, 국가 수준의 교육과정 운영 등 소위 독일식 교육모델을 추진하고 있었다.

22 미국 첫 번째 사범학교〔normal school, 현재의 프레이밍햄(Framingham) 주립대학〕는 1839년 매사추세츠 주 렉싱턴에 세워졌다. 'normal'이란 명칭은 교사에게 교육의 기준(standards) 또는 준거(norms)를 가르친다는 의미에서 붙여졌다. 처음의 사범학교는 대체로 프랑스 신부 성 요한 밥티스타 드 라 살(Saint John Baptist de La Salle)이 1685년 랭스에 세운 에꼴 노르말(Ecole Normale, 사범학교)인 것으로 알려진다. 당시 에꼴 노르말에서는 현재의 교생실습과 비슷하게 교사가 될 학생들이 학교수업을 참관하고 수업에 참여하는 방식으로 교육했다. 교사가 될 학생들이 수업에 참관하고 실습할 수 있는 학교를 일종의 모델(model, 준거, 표준)이라고 보아 영어로는 모델 학교(model school)라 번역한다. 이것은 현재의 사범대학부속 초중등학교와 유사하다. 다만 당시에는 모델이 되는 일반학교와 교사가 될 학생을 가르치는 사립학교가 한 건물에 같이 있었다. 미국의 사범학교는 대체로 학비를 받지 않고 운영했다.

23 조세지원 공교육 제도(tax-supported education system, 무료 공교육 제도)는 조세에 의하여 운영되는 무료 공교육 제도를 말하고, 여기서 말하는 무료교육(free education)은 종교단체 등에서 극빈자 자녀를 대상으로 자선적 차원에서 제공하는 무료교육(공교육 제도가 아닌 일종의 사교육단체에 의한 지원활동임)을 의미하므로 용어를 구분하여 표현한다.

에 기여하고, 미국에서 처음으로 사범학교를 세워 운영하였으며, 교사의 처우개선과 능력개발에도 크게 기여한다. 그가 정비한 매사추세츠 주 교육제도는 다른 주의 모델이 되어 미국의 교육제도의 방향을 이끌었다.

그러나 뉴잉글랜드 지역의 교육발전과 달리 남부 지역은 여전히 교육이 개인적인 문제이고 가족이 담당해야 할 영역이라고 보았다. 무료교육이란 극빈자 대상의 자선(charity or pauper schooling) 정도로 여기는 분위기였다.

④ 조세지원 공교육 제도의 도입

1785년 토지법에 의한 연방정부의 교육용 토지(section grants)를 받지 못한 기존 주들(뉴잉글랜드 지역의 주들)은 환수재산, 주류판매 허가세, 결혼신고세(marriage fees) 등으로부터의 수입에 교육재원을 의존하였으나 액수가 작았고, 지방자치단체들은 교육을 위해 과세하는 데 소극적이었다. 그래서 주정부는 지방자치단체의 교육과세를 독려하기 위하여 소위 대응지원 방식(matching fund)을 채택하고, 지방정부가 교육세로 거두어들이는 액수에 상응하는 액수만큼 재정지원을 한다는 원칙을 세운다. 이러한 재정지원 방식이 1805년 뉴욕 주에서 채택되자 다른 주들도 이를 따른다. 또한 많은 주가 주민들이 공교육을 위해 세금을 거두는 것을 투표로 결정한다면 학교구(school districts)가 과세할 수 있는 권한을 갖도록 하였다.

그러나 교육을 위해 세금을 걷는 것에 여전히 거센 저항이 있어 일정한 범위 내에서 학교구로 하여금 의무적으로 과세하도록 강제하는 법 제정의 필요성이 제기된다. 무엇보다도 조세지원 공교육 제도 도입을 위한 공공지원 원칙의 확립이 시급한 과제였다. 이 과정에서 논쟁의 핵심은 두 가지로 요약된다. 하나는 무료교육은 극빈자 자녀에게만 필요하다는 주장, 다른 하나는 만약 공립학교에 교육을 위한 과세권을 부여한다면 그 학교에 다니는 학부모에 한하여, 그리고 학교에 다니는 자녀 수에 비례하여 부담시켜야 한다는 주장이었다. 그러나 저소득층 학부모 입장에서는 세금을 모두 부담할 형편도 못되었고, 자선적 무료교육은 극빈자라는 낙인이 찍힐까봐 거부하는 경향이었다.

이를 둘러싼 치열한 논쟁은 펜실베이니아 주에서 대표적으로 나타난다. 펜실베이니아 주에서는 1809년 극빈자교육법(Pauper School Law)을 이미 제정하여 극빈자 자녀를 대상으로 학교를 운영하고 있었고, 필요한 재원은 조세수입으로 충당했다. 그러나 이 혜택을 받기 위해서는 학부모가 자신이 극빈자라는 사실을 공개적으로 선언해야 했다.[24] 1828년 무렵 5-15세 아동 약 40만 명 중 절반 이상이 어느 형태의 교육기관에도 등록하지 않은 것으로 파악된다.[25]

교육개혁운동가들이 노력한 결과, 펜실베이니아 주는 1834년 무료공교육법(Pennsylvania Free School Act of 1834)을 통과시켜 극빈자교육법을 폐지하고, 조세지원 공교육체제(tax-supported common school)를 도입한다. 각 학교구에서 교육을 위해 세금을 걷는 경우 주정부에서 보조금을 지급하고, 무료교육법을 반대하는 자치단체는 종전 극빈자교육법에 따르도록 선택권을 부여하였다. 지역자치단체별 주민투표 결과, 약 절반 이상의 학교구에서 새로운 법에 따라 무료 공교육 제도를 도입할 것을 선택한다. 그러나 문제는 실제 과세 단계에 들어가서 나

---

24 학부모가 극빈자라는 선언을 하면 집에서 가장 가까운 사립학교(private school)에 다닐 수 있었고 비용은 주정부에서 지원을 받았다. 당시 그런 학교에 대한 교육 기준이나 출석의무가 있었던 것은 아니다.

25 Rippa, 앞의 책, pp. 120-121.

타나기 시작했다. 과세의 필요성은 물론 과세 대상과 범위를 둘러싸고 지역사회 간, 지역사회 내에서 갈등과 치열한 논쟁이 지속되었다. 특히 펜실베이니아 주에는 독일 출신 이주자가 많았고, 독자적인 교구학교를 운영하고 있었다. 이들은 공교육 제도의 도입이 종교적 단결력과 자신들의 전통적 교육방법을 훼손시킬 것으로 우려하여 반대한다. 이런 혼란 속에서 다음 해(1835) 주의회 선거가 치러졌고, 무료공교육법을 주장했던 의원들이 대거 낙선한다. 새로 구성된 주의회 의원 중 일부는 무료교육법의 폐지와 1809년 극빈자교육법의 부활을 주장했다. 그리고 1834년 무료공교육법의 폐지를 요청하는 수많은 청원서가 주의회에 제출된다.[26]

청원서에 따라 주상원은 압도적 다수로 무료공교육법을 폐지한다. 그러나 주하원은 스티븐스(Thaddeus Stevens) 의원[27]을 중심으로 오히려 종전의 무료공교육법보다 더 강화된 법의 제정을 주장하는 유지파와 폐지파가 팽팽하게 맞서고 있었다. 스티븐스는 반대파에 맞서 다음과 같은 유명한 연설로 설득한다. "선거에 의한 민주주의가 오랫동안 지속되기를 바란다면, 자신의 재산을 불리기 위해서는 물론, 현명하게 의원의 입법활동과 정부의 업무를 감시하기 위하여 모든 선거권자(every

26 당시 청원서를 다룬 주하원 특별위원회는 청원서 제출 시 서명한 사람 100명당 5명 정도만 영어로 자기 이름을 썼고, 나머지 95% 정도의 서명은 도저히 읽을 수 없었다(illegible)고 보고하면서, 지금까지의 교육제도가 가진 문제점을 가장 잘 보여주는 사례라고 지적하였다.

27 스티븐스(Thaddeus Stevens: 1792-1868)는 펜실베이니아 하원의원과 연방 하원의원을 지냈다. 미국 역사상 가장 영향력이 컸던 의원 중 하나로 평가받는다. 그는 노예해방을 주장한 첫 번째 하원의원이고, 노예해방을 위한 전면전, 남북전쟁(1861-1865)을 주장했다. 그는 무료 공교육 제도의 정착에 관심과 많은 열정을 보였고, 펜실베이니아에서 무료공교육법의 폐지에 과감히 맞서 싸워 동 법의 폐지를 막았다. 그는 개인의 다양성(being different or having a different perspective)이 사회를 발전시킨다고 믿었고, 사람 간 차이(differences)가 억압되거나 두려움의 대상이 될 것이 아니라 오히려 장려되어야 한다고 보았다. 학교입학이나 교육 방식(treatment)에 있어 인종이나 부모의 빈부에 의해 어떤 차별도 받아서는 안 된다고 주장하며, "모든 아이들은 같은 식탁에서 식사를 해야 한다(They shall be fed at the same table)"고 말했다.

elector)는 충분한 정보(sufficient information)를 가져야 한다. (…) 정부의 영속성도 선거권자의 지식 정도에 의존하므로, 정보의 수단들(means of information, 예를 들면 교육제도)이 모든 시민에게 제대로 확산되는지 감독하는 것이 정부의 의무이다. 이것이 자신의 자녀를 위해서는 기꺼이 교육비를 부담하면서 이웃 자녀의 교육에는 관심 없는 사람들, 즉 교육은 개인적인 것이지 공공의 의무가 아니라고 주장하는 사람들에 대한 답이다."[28] 그의 노력으로 보다 강화된 무료공교육법[29]이 통과되어, 펜실베이니아 주에서는 점차 극빈자교육 학교가 사라지고, 조세지원 공교육체제가 자리를 잡는다. 펜실베이니아 주에서 극빈자교육법을 폐지하고 무료 공교육 제도를 성공적으로 도입하자, 다른 주에서의 교육개혁운동이 힘을 얻는다. 북부 지역에서는 극빈자교육 학교가 점차 사라지고, 조세에 의해 지원받는 무료 공교육 제도가 확산된다.

⑤ 공립 중등학교 탄생과 의무출석제 도입

조세지원 초등교육 제도를 지지한 교육개혁가들은 공교육 제도 필요성의 연장선상에서 공립 형태의 중등학교(public secondary school) 도입을 주장했다. 1821년 보스턴 교육위원회(Boston School Committee)는 미국에서는 처음으로 공립 형태의 직업계 중등학교를 세운다.[30] 이 학교는 상업활동이나 기계 관련 분야에 종사할 학생(남학생만 입학허가)을 교육하려 세워졌다. 보스턴에는 대학진학을 원하는 학생을 위한 라틴

---

28 Rippa, 앞의 책, p. 123.

29 더 강화된 법안은 주정부에 공립학교(public schools)에 대한 감독권과 보조금 지급 규정을 두었고, 극빈자교육법의 유지를 선택했으며, 새로운 법의 적용을 거부하는 지방자치단체에는 아예 주정부 보조금 지급을 중지하도록 하였다.

30 당초 학교명은 "English Classical School"이었으나 3년 후 "English High School"로 개칭한다.

문법학교가 이미 있었기 때문에 이 학교 교육과정에서 고전학 과목들(classical subjects)은 제외된다. 보스턴의 예에 따라 다른 주에서도 공립중등학교가 설립되기 시작한다.

1826년에는 보스턴에 여학생만을 위한 공립 중등학교도 나왔지만, 재정 미비로 설립한지 2년 만에 폐지하였다가 1852년에 여교사 양성기관(the Girls' High School)으로 다시 문을 열었다.

1827년 매사추세츠 법은 가구 수가 500이 넘는 모든 마을이나 학교구는 조세지원 공립 중등학교(tax-supported high school)의 설립을 의무화하고, 인구가 4,000명이 넘는 마을이나 학교구의 공립 중등학교는 라틴어와 그리스어도 가르치도록 한다. 공립 중등학교 설립을 의무화하는 1827년 매사추세츠 법은 다른 주에도 많은 영향을 주어 미국 중등교육 발전에 크게 기여한다.

1852년 매사추세츠 주에서 8-14세 사이 어린이는 그들이 거주하는 지역의 공립학교에 의무적으로 다니도록 강제하는 법을 통과시킨다. 다른 주도 매사추세츠 주의 예에 따라 의무적 강제출석 제도(compulsory school attendance)를 도입하여 1890년에는 27개 주가 이 제도를 채택했으며, 1918년 경에는 모든 주가 이 제도를 채택한다. 급증하는 이민자를 교육을 통해 미국화시켜야 할 필요성이 큰 요인으로 작용하였던 것이다.

19세기 조세지원 공립학교 제도의 도입 과정에서 정립된 다음 세 가지 주요 원칙은 미국 교육사에서 큰 의미를 갖는다. 첫째, 교육은 전통적 관점에서 보았던 것처럼 가족의 의무가 아니라 주정부의 기본적 의무이다. 둘째, 학교지원에 필요한 충분한 재정확보를 위하여 주정부(학교구)는 주민의 재산(부동산)에 세금을 부과할 수 있는 권한을 갖는다. 셋째, 부모의 재정상태나 종교에 관계없이 모든 청소년에게 무료로 제공하는, 비종파적이고 정부지원을 받는 공교육체제가 설립되어야 한다는 것이다.

4) 고등학교 교육의 발전

20세기가 시작되면서 공립 고등학교의 기능에 대한 논쟁이 시작된다. 원래 고등학교는 대학 입학을 원하는 학생을 교육시키는 곳이었다. 당초 고등학생이 많지 않을 때는 문제가 없었으나, 점차 고등학교 진학자의 비율이 늘어나고 그중 상당수가 대학진학 대신 바로 사회로 진출하기를 원하게 되면서 고등학교의 기능에 대한 논란이 생기게 된다. 1910년 공립 중등학교 등록 학생 수가 1800만 명이었지만 1930년에는 2500만 명에 이르렀다.

하버드 대학 총장이던 엘리엇(Charles W. Eliot: 1834-1926)은 1892년 중등교육십인위원회(Committee of Ten on Secondary School Studies)의 위원장으로 보고서를 제출한다. 당초 위원회는 대학 입학 자격 기준의 통일을 연구했으나 고등학교의 기능에 대한 내용도 포함하여 발표한다. 기본적으로 중등학교 개념은 대학진학을 위한 소수 학생을 위한 학교라는 유럽식 모델에 따른 것이었다. 그러나 미국의 공교육 제도 도입 확산에 따라 1890년대 공립 중등학교에는 수용시설에 비해 많은 학생이 등록을 하여, 과밀 학급과 교사부족 현상에 시달리고 있었다. 고등학교에 등록한 대다수 학생은 대학진학을 원하는 것이 아니었고, 대학 입학에 필요한 전통적 과목을 배우는 것도 아니었다. 이에 대부분 학생이 졸업반(12학년) 전에 중퇴하거나 탈락하였다.

엘리엇은 개인적으로 교육이란 정신훈련(mental discipline)으로 학생이 관심 있는 과목을 공부하면서 촉진되는 것이지 학생이 배울 관심이 없는 과목을 통해 이루어지는 것이 아니라고 보았다. 그래서 그는 획일적인 교육과정 운영보다는 선택과목을 확대할 필요성이 있다고 주장한다. 그러나 당시 대학들은 엄격한 입학허가 기준을 주장해 공립 고등학교들이 교육과정에서 전통적 고전과목을 계속 유지하도록 압력을 행사하고 있었다. 십인위원회는 중등교육은 대학에 진학하지 않는 다수 학생을 고려한 종국교육(terminal edcaution)이라고 선언한다. 다만 대학진학준비에 필요한 모든 과목도 개설하도록 권장한다.

십인위원회는 엘리엇의 정신훈련 개념을 수용하여 모든 과목은 정신훈련을 촉진하는 측면에서 같은 방식으로 가르쳐야 한다고 권고했다. 동 위원회는 다양한 과목의 개설에 따른 혼란을 줄이기 위하여 동등 대응 방식(principle of equivalents)이라는 개념[31]을 도입한다. 이 학점 인정 방식(credit system)은 여러 영향을 주는데, 이제 교육은 교육과정에서 무엇을 배웠는가보다는 몇 단위(units 또는 credits)를 이수했느냐가 중요해진다. 입학 기준, 졸업 기준이나 학위 취득 기준이 무엇을 배웠는가보다는 얼마 동안 학습했느냐로 바뀌게 된 것이다.

교육은 정신훈련이란 관점에서 청소년을 민주사회에 효과적으로 참여할 수 있도록 준비시키는 데 보다 다양한 교육과정이 필요한지에 대한 논란이 계속된다. 1918년 중등교육재조직위원회(Commission on Reorganization of Secondary Education)는 중등교육 중요 7대 원칙(Seven Cardinal Principles of Secondary Education)으로 건강, 기본 과정 파악능력

31 동등 가치(equivalent)라는 개념은 우리가 요즘 일반적으로 사용하는 학점이나 이수단위(credit or unit)와 유사한 것으로, 학생이 이수한 과목을 인정하는 방식이다. 서로 다른 과목을 이수했지만 일정 시간 이상 학습했으면 상호 동등한(equivalent) 것으로 인정한다. 이 방식은 후에 카네기 재단에서 제안한 카네기 학점(Carnegie unit)이 미국 대학의 입학 기준(특정 과목에 대한 일정 이상의 카네기 학점 이수 요구)으로 적용되면서 미국 고등학교 교육에 보편화된다. 일부 명문대학은 고등학교 졸업에 필요한 이수단위 외에 더 많은 것을 요구하기도 한다.

(command of fundamental processes), 건전한 가족관계 형성(worthy home membership), 직업능력, 시민성(civic participation), 여가시간 활용능력과 윤리를 열거하는데, 여기서 대학진학과 관련된 것은 기본 과정 파악력뿐이었다.

중등교육과정에서 무엇을 배울 것인가는 여전히 논란이었다. 손다이크(Edward L. Thorndike)와 우드워스(Robert S. Woodworth)의 새로운 학습이론에 대한 연구결과로 학생의 지적 능력 신장에 기존의 고전학과목뿐 아니라 소위 비학문적 과목도 도움을 준다는 인식이 받아들여지기 시작한다. 이로 인해 그동안 학교에서 비학문적 과목(nonacademic subjects)으로 취급되던 기술, 가정경제, 상업과목들이 선호된다. 특히 진보교육학회(PEA: Progressive Education Association)는 1920-1930년대 고등학교 교육과정이 시대적 상황에 부응하지도 못하고 학생 개인의 특성이나 관심과 관계없이 오로지 대학 입학만을 위한 전통적인 교육과정을 고집하여 소위 '잃어버린 세대(lost generation)'를 양산하는 것을 비판하며 새로운 교육 방식의 도입을 주장하였다. 1920년대 말 17% 정도의 학생만 대학에 진학하였고 나머지는 졸업 후 취업 등을 원했으나, 고등학교에서는 대학진학을 원하는 소수 학생들의 소위 명문대 입학을 위한 교육과정 위주로 운영하였다. 이에 진보교육학회에서 "대학과 중등학교의 협력개선위원회(소위 "Aikin Commission")"를 조직하여 29개 학교를 선정하여, 직업교육 과정을 포함한 다양한 교육과정을 실험적으로 운영하고 그 성과를 평가하였다. 이들 실험학교 출신 학생들이 대체로 대학에서 더 좋은 학업 성취를 이룸은 물론, 학교생활도 잘하는 것으로 나타나면서 교육과정의 다양화가 확산되기 시작했는데, 이것이 유명한 "8년 연구(Eight Year Study, 1933-1940)"이다.[32] 이러한 결과에 따라 남녀 구분 없이, 대학진학 여부에 관계없이 모든 학생에게 원하는 과목을 제공하는 소위 종합고등학교(comprehensive secondary school) 제도가 선호된다.

교육에 대한 논쟁은 1957년 10월 4일, 소련의 스푸트니크 호 발사를 계기로 다시 전환점을 맞이하고, 1961년 교육정책위원회(Educational Policies Commission)에서 교육의 기본 목적은 학생의 생각하는 능력(the ability to think)을 개발하는 것이라고 선언할 때까지 이어진다. 특히, 스푸트니크 쇼크 이후 듀이(John Dewey)의 아동 중심 교육과정에 맞서 미국과학재단(NSF: National Science Foundation)은 새로운 과학 분야 교재개발을 추진한다. 물리학연구위원회(PSSC: Physical Science Study Committee), 생물학커리큘럼연구(BSCS: Biology Science Curriculum Study), 화학교육기재연구(CHEMS: Chemical Educational Materials Study) 등은 학문 중심 과학교육운동에 의한 미국과학재단이 진행한 과학교재 개발 프로젝트(curriculum projects)의 대표적 산물이다. 그러나 학문 중심 과학교육운동은 발견학습 원리에 따라 어린 학생들에게 과학자처럼 탐구하도록 강요하고 구조주의적 학문체계를 지나치게 강조하여 학생의 흥미, 관심과 지식의 사회적 활용을 등한시한다는 점이나, 교사의 준비 부족 등을 비판받으면서 1980년대부터 퇴색하고, 모든 이를 위한 과학의 관점에서 과학과 사회발전을 연계하는 STS(Science-Technology-Society)운동이 등장한다.

「코넌트 보고서(Conant Report)」(1959)는 고등학교 교육의 품질 향상

---

32 더 자세한 것은 Richard Lipka, *The Eight Year Study Revisited: Lessons from the Past for the Present* (Columbus: National Middle School Association, 1998) 참조.

을 저해하는 요인을 분석한 것으로, 소규모 고등학교 통폐합 제안이 대표적인 내용이다. 코넌트는 학년당 100명도 안 되는 학교에서 학생의 요구와 국가적 수요를 맞추어 다양한 교육과정을 운영할 수 없다고 보았다. 지리적 요건이 소규모 학교의 필요성을 합리화할 수는 있지만, 이것은 단순한 고려사항 중 하나일 뿐이라고 주장하면서 지리적 요건이 아니라 인간 자체가 실질적 고려사항이 되어야 한다고 보았다. 그는 이를 위하여 학교구의 통폐합을 건의했고, 많은 사람이 동의한다. 코넌트는 학교 발전을 위해 첫 번째로 필요한 것은 지역주민 스스로가 일차 책임자임을 깨닫는 것이고, 두 번째로 필요한 것은 헌신적으로 일할 유능한 사람을 학교운영위원회 위원으로 선출하는 것이라고 하였다.

5) 미국 고등(대학)교육 발전

① 초기의 고등교육

1776년 미국 독립 전에 설립된 대학들은 종교적 색채가 강했다. 대학 설립의 목적은 첫째, 교리에 충실한 목사를 양성하는 것, 둘째, 그들의 교리를 충실히 지원할 시민지도자를 양성하는 것이었다.[33] 대표적인 대학으로는 하버드(1636년, 청교도), 윌리엄 메리(1693, 영국 성공회), 예일(1701, 청교도), 프린스턴〔1746, 장로교. 당초 학교명은 뉴저지 대학(College of New Jersey)〕, 컬럼비아〔1754, 장로교와 영국 성공회. 당초 학교명은 킹스 칼리지(King's College)〕, 브라운〔1764, 침례교. 당초 학교명은 로드아일랜드 대학

33 다만 벤자민 프랭클린이 설립한 펜실베이니아 대학〔1755, 당초 학교명은 필라델피아 칼리지(College of Philadelphia)〕은 비종교적 목적으로 설립되었다.

(Rhode Island College)], 루트거스(1766, 네덜란드 개혁교회(Dutch Reformed Church). 당초 학교명은 퀸즈 칼리지(Queen's College)]와 다트머스(1769, 교회조합) 등이다. 이들 대학의 교수진은 학교 설립 목적에 따라 대체로 목사 중에서 임명하였다.

이들 초기 대학은 영국 본토의 옥스퍼드와 케임브리지 대학을 모델로 한 만큼 성직자 양성이나 소수 상류층을 위한 교육기관이었다. 그러나 18세기 중엽부터 미국 사회의 변화에 맞추어 새로운 변화가 요구되기 시작한다. 특히, 미국 독립을 전후하여 상인과 중산층 자녀의 비율이 늘어나면서 실용적 지식에 관심이 많은 이들의 요구를 점차 수용하게 된다. 예를 들어 컬럼비아 대학에서는 여러 종파가 섞인 이사회가 구성되고, 브라운 대학은 입학시험에서 교리시험을 폐지한다.

이러한 변화는 학교 간 치열한 경쟁에서 더 많은 학생을 유치하고 외부로부터 보다 많은 재정지원을 받기 위한 것이었다. 또 목사 과정에 지원하는 학생의 감소도 한 이유였다. 1760년 하버드 대학은 영국 성공회 학생들에게도 입학을 허가한다. 예일 대학도 1745년 학교헌장을 개정하여 목사 외 다른 전문가(법학, 농업 분야 전문가 등)도 양성할 수 있는 과정을 개설한다. 윌리엄 메리 대학은 1770년 영국 성공회 목사 양성 과정 외에 법률가 양성 과정을 추가한다. 아울러 유럽에서 계몽주의 사상이 전파됨에 따라 과학에 대한 관심이 증대한다. 1754년 킹스 칼리지(현재의 컬럼비아 대학)는 설문조사(surveying), 지리학, 항해술, 상업과 광물(mineralogy) 같은 경제적 활동과 연계된 실용적인 과목을 가르친다고 광고했다.[34]

34 Rippa, 앞의 책, pp. 80-81.

• 하버드 대학

북부 고등교육의 시초인 하버드 대학(Harvard College)은 1636년 청교도 교회(Puritan Church) 목사 양성을 목적으로 교회조합(congregational)에 의해 설립되었다. 초대 학장은 나다니엘 이튼(Nathaniel Eaton)이었는데, 학생을 혹독하게 처벌하고 공금을 횡령하여 해고된다. 1640년 제2대 학장으로 선임된 헨리 던스터(Henry Dunster)는 케임브리지 대학 출신으로 직접 모든 과목을 가르쳤고, 3년제 교육과정을 4년제 학사과정으로 발전시킨다. 당시 하버드 대학은 학생 수 20명 내외의 작은 학교였다. 1650년 주의회(General Court)가 하버드 대학의 독립운영권(corporate autonomy)을 인정함으로써 새로운 건물을 증축하고 영국 본토 대학과 비슷한 교육과정을 갖추어 발전의 토대를 마련하게 된다.

당시 하버드 대학의 입학 요건은 "키케로(Marcus Tullius Cicero: BC 106-43)나 그에 상응하는 라틴어 저자의 책을 읽을 수 있고, 라틴어로 시(verse)와 산문(prose)을 읽고, 작성할 수 있어야 하며, 그리스어의 명사와 동사변화를 완벽하게 아는 것"이었다. 하버드 대학은 초기에 많은 어려움을 겪지만, 케임브리지 대학 이매뉴얼 칼리지(Emmanuel College)[35]의 영향을 받아 점차 영국의 대학들과 견줄 정도로 잘 교육된 목사를 많이 배출한다. 1696년 당시 매사추세츠와 코네티컷 지역

35 케임브리지 대학의 이매뉴얼 칼리지는 1584년 엘리자베스 1세 시대 재무부장관을 역임했던 마일드메이(Walter Mildmay)에 의해 청교도 목사(Protestant preachers)를 양성할 목적으로 설립된다. 이 대학 출신 상당수는 청교도 정신의 자유로운 실현을 위해 미국으로 갔다. 일부는 하버드 대학의 설립에 관여하거나 교수진으로 활약하면서 대학의 발전에 기여했다. 하버드 대학의 명칭은 대학 발전에 기여한 존 하버드(John Harvard: 1607-1638)를 기리기 위하여 그 이름에서 따온 것인데, 그는 1635년 이매뉴얼 칼리지를 졸업하고 1637년 미국으로 건너가 조지타운에서 목사로 활동했다. 그는 1636년 대학설립에도 관여하였고, 1638년 31세의 젊은 나이로 죽으면서 그의 재산(400여 권의 책과 그의 부동산 절반)을 대학에 기증하였다.

전체 목사 122명 중 107명이 하버드 대학 출신이었다.[36]

• 윌리엄 메리 대학

남부 지역에서는 하버드 대학 다음으로 윌리엄 메리 대학(College of William and Mary)이 1693년 버지니아 주 윌리엄스버그에 세워졌다. 1693년 영국의 왕 윌리엄 3세와 메리 2세의 허가(grant)를 받아 설립되었고, 왕은 학교 설립을 위해 당시 1,985파운드를 지원했다. 학교명은 왕과 왕비의 이름에서 각각 따온 것이다. 학생들은 3년제 과정으로 논리학, 수사학, 수학, 윤리학과 기타 고전과목을 배웠다. 라틴어와 그리스어를 배운 학생들에게 입학이 허용되었고, 초기에는 평판이 좋지 않았다. 윌리엄 버드 2세의 일기에 의하면 1712년 학생 수는 22명에 불과했고 학장은 주정뱅이라 해고되었다. 그러나 점차 학교를 정비하여 1776년 유명한 파이베타카파 클럽(ΦBK: Phi Beta Kappa Society)[37]이 탄생하였고, 이후 제퍼슨(Thomas Jefferson), 먼로(James Monroe), 타일러(John Tyler) 등 미국 대통령과 미국 독립선언서 서명자 56명 중 16명을 배출한다.

---

36 Rippa, 앞의 책, p. 44.

37 미국 혁명 당시인 1776년, 윌리엄 메리 대학에 재학 중이던 5명의 학생이 학문연구와 표현의 자유를 내걸고 결성한 모임에서 출발하여, 현재는 미국에서 가장 전통 있는 엘리트클럽으로 미국 내 대학에서 가장 우수한 학생에게만 회원자격을 부여한다. ΦBK는 "배움을 사랑하는 것은 인생의 나침반을 갖는 것이다(Love of learning is the guide of life)"라는 의미의 그리스어 약자이다. 보다 자세한 것은 www.pbk.org 참조.

② 미국 대학의 획기적 발전

• 토지공여법에 의한 대학 등장

미국 대학발전에서 빼놓을 수 없는 것이 1862년 제정된 토지공여법(Land Grant Act of 1862, 소위 모릴 토지공여법)이다. 당시 버몬트 주 출신의 하원의원인 모릴(Justin S. Morrill)은 기업들은 보호관세로 보호를 받지만 농민들은 제대로 보호되고 있지 않다고 주장한다. 또 서부 지역 농민들은 빈약한 땅에서 농사지으면서 비옥한 동부 지역의 농민들과 경쟁을 해야 함을 상기시키고, 아울러 광활한 땅을 제대로 관리하지 못하는 것도 비판한다. 그는 기존 대학이 효율적인 농업의 진흥에는 관심이 없음을 지적하면서, 각 주별로 의원 수(즉, 인구 수)에 비례하여 국유지를 주어 5년 안에 대학을 설립할 것을 제안한다.[38] 이 법에 따라 1863년 최초의 주립대학인 캔자스 주립대학(Kansas State Univesity)이 설립된다.

모릴 법은 새로 설립되는 대학이 고전학문을 가르칠 수는 있지만, 과학, 농업, 기계 분야에 중점을 둘 것을 요구했다. 이 법은 기존 인문학 분야와 함께 직업기술 분야 과정을 대학 과정에 처음 도입하려 시도했다는 점에서 높게 평가받는다. 그러나 당초 법안에 의한 지원이 충분하지 않다고 보는 일부 주에서는 시행에 소극적이었다. 이에 1890년 제2 모릴 법(Morrill Act II)을 제정하여 학교 운영비 지원에 대응지원 방식(주에서 부담하는 금액에 상응하는 금액을 연방에서 지원)을 추가한다. 아울러 학생의 인종이 다르다는 이유로 입학을 거부하는 학교

---

38 이 법은 각 주 상하원의원 수에 비례하여 의원당 3만 에이커를 제공하였다. 당시 총 의원 581명에 따라 총 1743만 에이커가 배분되었다. 당시 가격으로 약 750만 달러에 달한다. 이 땅은 매각하여 학교 설립에 사용하거나 기존 대학 확충에 지원하기도 하였다. 지원받은 토지만으로는 대학운영이 어렵다고 본 일부 주가 시행에 소극적이자, 대학운영 지원을 강화하기 위하여 1890년 제2 모릴 법이 제정된다.

에는 연방지원금을 중단하는 조항이 추가되었다. 그러나 다른 인종을 위해 다른 교육시설을 같이 운영하는 경우, "분리는 하되 같게(separate but equal)"라는 원칙에 부합하는 흑백분리(segregation)는 미국 헌법 수정조항 14조(균등기회보장조항)에 위배되지 않는다는 판결에 따라 허용되었다.[39] 모릴 법에 의해 설립되거나 지원을 받은 대학을 통상 '토지공여법에 의한 대학(Land Grant University)'이라고 하며, 미국의 유명한 주립대학은 대체로 이 그룹에 속한다.

• 사립대학의 발전

미국 교육사에서 또 다른 주요 사건 중 하나는 1819년 미 연방대법원의 다트머스 칼리지(Dartmouth College) 관련 판결이다. 다트머스 칼리지는 미국이 독립하기 전 설립된 마지막 대학으로, 1769년 영국 왕 조지 3세의 승인을 받아 아홉 번째로 설립된 사립대학이다. 1815년 뉴햄프셔 주정부는 이 대학을 공립대학으로 만들고자 이름을 다트머스 대학(Dartmouth University)이라고 명칭을 바꾸고 대학건물을 강제 점거하여 운영을 시작한다. 그러자 기존 교수와 학생들은 인근의 건물을 빌려 강의를 계속하면서 법원에 제소했다. 학교 측은 패소하자 연방대법원에 상고하였고, 대법원은 주정부는 계약(charter)의 의무조항을 임의로 변경할 수 없고, 다트머스 칼리지 설립자들은 그들이 제공하는 기금의 영속적 활용에 대해 이사회와 계약을 맺은 것이기 때문에 이사회는 기관의 운영권을 영속적으로 갖는다고 판결했다. 이것은 사

---

39 1896년 미국 대법원은 유명한 플레지 대 퍼거슨(*Plessy v. Ferguson*, 163 US. 537) 사건에서 다른 인종을 위해 다른 교육시설을 같이 운영하는 한, 흑백분리(segregation)는 미국 헌법 수정조항 14조, 균등기회보장조항(Equal Protection Clause)에 위배되지 않는다는 판결을 내린다. 이로 인해 남부 지역 여러 곳에서 "분리는 하되 같게(seperate but equal)"라는 명분하에 흑백분리정책을 합법적으로 추진할 수 있었다.

립학교의 국공립화를 막고, 법인의 활동에 대한 정부의 규제를 상당 부분 막아주는 판례로, 이후 계속 인용되어 사립학교뿐 아니라 법인체의 자유로운 설립 및 활동 등에 광범위한 영향을 미친다. 특히 사립대학이 공공의 압력이나 몰수로부터 자유권을 누릴 수 있게 된다. 그러나 이로 인하여 수많은 사립대학이 재정적 지원이 부족한 상태에서도 우후죽순처럼 생겨났고, 재정적 문제로 1870년 무렵까지 700여 학교가 문을 닫는 부작용이 나타나기도 했다.

③ 종합대학의 등장

1870년 미국 대학 재학생은 약 6만 7,000명이었지만, 1890년에는 약 16만 명, 1910년에는 약 35만 5,000명으로 크게 증가한다. 이것은 중등학교의 급속한 팽창과도 맞물려 있었다. 이제 소수 엘리트 양성 중심의 단과대학(college) 시대는 가고, 다양한 기능을 수행할 종합대학(universities) 시대가 도래한다.[40] 새로운 형태의 종합대학은 규모가 커서 단순히 어느 종파의 목적만을 추구할 수 없게 되었다. 새로운 형태의 종합대학을 책임지고 운영할 총장은 업무를 정확하고 능숙하게 다룰 수 있는 사람이어야 했다. 이러한 상황에서 19세기 말 미국 대학들은 유럽의 학문추세와 실용주의적 학문요구를 적극적으로 수용하면서 급속히 발전하는데, 그 중심에는 대학 총장들의 탁월한 리더십이 크게 작용한다. 예를 들면, 하버드 대학의 찰스 엘리엇(Charles W. Eliot: 1869-1909), 컬럼비아 대학의 프레드릭 버나드(Frederick A. Bar-

40 종합대학은 보통 지금까지의 대학〔자유인문대학(Liberal Arts College)〕 외에 다양한 형태의 대학 과정을 운영하고, 2개 이상의 특수대학원(Professional Schools)을 둔 대학을 말한다. 반면 칼리지는 종래 자유인문대학을 의미한다. 둘 다 학사 및 석박사 과정을 운영할 수 있다. 그러나 광범위한 칼리지 개념에는 2년제 전문대학(주니어 칼리지나 커뮤니티 칼리지)을 포함하기도 한다.

nard: 1864-1889), 프린스턴 대학의 제임스 맥코쉬(James McCosh: 1868-1888), 코넬 대학의 앤드류 화이트(Andrew D. White: 1868-1885), 미시건 대학의 제임스 엔젤(James B. Angell: 1871-1909), 예일 대학의 노아 포터(Noah Porter: 1871-1886), 위스콘신 대학의 존 배스컴(John Bascom: 1874-1887), 존스 홉킨스 대학의 다니엘 길만(Daniel C. Gilman: 1875-1901) 등이 있다.

이들의 공통점은 거의 비슷한 시기에 미국의 대학총장으로서 미국 고등교육의 전통수립과 발전에 크게 기여하였다는 점이다. 이들은 유럽 대륙을 다니면서 유럽의 학문추세와 새로운 사상에 크게 감명을 받았지만, 유럽식 모델을 그대로 수용하지는 않았고, 그렇다고 뉴잉글랜드 전통을 그대로 보존하려고 하지도 않았다. 그들은 미국 사회의 변화에 맞추어 고등교육체제를 지속적으로 혁신하는 데 관심이 있었다.

시카고 대학(1890)과 스탠퍼드 대학(1891)의 개설 시기는 미국 고등교육의 급속한 팽창기였다. 특히 미국 고등교육의 발전은 다위니즘(Darwinism) 등장, 교육과정 재조명, 교수임용 방식(faculty appoint and dismissal) 개선 등과 일치한다. 이 시기에 새로 임명된 총장들은 당시 등장한 다윈의 진화론을 포함한 새로운 과학지식의 습득을 학생들에게 장려하기 위하여 교육과정을 대폭 개선한다. 이들 총장은 종파를 반대하는(anti-denominational) 사람은 아니었지만, 학문을 연구하는 대학에서 종파주의를 강조하는 것이 바람직하지 않다고 보고 과학적 탐구를 강조하였다. 예를 들면 코넬 대학의 초대 총장이던 앤드류 화이트는 학문적 자유를 확고히 하고자 했는데, 일부 지역 목사와 교수들은 화이트를 무신론자 내지 악마가 씌운 사람이라고 비난하기도 했다.

④ 연구중심대학의 탄생과 발전: 존스 홉킨스 대학

존스 홉킨스 대학(1876)의 초대 총장이 된 다니엘 길만(Daniel C. Gilman)은 미국 대학에 새로운 방식을 도입하여 미국 대학을 연구중심대학으로 발전시키는 데 초석을 놓은 인물이다. 존스 홉킨스가 당시 350만 달러라는 엄청난 기부금을 내놓고 대학 설립을 추진할 때, 총장으로 초빙된 길만은 대학 설립 단계서부터 관여하게 되었다. 그는 풍부한 기부금을 바탕으로 전통적인 칼리지 형태(성직자 양성과 귀족 자녀의 교양교육을 위주로 운영)가 아닌 전혀 새로운 형태의 대학 설립을 추진했다. 그는 유럽을 여행하면서 많은 자문을 받은 후, 베를린 대학을 모델로 한 대학 설립을 제안했다. 길만은 학부 과정 대신 대학원 연구센터를 개발할 젊고 추진력 있는 학자들을 교수로 임명하고자 했다. 그는 먼저 자료가 풍부한 도서관을 건립한 데 이어 대학원 과정을 개설한다. 이어 학부 과정(undergraduate college)을 개설한다.

길만의 주요 목표는 미국에서 가장 유능한 전문가를 양성할 대학원 과정을 운영하는 것이었다. 그는 대학이 학자인 체 하는 탁상공론가, 단순한 예술가나 교묘한 언변가를 양성하는 곳이 아니라, 무엇을 전공했든 현명하고, 사려 깊고, 진취적으로 일하는 지도자가 되도록 준비시켜 사회에 기여하는 곳이라고 보았다. 이를 위해 교회나 정부로부터 간섭받지 않는 학문의 자유가 보장되어야 한다고 생각했다. 학문의 자유는 교수가 어떤 방법으로 가르칠 것인가는 물론 학생이 무엇을 배울 것인가(과목선택의 자유)의 자유도 포함한다고 보았다. 학생은 기본 지식을 우수한 교수의 잘 준비된 학문 지도에 따라 체계적으로, 끈기 있게, 노력을 아끼지 않고 배워야 하며, 교수는 개인적 이기심과 특권을 버리고 진리를 발견하고 발전시키는 데 헌신하여 인류 발전에 기여해야 한다고 요구했다.

길만이 시도한 이러한 연구중심대학은 그 후 다른 대학에도 크게 영향을 주어 미국 대학 상당수가 세계적 대학으로 발돋움하는 데 선구적 역할을 한다.[41] 길만은 독일 대학을 모델로 박사 과정(Ph.D.)을 개설하고, 이 박사 과정은 미국 젊은 학자들의 목표가 된다.[42] 이러한 그의 노력으로 존스 홉킨스 대학은 문을 연 지 10년도 안 되어 미국에서 가장 유명한 대학 중 하나가 된다. 1850년 경 미국 전역 대학원 과정에 등록한 학생은 8명이었다고 한다. 그러나 존스 홉킨스 대학이 문을 연 1876년에는 약 400명, 1900년경에는 약 6,000명의 학생이 대학원 과정에 등록한다. 그 전 미국의 학자들은 학문을 더 배우기 위하여 유럽으로 가야 했지만, 이제는 미국에서도 석박사학위를 취득할 수 있게 된다.

연구중심대학으로 성장한 존스 홉킨스 대학은 교수사회에도 큰 변화를 불러온다. 종전까지 교수의 주요 역할은 학생을 가르치는 것이었으나, 점차 연구활동(논문발표 수와 수준)이 교수의 능력을 평가하는 기준으로 자리 잡는다. 이러한 분위기가 각종 학문모임 창설과 연구지 발간으로 이어지면서 미국 교수의 전문성 신장을 촉진한다. 1915년 대학교수의 교육(teaching), 연구능력 촉진과 학문의 자유 보호를 위하여 미국대학교수연합회(American Association of University Professors)가 발족한다. 1988년부터 존스 홉킨스 대학이 박사논문의 발간을 의무화하면서 미국 최초의 대학 출판사인 존스 홉킨스 대학출판부(Johns Hopkins University Press)가 설립되고, 이어서 시카고 대학출판부(University of Chicago Press)가 여러 학술지를 발간하기 시작한다.

---

41 Rippa, 앞의 책, p. 303.

42 미국에서 석사학위(MA: Master of Arts)는 1851년 미시간 주립대학(University of Michigan)에서 처음 수여하였고, 박사학위(Ph.D)는 1861년 예일 대학에서 처음 수여한 것으로 알려진다.

6) 흑인교육 발전

1859년 무렵 미국 남부의 면화생산이 전 세계 공급량의 75%를 차지했다. 당시 남부 지역 대규모 농장을 운영하는 1,000가구 정도가 남부 전체 일 년 소득의 반을 차지했고, 약 1200만 명 남부 인구의 1/3가량이 흑인 노예였다. 1820-1830년대 흑인 지식인에 의한 흑인폭동 경험 때문에 남부 지역에서는 흑인 노예에게 교육을 금지 내지 억제하는 분위기가 지배적이었다.

노예해방전쟁으로 알려진 남북전쟁(American Civil War: 1861-1865)[43]이 북군의 승리로 끝나면서 형식적으로는 노예제가 폐지되었으나, 남부 지역 사람들의 노예, 특히 흑인에 대한 생각이나 태도는 변하지 않았다. 자유화된 노예들로부터 보복을 당할지 모른다는 두려움도 여전했다. 교육지원을 위해 북부에서 남부로 온 교사들은 흑인들에게 평등주의 사상을 고취시키면서 종전 지배계급에 적대감을 갖도록 자극하기도 하였다. 남부 지역의 지배계층(주로 백인)은 인종차별적인 법〔소위 "짐 크로우(Jim Crow)"라고도 함〕을 제정하고, 선거권이나 공무담임권 등 같은 시민으로서의 권리를 인정하지 않는 법을 제정한다. 이런 조치들은 해방된 노예의 경제 사회적 활동을 위축시켜 사실상 노예나 다름없는 상황(economic peonage, 빚을 갚기 위해 해야 하는 노역)에 다시 빠

43 1860년 노예제 폐지를 주장한 공화당(Republican Party)의 링컨(Abraham Lincoln: 1809-1865)이 대통령에 당선되자, 그동안 노예제가 합법이던 15개 주 가운데 7개 주(앨러배마, 플로리다, 조지아, 루이지애나, 미시시피, 사우스캐롤라이나, 텍사스)는 연방에서 탈퇴하여 남부연합을 결성한다. 링컨은 미국의 어느 주도 연방으로부터 탈퇴할 권리가 없다고 이를 인정하지 않는다. 이런 상황에서 남부가 먼저 사우스캐롤라이나의 수도 찰스턴 항에 있는 북군 주둔지 섬터 요새(Fort Sumter)를 공격하면서 남북전쟁으로 불리는 미국 시민전쟁(American Civil War)이 시작된다. 전쟁이 발발한 후, 노예를 합법화한 15개 주 중 아칸소, 노스캐롤라이나, 테네시, 버지니아 주가 남부 측에 가담하고, 델라웨어, 메릴랜드, 켄터키, 미주리 주는 연방(북부)에 잔류한다.

지게 된다.

남부에서도 조세지원 공립학교가 추진되었으나, 조세규모는 작았고 학생의 출석도 의무가 아니었다. 여전히 대부분 지배계층은 공교육을 극빈자에 대한 자선적 차원으로 인식하는 수준이었고, 흑인노예를 교육하는 것은 위험하다고 보아 대체로 금지하는 분위기였다. 남부 지역의 인종차별(segregation), 농촌의 피폐와 보수적 경향이 조세지원 공교육체제 도입의 가장 큰 장애요인이었다. 전쟁에 따른 산업기반 파괴와 노동인력 부족 등으로 남부의 경제는 피폐하였고, 1873년 공황은 남부 지역 경제를 더욱 어렵게 만든다. 이로 인하여 정부예산 규모는 대폭 줄어들고, 교육지원도 줄어 학교 수업기간을 단축시킬 정도였다.

이런 어려움 속에 흑인 노예 출신으로 햄튼 대학(Hampton Institute)에서 교육을 받은 부커 워싱턴(Booker T. Washington: 1856-1915)은 앨라배마 주에 터스키기 학교(Tuskegee Institute)를 설립하여 흑인들에게 공업과 상업활동에 필요한 기능을 가르치며 남부 지역의 백인으로부터도 신뢰를 받아 상호 적대감을 줄이는 데 기여한다. 그는 북부 기업가와 남부 지역 백인들을 대상으로 흑인을 교육시킴으로써 저렴한 양질의 인력을 확보할 수 있고 흑인 인력이 남부 경제발전을 위해 필요함을 강조하면서 흑인교육의 필요성을 역설했다. 이러한 그의 노력으로 조지 피바디(George Peabody), 존 슬레이터(John Slater), 앤드류 카네기 같은 이들이 기꺼이 흑인교육을 위해 재산을 기부한다. 존 록펠러 재단(GEB)도 남부 지역 흑인교사 양성학교와 공립학교 설립을 지원한다.

조지 피바디(1795-1869)는 런던에서 상당한 재산을 모았다. 그는 미국 남부 지역에 거주하면서 공교육의 필요성을 느끼고, 남부 초등교육 발전을 위해 1867년과 1869년 두 차례에 걸쳐 200만 달러를 기부하여 피바디교육기금(Peabody Education Fund)[44]을 조성한다. 북부와 남부가 공동으로 참여한 기금관리위원회(Board of Trustees)가 기금 운영을 관리하고, 교사교육 장려, 조세지원 공교육 제도의 도입 필요성 강조, 초등교육 운영비 지원 등으로 남부 지역 공교육 제도 발전에 크게 기여한다. 존 슬레이터는 1882년 100만 달러를 기부하여 슬레이터 기금을 조성함으로써 남부 지역 흑인교사 양성을 장려한다.

그러나 남부 지역의 뿌리 깊은 흑백차별은 흑인교육에 여전히 걸림돌이었다. 1896년 미국 대법원은 유명한 플레지 대 퍼거슨(163 US. 537) 사건에서 다른 인종을 위해 다른 교육시설을 같이 운영하는 한, 흑백분리(segregation)는 미국 헌법 수정조항 14조 균등기회보장조항(Equal Protection Clause)에 위배되지 않는다는 판결을 내린다. 이로 인하여 많은 남부 지역은 "separate but equal(분리되었으나 동등)"이라는 명분하에 흑백분리 정책을 합법적으로 추진할 수 있었다. 그로부터 약 50년 후 1951년 캔자스 주 토피카(Topeka) 지역에 살고 있던 학부모들이 교육위원회(Board of Education of Topeka)를 상대로 소송을 제기한다. 당시 캔자스 주는 플레지 판결 이후인 1897년, 법을 제정하여 흑인과 백인을 구분하여 수용하는 학교를 운영하고 있었다. 초등학교 3학년 학부모였던 올리버 브라운(Oliver L. Brown)은 자신의 어린 자녀가 집에서 가까운 백인학교에 가지 못하고 1.6km나 떨어진 흑인학교를 다녀야 하는 데 불만을 가지고 있었다. 그는 이러한 문제의식에 동조한 학부모들과 함께 13명의 명의로 소송을 제기한다. 이것이 유명한 브라운 대 토피카 교육위원회〔*Brown v. Board of Education of Topeka*, 347

44 이 기금은 기금관리위원회가 청산을 결정하여 해체되었고, 나머지 청산 잔액으로 테네시, 내슈빌에 남부 지역 교육발전을 위한 교사교육기관 설립을 추진하여 1913년 조지 피바디 사범대학(George Peabody College for Teachers)이 설립된다.

US. 483 (1954)〕 사건이다. 1954년 미국 대법원은 "흑인과 백인을 분리한 교육시설은 근본적으로 동등한 대우가 아니다(unequal)"라고 하면서,[45] 흑백분리정책은 미국 수정헌법 14조(Fourteenth Amendment of US Constitution)의 기회보장조항에 위배한다고 판시한다. 이 사건으로 미국에서 흑인과 백인을 차별하는 정책은 점차 축소된다.

그러나 오랫동안 미국 사회에 뿌리 깊게 쌓여 있던 흑백차별 의식은 쉽게 없어지지 않았고, 흑인이나 소수인종의 투표권을 제한하는 법은 그 이후에도 계속 적용되고 있었다. 투표권을 행사하기 위해서는 문맹율검사(literacy test)를 통과해야 했고, 인두세(poll tax)를 내야 했다. 킹(Martin Luther King, Jr.: 1929-1968) 목사는 1963년 워싱턴 DC에 있는 링컨 메모리얼(Lincoln Memorial)에서 "나는 꿈이 있습니다(I have a dream)"라는 명연설로 흑인들의 꿈이 무엇인가를 보여주었고, 이것이 발단이 되어 1965년 국민투표보장법(National Voting Rights Act)이 제정되어 흑인에게도 제한 없는 투표권이 주어진다. 1965년 제정된 국가투표권법(National Voting Rights Act)에 의하여 버지니아 주와 미시시피 주에서 인두세가 마지막으로 폐지되면서 형식적인 흑백차별은 없어진다. 그리고 44년이 지난 2009년, 흑인인 버락 오바마(Barrack Obama)가 미국 44대 대통령으로 취임하면서 흑인의 꿈은 실현됐다. 그러나 그들의 꿈을 이루는 데 300년 이상이 걸렸다.

---

45 "Separation education facilities are inherently unequal."

3. 미국 대학의 발전

유럽에서는 11세기 이탈리아 볼로냐 대학을 시작으로 옥스퍼드 대학(1167)과 케임브리지 대학(1229) 등이 설립된다. 소위 옥스브리지(Oxbridge)로 불리는 옥스퍼드와 케임브리지 대학은 주로 성직자 양성과 귀족의 자녀의 교양교육에 중점을 둔 학사 과정 중심이었다. 두 대학이 신학과 법학 중심의 교육과정에서 벗어나 물리학 등 자연과학 분야 학과를 개설한 것은 실용주의와 새로운 학문이 발전하던 1850년대 이후에 이르러서다. 당시 영국 각 지역 대학의 교수직은 옥스브리지 대학 출신이 차지하여, 옥스브리지와 관련 있는 학과(주로 생리학, 물리학, 경제학, 사회인류학 등)는 발전했지만, 그 외 학과들은 상대적으로 발전이 저해되었다. 또 소수 엘리트 중심의 교육체제로, 1900년대 옥스브리지에서는 약 6,000명의 학생만이 교육을 받고 있었다. 이러한 엘리트 중심의 교육 방식은 1960년대까지 지속된다. 한편 현대적 개념의 연구중심대학으로 탄생한 독일의 베를린 대학은 종교로부터 학문의 자유를 확보하고 대학에 연구개념을 도입했지만, 교수 간 경쟁을 통한 새로운 학문의 발전을 촉진시키지 못해 이제는 역사적 명예만 갖고 있을 뿐이다.

미국 대학 역시 초기에는 영국의 대학들을 모델로 하여 시작된다. 미국 최초 대학인 하버드 대학은 영국의 케임브리지 대학을 모델로 하여 성직자 양성을 목적으로 1636년 설립되었다. 이후 유명한 아이비리그(Ivy League) 대학들이 종교적 연계를 끊고 새로운 학문을 받아들여 가르치기 시작한 것은 19세기 후반기에 이르러서였다. 특히 토지공여법의 제정, 사립대학의 자유를 보장하는 다트머스 칼리지 판결 등은 미국 대학의 양적 성장을 가져왔고, 이러한 가운데 존스 홉킨스 대학을 중심으로 발전한 학제 간 연구와 산학 협동, 카네기 등으로 대표되는 기부 문화는 초기 미국 고등교육을 발전시킨 원동력이자 현재까지 이어지는 미국 교육의 강점이라 할 수 있다.

1) 미국 대학의 발전 요인

① 학제 간 연구의 발전과 산학연 협력 강화

미국 고등교육의 발전은 1836년에 설립된 존스 홉킨스(Johns Hopkins) 대학으로부터 시작한다. 앞서 소개한 대로 독일 베를린 대학의 연구중심대학 개념을 도입하여 출발한 존스 홉킨스 대학은 미국 고등교육 발전에 많은 기여를 한다. 이 대학은 연구를 이끌 교수 외에 강의와 연구를 보조할 조교〔대학원생으로 펠로우(fellow) 직책 부여〕를 두어 연구와 교육를 병행할 수 있도록 한 것이 특징이다. 존스 홉킨스 대학이 발전 모델로 삼았던 베를린 대학과 다른 점은 학과에 여러 명의 교수를 둘 수 있도록 하여 교수들이 대학을 옮길 수 있었다는 것이다. 이러한 정책은 대학 간 경쟁을 유발하여 현재의 미국 대학발전에 촉매역할을 한다. 학과장은 연구방향을 결정할 권한은 없고 행정적인 일만 맡아 새롭고 다양한 학문연구가 가능한 여건이 조성된다. 반면 유럽 대학들의 경우 학과에 정교수 1명만 두는 원칙에 따라 교수가 학과의 학문연구의 방향을 결정했기 때문에 새로운 학과가 개설되기 매우 어려웠다. 또 제한된 교수직은 젊은 학자들의 대학 진입장벽으로 작용하여 우수한 학생들이 연구 분야에 진출하는 데 장애요인으로 작용한다.

유럽과 달리 고등교육 분야에서 독점적 지위를 누리는 대학 없이 서로 경쟁하고, 교수들의 자유로운 이동이 가능한 것이 미국에서 다양한 분야의 학제적 연구가 가능한 요인으로 작용한다. 19세기 중엽 이후 카네기, 록펠러 등 부자들의 기부와 제 1, 2차 세계대전 기간 미국 정부가 군사력 강화 차원에서 지원한 많은 연구비는 대학의 연구력을 크게 향상시킨다. 이에 전후 향상된 학제 간 협동연구력이 신기술의 산업화로 방향을 잡으면서 고등교육과 경제발전에 엄청난 기여를 한다.

캘리포니아 공과대학(Cal-Tech: California Institute of Technology)은 헤일(George Hale) 주도하에 물리학, 화학, 생물학의 협동연구(Cooperative Research)를 수행하여 초파리 염색체 발견 등 생화학과 분자생물학 분야에서 수많은 노벨상 수상자를 배출했고, 매사추세츠 공과대학(MIT)과 스탠퍼드 대학은 산학연 협력(Route 128)과 산학협력연구단지(실리콘밸리) 등으로 대표되는, 대학에서의 기초연구에 바탕을 둔 신기술 발견과 상품화, 그리고 이를 지원하는 벤처금융(ARD: American Research & Development Corporation)을 통해 미니 컴퓨터와 인터넷의 탄생을 주도한다.[46]

② 기부 확대와 교육발전

남북전쟁 전까지 미국에서 자선적 기부는 미약했다. 1828년 예일 대학의 보고서는 개교 이래 약 130년 간 학교가 모금한 총 발전기금이 30만 달러도 되지 않았다고 했고, 1831년 지라드(Stephen Girard)라는 사람이 유언으로 당시 200만 달러를 학교건립을 위해 필라델피아에 기부하자 사람들이 그를 별난 사람이라고 생각할 정도였다. 그러나 남북전쟁 후 박애주의적 차원에서 기부행위가 급격히 증가한다. 예를 들면, 투자로 엄청난 재산을 모은 코넬(Ezra Cornell)이 1865년 뉴욕 주 이

46 홍성욱 외, 「선진국 대학연구체계의 발전과 현황에 대한 연구」(STEPI, 2002), pp. 59-108.

타카(Ithaca)에 대학 설립을 위해 50만 달러를 기부했고, 이것이 코넬 대학 설립의 모체가 된다. 1873년에는 철도로 재산을 모은 반더빌트(Cornelius Vanderbilt)가 테네시 주 내슈빌에 반더빌트 대학 설립을 위해 재산을 기부한다. 퀘이커(Quaker) 교도로 부유한 사업가였던 존스 홉킨스는 유언으로 350만 달러를 학교와 병원 설립을 위해 사용하도록 기부한다. 그가 죽고 3년 후 1876년 매사추세츠 주 볼티모어에 존스 홉킨스 대학이 설립된다. 1890년에는 록펠러(John D. Rockefeller)의 지원을 받아 시카고 대학(University of Chicago)이 문을 열었다. 1891년에는 스탠퍼드(Amasa Leland Stanford)가 그의 죽은 아들을 기려 당시 2000만 달러를 기부하여 스탠퍼드 대학(당초 학교명은 Leland Stanford Junior University)을 설립한다. 이런 분위기에서 대학관계자들은 많은 대학발전기금을 모금하기 위하여 열성적으로 동문과 기업가 등을 찾아다니기 시작한다.

제2차 세계대전 후 대기업들은 대학의 연구비 지원을 대폭 늘린다. 대공황 당시 대기업에 대한 사람들의 인식은 매우 부정적이었으나, 대기업의 박애주의적 활동과 기업의 사회적 역할에 대한 그 동안의 홍보 노력 등으로 사람들의 인식이 점차 우호적으로 변한다. 또 기업가들도 학교교육 발전을 지원하는 것을 사회의 구성원으로서 당연한 의무로 여기게 된다. 1960년경에는 미국 대기업의 학교교육, 특히 대학교육 지원이 크게 증가하고, 매년 일정 금액을 지원하는 대기업도 나오기 시작한다. 스탠더드 오일(Standard Oil Company)은 매년 100만 달러 이상, 제너럴 모터스(General Motors)는 매년 500만 달러를 대학에 지원했다. 1962-1963년에만 총 1억 5000만 달러가 기업으로부터 대학에 지원되었다. 이렇듯 미국 사회에서 기부행위가 확대되면서 대학발전은 더욱 가속화되기 시작한다.

2) 미국 교육발전에 영향을 준 인물과 주요 대학

① 계몽주의 사상가

인간의 이성과 과학적 검증을 중요시하는 계몽주의 사상은 유럽에 이어 미국 교육 분야에도 큰 영향을 미친다. 이 절에서는 계몽주의자들 가운데 미국의 교육발전과 관계된 인물을 중심으로 살펴본다.

• 존 로크(John Lock: 1632–1704)

미국 독립전쟁(1776)과 프랑스혁명(1789)에 철학적 틀을 부여했다는 평을 들을 정도로 당시 여러 나라에 큰 영향을 주었다. 그는 유명한 『통치론(Two Treatises of Government)』(1689)에서 모든 인간은 자연상태에서 자유롭고 평등하며, 정부는 지배계급의 권리를 보호하기 위하여 고안된 것이 아니라 국민의 복지와 행복을 위하여 형성된 것이라고 주장한다. 또 국민은 통치자가 폭군이 되면 이를 몰아낼 권리를 가진다고 주장한다. 그의 저서 중 교육에 가장 큰 영향을 준 것은 『인간오성론(An Essay Concerning Human Understanding)』(1690)으로, 인간이 태어날 때 윤리, 신이나 다른 어떤 가치를 가지고 태어나는 것(innate)이 아니라 백지상태라고 하였다. "본성은 타고난 것"이라는 개념은 전통 이성주의의 철학적 기초였고, 심지어 청교도들도 끈질기게 고수하던 것이었으나 로크는 이를 강하게 비판한다. 이러한 비판은 인간의 비행은 타고난 것(innate human depravity)이라는 신학적 교리를 부수는 쪽으로 작용한다. 인간은 태어날 때 백지상태이므로 아이들에게 비행성이란 타고난 것일 수 없다는 것이다. 로크는 모든 인간은 태어날 때 비슷하거나 같으며, 인간의 차이는 환경의 영향, 즉 경험과 교육의 차이에서 온다고 주장한다. 지금은 당연히 받아들이는 이러한 주장은 당시 사회에서는 엄청난 충격이었다. 17세기 로크의 사상은 루소 등 사상가들에게 큰 영향을 준다.

• 장 자크 루소(Jean Jacques Rousseau: 1712–1778)

루소는 자연상태의 인간은 평화로웠고 욕심이 없었지만, 물질의 수준으로 삶을 판단하는 문명사회(civilized society)가 만들어짐에 따라 이기적으로 변했다고 보고 사회개혁을 주장했다. 그는 전통적으로 인정되던 성악설을 거부하였다. 그는 『에밀(Emile)』(1762)에서 "신은 세상을 아름다운(good) 것으로 만들었는데, 인간이 이 세상에 관여하면서 악하게 되었다"고 주장한다. 인간은 선하게 태어났다는 믿음은 그의 교육철학에서 가장 중요한 요소였다. 루소가 교육의 중심을 교회로부터 아이들로 이동시킨 것은 18세기 교육에 있어서 코페르니쿠스적 혁명이라고 평가받을 정도로 영향이 컸다. 전통적으로 아이들은 성인의 열등하고 나쁜 것들(inferior counterpart of adulthood)로 차 있어 엄한 규율과 복종을 통해서만 성장할 수 있는 존재로 여겨졌다. 루소에 의하여 아이들은 성인의 축소판이 아니라는 인식이 자리 잡았고, 성인처럼 옷을 입고 행동하도록 강요받지 않게 되었다. 루소는 자유의 신봉자로서 교육에 있어 자연주의(naturalism)를 강조했고, 아동은 아동의 입장에서 보아야 함을 주장하여 새로운 교육과정을 위한 토대를 놓았다.

• 요한 하인리히 페스탈로치(Johann Heinrich Pestalozzi: 1746–1827)

페스탈로치는 루소의 제자로 불리기도 한다. 1805년 스위스 이베르동(Yverdon)에 루소의 교육적 철학을 실천하기 위한 학교를 설립·운영했다. 그는 교사는 학생의 다양한 발달단계에 맞춰 교육을 해야 한다고 믿었고, 학교 교육과정을 바탕으로 학생의 능력을 잘 개발하기 위해서는 교사가 학생을 이해할 수 있도록 가르치는 것이 중요함을 강조했다. 그는 사회는 각 개인이 자신의 능력을 개발할 수 있도록 도와줌으로써 발전할 수 있다고 믿었다. 그리고 자신의 교육적 철학에 기초하여 학교를 직접 설립 · 운영하였다. 교육사에서 페스탈로치만큼 인간을 절망과 타락으로부터 구제하기 위하여 교육을 사회적 도구로 활용하는 데 굳건한 믿음을 가진 사람은 거의 없었다.

1804년, 윌리엄 매클루어(William Maclure)가 외교사절로 프랑스를 방문했을 때, 페스탈로치의 교육철학에 흥미를 갖고 그가 운영하는 학교를 방문하였다. 그는 페스탈로치에게 미국으로 와서 학교를 운영해줄 것을 요청했다. 페스탈로치는 나이가 많아 갈 수 없다고 거절하고, 대신 같이 일하는 조셉 니프(Joseph Neef)를 소개한다. 1806년, 니프는 매클루어의 초청으로 미국에 와서 페스탈로치 철학에 기초한 학교를 운영하고, 보고서 등을 통해 새로운 교육철학을 소개한다. 페스탈로치 철학이 미국에 널리 보급되지는 못했지만, 교사들은 점차 계몽주의 사상의 영향을 받아 학생을 보는 관점이 달라졌고, 단순 암기와 정신훈련(mental training)만 지나치게 강조하는 당시 교수법의 문제점을 조금씩 이해하기 시작했다. 학생에 대한 처벌도 완화되고, 교재 내용에서 종교적 색채가 조금씩 줄어들기 시작한다.

② 벤자민 프랭클린(Benjamin Franklin: 1706–1790)

프랭클린은 중산층을 대표하는 사람으로서, 그리고 존 로크의 영향을 많이 받아 교육이 사회발전의 중요한 방편이며, 실용적이어야 한다고 보았다. 그는 16세 때 하버드 대학이 사회의 불평등을 조장하고 쓸모없는 것을 가르친다고 비판한다. 필라델피아에 라틴문법학교의 교육

과정과 다른 실용적 과목을 가르칠 학교의 설립을 주장하며 모금운동을 시작한 그는 1753년 필라델피아 아카데미(중등학교 과정) 설립을 추진하고, 1755년 정부의 승인을 얻어 필라델피아 대학(College of Philadelphia. 후에 University of Pennsylvania로 변경)을 설립한다.

그는 교육이 과학적 관찰과 실험에 의존해야 한다고 주장했고, 국어교육, 특히 쓰기교육을 강조하며, 생활에서 필요로 하는 프랑스어, 독일어와 스페인어 등 외국어를 가르쳐야 한다고 보았다. 그는 수학, 역사와 지리, 농업과 정원 가꾸기, 회계와 기계 등의 과목도 가르쳐야 한다고 주장했다. 특히 건강한 신체에 건전한 정신(sound mind in a sound body)이라는 로크의 지론을 받아들여 체육과목을 학교에서 가르쳐야 한다고 주장했다. 그의 주장대로 교육과정이 이루어지지는 않았지만, 당시 계몽주의 사상에 따른 새로운 교육방향을 잘 보여주고 개척한 사례이다. 현재의 학교 교육과정은 이미 18세기에 프랭클린이 초안을 잡았다고 볼 수 있다.

③ 토마스 제퍼슨(Thomas Jefferson: 1743–1826)

제퍼슨은 윌리엄 메리 대학을 졸업하고 37세에 미국 독립선언서 작성에 참여한다. 그는 버지니아 주지사, 부통령(1797-1801)을 역임하고 미국 제3대 대통령(1801-1809)을 지냈으며, 교육에도 남다른 관심을 보였다. 그는 민주사회의 선결 요건으로 공교육 제도 구축이 필요하다고 보았다. 주지사 시절인 1779년, 모든 백인 남녀 어린이에게 글쓰기와 읽기, 계산을 초등학교 3년간 무료로 가르치기 위하여 세금으로 운영되는 초등학교의 설립 법안을 버지니아 주의회에 제출한다. 이 법안에는 20개 라틴문법학교에서 가난한 학생 중 재능이 탁월한 학생을 뽑아 무료로 가르치도록 요구하는 조항도 포함시켰다. 그는 엘리트

교육을 지지하는 동시에 기본교육에 있어서는 부모의 재정상태나 학생의 재능에 관계없이 제공되어야 한다는 주장을 폈다. 그러나 여학생에게는 이러한 것이 의무가 아니었으며 흑인은 철저히 무시되었다. 지금의 시각에서 보면 제퍼슨의 법안에 비민주적 요소가 있으나, 당시는 너무 혁신적인 제안으로 여겨져 주의회가 받아들이기를 거부한다. 1817년 그는 다시 수정한 법안을 제출하지만, 그 법안 역시 부결된다.

교육개혁이 실패로 끝나자 제퍼슨은 프랭클린처럼 대학 설립에 눈을 돌린다. 그는 대학 설립에 엄청난 애착을 가지고 있었는데, 설비 부지의 선정은 물론 건물 구조, 창의 배치와 나무 하나하나의 배치 등 조경에 이르기까지 모든 것을 직접 감독하고 벽돌, 나무 등 거의 모든 재료를 직접 구입하였다고 한다. 그는 도서관의 책 선정, 교수 선정은 물론, 교육과정 설계, 학생 선발까지 직접 관여하였다. 이렇게 하여 1825년 3월 40명의 학생으로 문을 연 대학이 버지니아 대학(University of Virginia)이다. 제퍼슨은 대학 설립 다음 해인 1826년 7월 4일 숨을 거둔다.

④ 찰스 W. 엘리엇(Charles W. Eliot: 1834–1926)

하버드 대학 출신으로 1869년 35세의 나이에 하버드 대학의 총장으로 취임하여 40년간 총장직을 수행하면서 현재 하버드 대학의 틀을 잡은 사람으로 평가받는다. 취임 당시 하버드 대학 교수는 60명이었으나 그가 총장직을 마무리할 때인 1906년에는 600명으로 10배 증가하고, 학교 발전기금은 250만 달러에서 2000만 달러로 8배가 증가한다. 그는 하버드 대학의 입학 기준 중 필수과목 수를 줄이고 선택과목제를 도입한다.

엘리엇의 선택과목 도입에 대하여 당시 하버드 대학 교수진은 물론, 일부 아이비리그 대학 총장들도 입학생의 질을 떨어뜨린다고 반대한다. 학생들이 학문의 기초지식을 배우기보다는 직업기술과목을 배우려고 해도 막을 방법이 없다는 것이 선택과목제 도입을 반대하는 사람들의 우려였다. 그러나 많은 대학이 하버드 대학 방식을 따르자, 반대하던 프린스턴 대학과 예일 대학도 점차 수용하기 시작한다. 엘리엇은 심지어 초등학교 과정(5학년부터)에도 선택과목을 두어야 하며 학년이 올라갈수록 그 선택 범위를 넓혀 고등학교 단계에서는 거의 모든 과목을 선택과목화해야 한다고 주장하면서, 가장 중요한 것은 국어(영어)를 효과적으로 사용할 수 있는 것이라고 강조했다. 그는 교육의 기준과 교수방법에 통일된 기준이 필요하다고 믿었고, 모든 교수와 학생에게 높은 수준의 기준을 엄격히 적용해야 한다고 주장했다.

⑤ 독일의 베를린 대학 모델

1806년 예나(Jena)의 싸움에서 나폴레옹에 패한 프로이센은 프랑스에 패한 것이 병사의 자질 등에 의한 것으로 보고, 국가재건 차원에서 교육개혁에 착수한다. 1809년 국왕 프리드리히 빌헬름 3세는 베를린 대학 설립 칙령을 공포하고, 1810년 당시 교육부 장관인 훔볼트(Wilhelm von Humbolt)[47]에 의하여 베를린 대학(University of Berlin)[48]이 설립된다.

---

47 빌헬름 폰 훔볼트(1767-1835)는 정부관료, 철학자로서 활동하고, 베를린 대학을 설립하는 등 독일 교육제도의 틀을 잡은 사람으로 유명하다.

48 당초 이름은 베를린 대학교였으나 1826년 프레드릭 빌헬름 대학, 이후 운터 덴 린덴 대학(Universität unter den Linden)으로 명칭을 변경한다. 베를린 대학은 나치 독일의 패망과 함께 폐교되었다가, 독일민주공화국(구동독)에 의하여 1946년 다시 개교하고, 1949년 창립자를 기념하여 베를린 홈볼트 대학교로 개칭한다. 그러나 공산주의에 반대하는 서베를린에서는 이에 맞서 베를린 대학 출신 교수와 학생을 규합하여 베를린 자유대학(Free University of Berlin)을 1948년 별도로 설립한다. 1989년 독일 통합 후에는 베를린 훔볼트 대학이 서독 출신 교수를 대거 영입하고 교육과정

11-12세기에 시작된 당시 유럽 대학은 대부분 신학교육을 중심으로 왕권을 지지하는 엘리트 집단 양성과 교리 연구가 목적으로, 따라서 대학 최고의 특권이라 할 수 있는 학문의 자유와 운영의 자율권은 부여되지 않았다. 현대적 개념의 대학은 바로 베를린 대학에 이르러 시작된다.[49]

베를린 대학이 추구한 '학문의 자유에 기초한 연구중심대학' 모델은 대학발전에 큰 영향을 주어, 특히 미국 존스 홉킨스 대학 등 미국 연구중심대학의 모델이 된다. 당시 훔볼트가 독일(당시 프로이센)의 교육부장관으로서 추진한 교육모델은 학문의 자유를 기본으로 한 연구중심대학 설립, 초등교육 의무화, 교사의 국가양성과 자격 제도 도입, 모든 학생 대상의 국가 수준의 시험실시, 국가 수준의 교육과정 운영 등이다. 독일의 유명한 대학 입학 자격시험인 아비투어(Arbitur)는 1788년에 도입되고, 훔볼트에 의하여 1812년경 프로이센 모든 중등학교에서 시행된다.

미국의 만(Horace Mann)은 독일식 교육제도를 미국에 도입하고자 많은 노력을 한다. 특히 조세에 의하여 무료로 제공하는 의무교육 제도 도입을 강하게 주장하고, 1852년 매사추세츠 주의 주지사 에버렛(Edward Everett)을 설득하여 독일식 의무교육 제도를 도입한다. 또한 앞서 살펴본 바와 같이 존스 홉킨스 대학도 베를린 대학을 모델로 발전한다.

다만 미국 대학들이 독일의 연구중심대학 모델을 모방하여 세계적

을 개편하는 등 대학혁신을 추구하고 있다. 재직했던 교수로는 피히테(Johann G. Fichte), 헤겔(G. W. F. Hegel), 쇼펜하우어(Arthur Schopenhauer), 셸링(Friedrich Schelling), 아인슈타인(Albert Einstein) 등이 있고, 마르크스(Karl Marx), 엥겔스(Friedrich Engels), 비스마르크(Otto von Bismarck) 등이 이 대학 출신이다.

49 Alain Rey, *Dictionnaire Culturel en Langue Francaise* (Paris: Le Robert, 2005), pp. 1679-1685.

인 대학으로 발전한 반면, 독일 대학들은 현재 연구력에서 답보상태에 있다. 그 원인을 교수 임용 방식에서 찾을 수 있을 것이다. 베를린 대학의 경우 한 분야에 한 명의 정교수만 두는 방식을 채택하고, 연구소와 교수직을 분리하였다. 반면 존스 홉킨스 대학은 한 분야에 한 명의 교수를 두되, 여러 명의 부교수(associates)를 두어 교수의 강의 부담을 더는 동시에 연구와 전문적 교육을 병행하는 시스템을 채택한다. 존스 홉킨스 대학 방식은 다양한 분야로 학문 분야의 확장을 가능하게 했지만, 독일에서는 이러한 원칙이 새로운 학문 분야 도입을 저해하는 요인으로 작용한다.

⑥ 앤드류 카네기와 카네기 재단

• 앤드류 카네기(Andrew Carnegie: 1835–1919)

스코틀랜드에서 태어나 부모를 따라 미국으로 이주하였다. 그는 철강으로 엄청난 부를 축적하지만, "많은 부를 남겨 놓고 죽는 것은 칭송받을 일도 아니고 존경받을 일도 아니다"라고 하면서 2,500개의 공립도서관 건립, 카네기 재단 설립과 교원연금 제도 도입 등에 3억 5000만 달러를 기부한다.

• 카네기 학점(Carnegie Unit)

19세기 말까지 고등학교 교육과정 운영에 특별한 규정이 없어 학교별로 수업시간이나 과목이 서로 달랐기 때문에 대학은 학생의 수업 능력을 검증하기 위하여 대학별 시험을 실시했다. 그러나 주관평가의 낮은 신뢰성과 타당성(reliability and validity)이 문제였다. 하바드 대학 총장 찰스 엘리엇은 19세기 말 중등학교 학생들의 학업성취를 표준화(contact hour standardization)하는 개념을 도입하고, 이에 1894년 국가교육위원회(National Education Associates)는 중등교육의 표준화 방안을 승인한다. 이 방안을 미국 고등학교에 널리 보급하는 데 1905년 설립된 카네기 재단(Carnegie Foundation)이 결정적 역할을 한다.

당시에는 대학교수에 대한 연금 제도(pension system)가 없어 젊고 유능한 학자를 대학교수로 유치하는 데 어려움을 겪었다. 카네기 재단은 대학 입학 조건으로 중등교육 표준화 틀을 받아들인 대학에서 근무하다 정년퇴임한 교수에 한하여 재단에서 연금(현재의 TIAA-CREF)[50]을 제공하기로 결정한다. 미국의 많은 대학이 이를 수용하면서, 1910년경에는 거의 모든 고등학교에 소위 카네기 학점(Carnegie Unit)이 보급된다. 카네기 재단은 표준화 방안(Standard Unit)에 기초하여 한 과목을 일 년에 120시간 수업한 경우 "1 카네기 학점"으로 정하고, 14 카네기 학점을 대학 입학 최소 기준으로 제시한다.[51]

카네기 학점 개념이 도입되면서 미국 대학의 학생 선발 방식이 대학별 시험에서 중등학교 학업성취(GPA: Grade Point Average)에 기초하여 선발하는 방식으로 전환된다. 이는 중등교육 발전과 대학진학 수요 증가로 이어지면서 미국에서 대학교육이 보편화되고 발전하는 기폭제 역할을 한다. 현재 세계적으로 학교 졸업자격으로 통용되는 학점 단위나 이수 단위 개념은 카네기 학점 개념에 바탕을 둔 것이다.

---

50 Teachers Insurance and Annuity Association-College Retirement Equities Fund(TIAA-CREF). 현재 대학, 연구소, 병원, 비영리기관 등에 종사하는 사람의 연금관리와 재정지원을 담당한다. 이 연금 제도의 도입으로 젊고 유능한 인재가 노후를 걱정하지 않고 연구와 봉사에 전념할 수 있게 된다.

51 14 카네기 학점은 학년당 약 5 카네기 학점에 해당하고, 1 카네기 학점은 일 년에 120시간 수업시수이므로, 5 카네기 학점은 학년당 약 600시간 정도의 최저 학습시간을 요구한다. 1학기의 경우 대체로 15주 정도이므로 연 600시간은 주당 20시간(600시간÷30주) 정도의 학습량에 해당한다. 대학들은 일정 과목(영어, 수학, 과학 등)에 대하여 최저 카네기 학점을 정하는 방식으로 필수과목 이수를 요구한다. 좀 더 자세한 내용은 Ⅳ장 2. 미국 대학의 학생 선발 제도 참조.

미국 교육발전에 대한 카네기 재단의 대표적 기여는 다음과 같다.

(1) 교원 연금 제도 도입으로 우수 교원 유치

(2) 미국 의학교육 실태조사와 발전 방안을 제시한 「플렉스너 보고서(Flexner Report)」(1910)[52] 발간 및 의학대학 재정지원으로 미국 의학교육을 세계적 수준으로 향상

(3) 카네기 학점 개념 도입으로 중등교육발전 및 대학생 선발 방식의 획기적 개선

(4) ETS(Educational Testing Service, 교육평가원) 설립에 참여하고, SAT(Scholastic Assessment Test, 대학수학능력시험) 도입으로 대학 입학시험 표준화

(5) 펠 그랜트(Pell Grants) 도입 등 정부의 장학금 지원 제도 개선

(6) 미국 대학분류기준[53]을 제시하여(1973) 고등교육 정책 수립에 기여

⑦ 존 록펠러와 GEB

• 존 D. 록펠러(John D. Rockefeller: 1839–1937)

젊어서부터 사업적 수완을 발휘하여 31세에 오하이오 주에서 스탠더드 오일(Standard Oil Company)을 설립한다. 그는 당시 난립한 소규모 정유회사를 무차별적으로 합병하여 1880년경에는 미국 석유시장의 95%를 점유하고 엄청난 부를 축적한다. 그가 운영하던 스탠더드

---

52 정식 명칭은 "Medical Education in the United states and Canada"이고 작성자 플렉스너(Abraham Flexner)의 이름을 따 「플렉스너 보고서」라고 부른다. www.carnegiefoundation.org에서 보고서를 볼 수 있다.

53 카네기 재단이 발표하는 '카네기 대학분류기준(Carnegie Classification of Institutions of Higher Education)'에 따르면 2008년 말 현재 미국에는 4,301개의 대학이 있고, 이 중 박사/연구중심대학(Doctoral/Research University) 84개(주립 28개, 사립 56개), 연구중심대학(Research University) 199개(주립 139개, 사립 60개)이며 나머지는 전문대학이나 교육중심대학이다.

오일은 독점에 따른 여론악화로 기소되어, 1911년 대법원판결에 따라 34개 회사로 분리된다. 록펠러는 1889년 앤드류 카네기의 글에 감명을 받아 시카고 대학 건립에 8000만 달러를 기부한 것을 시작으로 사회발전을 위해 자신의 재산을 기부한다. 1901년 설립한 록펠러 의과대학〔1965년 록펠러 대학(Rockefeller University)으로 개칭〕은 19명의 노벨상 수상자를 배출할 정도로 의학발전에 많은 기여를 한다.

• GEB(General Education Board, 일반교육위원회)

GEB는 록펠러 재단을 관리하는 위원회로서 1903년 설립되어 종교, 인종에 관계없이 교육받을 수 있도록 지원하였다. 예를 들면, 남부지역 900여 개 공립학교 건립을 지원하고 흑인교사 양성을 위한 학교 설립도 지원한다. 특히 카네기 재단의 「플렉스너 보고서」에 따라 의과대학에 재정지원을 하여 미국 의과대학을 세계적 수준으로 끌어 올리는 데 기여한다. 또 대학의 기초연구에도 많은 지원을 한다.

⑧ 시카고 대학

시카고 대학(University of Chicago)은 1890년 미국침례교교육협의회(American Baptist Education Society)와 존 록펠러에 의하여 설립된다. 초대 총장 윌리엄 하퍼(William R. Harper)는 학문의 자유를 추구하고, 성차별을 철폐하며, 독일식 연구중심대학을 모델로 미국 전역에서 우수한 학자들을 끌어 모아 단기간에 시카고 대학을 미국 내 우수 대학으로 발전시킨다. 하퍼는 교육과정을 연중 운영(4학기제)하여 학생이 교육과정을 마치면 조기 졸업할 수 있도록 하였다.

제5대 총장으로 취임한 로버트 허친스(Robert M. Hutchins: 1929-1951)는 비판적 사고능력 함양을 위한 핵심 교육과정(core curriculum)과

학제 간 교육 실시, 졸업 종합시험제 도입, 원자료(original documents)에 근거한 연구와 소규모 토론식 수업 강조 등 교육과정 운영혁신을 통하여 현재의 시카고 대학 기본틀을 구축한다.

⑨ 스탠퍼드 대학

서부개척시대 철도 부설로 재산을 모은 애머사 스탠퍼드(Amasa L. Stanford: 1824-1893)는 이탈리아 여행 중 그의 외아들(당시 15세)이 장티푸스로 사망하자, 그를 기려 스탠퍼드 대학(Stanford University)을 건립한다. 그는 대학을 설립하면서 다음의 세 가지 원칙을 세운다: (1) 남녀 공학, (2) 교육과 종교분리, (3) 교육의 목적은 교양 있는(culured) 시민양성이 아니라 실제적이고 유용한 시민양성(practical and useful citizens). 당시 대학은 대부분 종교단체와 연계되어 운영되었고 여자를 받아들이는 곳도 거의 없었던 만큼 스탠퍼드 대학의 설립 원칙은 상당히 획기적이었다.

스탠퍼드 대학은 초기에 애머사 스탠퍼드의 재산처리 문제에 휘말리고, 1906년 지진으로 학교 건물 상당수가 무너지는 등 어려움을 겪었으나 1934년 동창생들이 "스탠퍼드협회(Stanford Associates)"를 결성하여 후원금을 모금하면서 발전하기 시작한다.

1939년 스탠퍼드 공대 교수 터먼(Frederick Terman)의 격려 속에 졸업생 휴렛(William Hewlett)과 팩커드(David Packard)가 팔로 알토(Palo Alto) 차고에 차린 소규모 전자기기 회사가 지금의 휴렛팩커드(Hewlett Packard)로 발전하고, 차고는 실리콘밸리의 탄생지가 된다. 1955년 스탠퍼드 공대 학장이 된 터먼 교수는 기업가 정신을 강조하며 스탠퍼드 학생과 첨단기술 기업을 연계하는 프로그램을 운영하였고, 이를 통해 스탠퍼드 대학은 실리콘밸리에 기술혁신을 지원하는 원천이 된다.

스탠퍼드 대학은 인터넷 발전에도 많은 기여를 한다. 빈튼 서프(Vinton Cerf) 교수는 1970년대 초 인터넷 프로토콜인 TCP/IP를 개발하여 인터넷의 아버지로 불리며, 야후(Yahoo)의 창업자 제리 양(Jerry Yang)과 데이비드 필로(David Filo), 구글(Google)의 창업자 래리 페이지(Larry Page)와 세르게이 브린(Sergey Brin)이 이 학교 출신이다. 스탠퍼드 대학이 실리콘밸리 기술혁신의 원천 역할을 할 수 있었던 것은 실용주의를 강조하고, 모든 연구를 교수 감독하에 전문 연구원이 아닌 대학원생이 수행함으로써 창의적인 우수인력 양성에 중점을 둔 덕분이다. 스탠퍼드 대학은 1951년 미국 최초로 학교 주변에 산업단지(Stanford Research Park)를 운영한다.

⑩ 매사추세츠 공과대학

1920년대 말까지 매사추세츠 공과대학(MIT: Massachusetts Institute of Technology)은 대기업(GE, AT&T 등)의 지원을 받아 많은 기술개발 연구를 수행한다. 특히 윌리엄 워커(William H. Walker)의 유명한 "테크놀로지 플랜(Technology Plan, 기업체 후원을 받아 수행하는 연구)"으로 MIT는 연구와 기술자문을 기업에 제공함으로써 부유한 사립대학으로 발돋움한다. 그러나 과중한 실용연구가 연구 관련 운영비용 부담과 연구인력의 업무 부담을 증가시켜 9년 만에 중단한다.

1920년대 말 대공황 이후 기업의 후원이 줄면서 1930년대에는 칼 컴프턴(Karl Taylor Compton: 1887-1954) 총장이 기초연구를 강화하여 1950년대에는 최고 수준의 연구중심대학으로 부상한다. 특히 이 기간 중 컴프턴 총장은 학과개혁과 교육과정을 재구성하여 기초과학 분야를 강조하면서 민간재단으로부터 거액의 연구비를 지원받는다. 또 산학협력부(DIC: Division of Industrial Cooperation)를 두어 산학협력 관련

연구, 컨설팅, 특허관리 등을 전담토록 하여 교수의 업무 부담을 줄이고 산업체로부터 자유롭게 연구할 수 있도록 하였다. 제2차 세계대전 기간 중 레이더개발 등을 위한 국방부의 대규모 연구비 지원도 MIT의 연구능력 향상에 크게 기여한다.

MIT 근처를 지나는 128번 도로를 따라 대학연구실, 산업체연구소, 국방연구소 등이 집중되면서 과학산업 연구단지를 형성하고, 이 지역에서 미니컴퓨터가 개발 · 보급되면서 미국 컴퓨터산업 발전에 크게 기여한다.

4. 결어

400여 년 전 첫발을 디딘 미국의 선조들은 열악한 환경에서 교육을 생존전략으로 하여 오늘날의 초강대국을 만들어냈다. 현재 미국은 세계 100대 대학의 약 40-50%를 차지할 정도로 우수한 대학과 인재양성체제를 구축하고 있다. 미국 대학은 19세기 실용학문에 대한 수요를 적극 수용하고 종교와 교육의 분리를 통한 학문의 자유 구현, 연구중심의 대학 교육체제 구축과 교수임용 제도 개선, 학제 간 연구와 산학연계 협력을 통한 산업발전 기여, 초중등교육에 있어 조세에 의한 공교육 제도 도입, 교육과정 표준화와 교과목 선택 허용, 교사자격 제도 도입, 카네기 학점 도입과 대학별 학생 선발 제도 폐지, 교원연금제도 도입과 대학교원의 다양화, 의학과 법학 등 분야 전문대학원 제도 도입, 교육기관 평가인증제체 구축 등 현대적 교육제도의 골격을 만들어냈다. 반면 유럽에서는 1960년대까지만 해도 소수 엘리트 양성체제, 전통적인 고전학문과 교수임용 방식을 고수함으로써 새로운 학문 수용과 교육연구에서의 경쟁체제 도입이 지연되어 상대적으로 경쟁력이 떨어지기 시작했다. 프랑스 그랑제꼴, 독일 김나지움(Gymnasium)은 여전히 존재하는 유럽 전통 소수 엘리트 교육 방식의 유물이라고 볼 수 있다.

〈참고〉 미국 평가인정기관

I. 민간 평가인정기관

A. 지역별 평가인정기관(Regional Accrediting Organizations)

1. Middle States Association of Colleges and Schools(MSA)[54]

http://www.middlestates.org

1887년 설립되었으며, 4개 위원회로 구성되어 미국 중부 8개 주 유치원부터 고등교육기관까지 평가인정

*담당 지역: 델라웨어, 워싱턴 DC, 메릴랜드, 뉴저지, 뉴욕, 펜실베이니아, 푸에르토리코, 버진아일랜드

- Commission on Elementary Schools(CES)
- Commission on Secondary Schools(CSS)
- Commission on Higher Education(CHE)
- Committee on Institution-Wide Accreditation(CIWA)

2. New England Association of Schools and Colleges(NEASC)

http://www.neasc.org

미국에서 가장 오래된 평가기관으로 1885년 설립되었으며, 6개 위원회로 구성되어 유치원부터 대학교육 과정까지 6개 주에 걸쳐 2,000여 개의 공사립 교육기관과 해외소재 미국 교육기관 평가인정

*담당 지역: 코네티컷, 메인, 매사추세츠, 뉴햄프셔, 로드아일랜드, 버몬트

---

54 1887년 대학에 대한 부동산세 부과에 대처하기 위해 대학총장들이 모여 펜실베이니아 대학협회(College Association of Pennsylvania)를 만들고, 이를 다시 메릴랜드 초중등대학협회(Association of the Colleges and Secondary Schools of the Middle States and Maryland)로 바꾼다. 초기에는 4년제 대학과 고등학교만 평가인정하다가, 1975년 초등학교 평가인정사업을 추가하기 위해 현재의 이름으로 다시 바꾸었다. 학교급별로 독립된 위원회를 구성하여 평가인정을 시작한 것은 20세기 초부터이다. 1988년 유치원부터 고등학교까지 운영하는 기관을 평가인정하기 위하여 광범위 기관평가인정위원회(CIWA: Committee on Institution Wide Accreditation)를 신설한다.

- Commission on Technical and Career Institutions(CTCI)
- Commission on Institutions of Higher Education(CIHE)
- Commission on Independent Schools(CIS)
- Commission on Public Secondary Schools(CPSS)
- Commission on Public Elementary and Middle Schools(CPEMS)
- Commission on American and International Schools Abroad(CAISA)

3. North Central Association of Colleges and Schools(NCA)

http://www.northcentralassociation.org

1895년에 설립되었으며, 2개 평가위원회로 구성. 19개 주 약 8,500개의 공사립 유치원, 초중등학교 및 고등교육기관 평가인정

*담당 지역: 애리조나, 아칸소, 콜로라도, 일리노이, 인디애나, 아이오와, 캔자스, 미시건, 미네소타, 미주리, 네브라스카, 뉴멕시코, 노스다코타, 오하이오, 오클라호마, 사우스다코타, 웨스트버지니아, 위스콘신, 와이오밍

- Commission on Accreditation and School Improvement(CASI)
- Higher Learning Commission(HLC)

4. Northwest Association of Schools and of Colleges and Universities

http://www.nwccu.org

1917년 Northwest Association of Secondary and Higher Schools로 시작하여 1974년 Northwest Association of Schools and of Colleges로 개칭하였다가, 2000년 Northwest Association of Schools and of Colleges and Universities로 변경. 2004년 2개 평가위원회로 분리되어 7개 주 1,900개 초중등학교와 162개 고등교육기관 평가인정

*담당 지역: 알라스카, 아이다호, 몬타나, 네바다, 오리건, 유타, 워싱턴

- Northwest Accreditation Commission(NWAC)
- Northwest Commission on Colleges and Universities(NWCCU)

5. Southern Association of Colleges and Schools(SACS)

http://www.sacs.org

1895년 설립되었으며, 2개 위원회로 구성되어 미국 남부 11개 주와 남미 지역 유초중등학교와 고등교육기관 평가인정

*담당 지역: 앨라바마, 플로리다, 조지아, 켄터키, 루이지애나, 미시시피, 노스캐롤라이나, 사우스캐롤라이나, 테네시, 텍사스, 버지니아, 라틴아메리카

- Council on Accreditation and School Improvement(CASI)
- Commission on Colleges(COC)

6. Western Association of Schools and Colleges(WASC)

http://www.wascweb.org

1962년 설립되었으며, 3개 위원회로 구성되어 캘리포니아, 하와이 2개 주 등의 유초중등학교(약 4,000개)와 고등교육기관(150개 준학사 교육기관과 161개 일반대학) 평가인정

*담당 지역: 캘리포니아, 하와이, 미국 해외영토(괌, 사모아, 팔라우, 미크로네시아 등)

- Accrediting Commission for Schools(ACS)
- Accrediting Commission for Community and Junior Colleges(ACCJC)
- Accrediting Commission for Senior Colleges and Universities(ACSCU)

B. 전문 분야별 평가인정기관(Programmatic Accrediting Organizations)

1. Association to Advance Collegiate Schools of Business(AACSB): 2002

2. Accreditation Board for Engineering and Technology, Inc.(ABET): 2003

3. Accreditation Council for Pharmacy Education(ACPE): 2004

4. Accreditation Review Commission on Education for the Physician Assistant, Inc.(ARC-PA): 2004

5. Accrediting Council on Education in Journalism and Mass Communications (ACEJMC): 2002

6. American Association for Marriage and Family Therapy/Commission on Accreditation for Marriage and Family Therapy Education(AAMFT/COAMFTE): 2003

7. American Association of Family and Consumer Sciences(AAFCS)/Council for Accreditation: 2001

8. American Association of Nurse Anesthetists/Council on Accreditation of Nurse Anesthesia Educational Programs(CoA-NA): 2001

9. American Board of Funeral Service Education(ABFSE)/Committee on Accreditation: 2001

10. American Council for Construction Education(ACCE): 2001

등 49개 기관

II. 미국 교육부(USDE)의 고등교육기관 평가인정기관

1. Accrediting Commission of Career Schools and Colleges of Technology(ACCSCT): 1967/2005/2009[55]

미국 전역의 사립 고등교육기관에서 제공하는 직업기술 분야 학위 과정은 물론 비학위 과정도 포함하며 원격교육 프로그램도 포함

2. Accrediting Council for Continuing Education and Training(ACCET): 1978/2008/2012

계속교육 형태나 직업교육 훈련 과정을 통하여 직업기술자격이나 전문학사 과정을 제공하는 기관

3. Accrediting Council for Independent Colleges and Schools(ACICS): 1956/2006/2011

사립 고등교육기관으로 전문직업 분야 자격 과정이나 학위 과정 등을 제공하는 프로그램

4. Council on Occupational Education(COE): 1969/2007/2011

특수한 직업이나 기술교육 분야의 전문학사 프로그램

5. Distance Education and Training Council, Accrediting Commission(DETC): 1959/2007/2011

주로 원격교육 형태로 전문직업 분야 학위 과정을 제공하는 프로그램

---

55 이 연도는 평가인증이 끝나는 해를 의미한다. 따라서 ACCSCT는 2010년 미 교육부로부터 다시 인증을 받아야 학교에 대한 평가인정권한이 주어진다.

6. Middle States Association of Colleges and Schools(MSCHE)

CHEA의 지역 평가인정기관으로 델라웨어, 워싱턴 DC, 메릴랜드, 뉴저지, 뉴욕, 펜실베이니아, 푸에르토리코, 버진아일랜드 지역 담당

- Commission on Higher Education: 1952/2007/2012-4년제 대학인정
- Commission on Secondary Schools: 2004/2007/2011-비학위 과정으로 Title IV 프로그램에 참여할 자격을 갖춘 비학위 과정인 직업기술교육기관

7. New England Association of Schools and Colleges: 1952/2008/2012

CHEA의 지역 평가인정기관으로 코네티컷, 메인, 매사추세츠, 뉴햄프셔, 로드아일랜드, 버몬트 지역 담당

- Commission on Institutions of Higher Education
- Commission on Technical and Career Institutions

8. New York State Board of Regents, and the Commissioner of Education: 1952/2007/2012

뉴욕 주 고등교육기관 학위인정

9. North Central Association of Colleges and Schools(NCA)

CHEA의 지역 평가인정기관으로 애리조나, 아칸소, 콜로라도, 일리노이, 인디애나, 아이오와, 캔자스, 미시건, 미네소타, 미주리, 네브라스카, 뉴멕시코, 노스다코타, 오하이오, 오클라호마, 사우스다코타, 웨스트버지니아, 위스콘신, 와이오밍, 나바조 인디언 대학 담당

- Higher Learning Commission: 1952/2008/2012
- Commission on Accreditation and School Improvement: 1974/2007/2011

10. Northwest Commission on Colleges and Universities(NWCCU): 1952/2008/2012

CHEA의 지역 평가인정기관으로 알라스카, 아이다호, 몬타나, 네바다, 오레곤, 유타, 워싱턴 지역 담당

11. Southern Association of Colleges and Schools(SACS), Commission on Colleges: 1952/2006/2011

CHEA의 지역 평가인정기관으로 알라바마, 플로리다, 조지아, 켄터키, 루이지애나, 미시시피, 노스캐롤라이나, 사우스캐롤라이나, 테네시, 텍사스, 버지니아 지역 담당

12. Transnational Association of Christian Colleges and Schools, Accreditation Commission(TRACS): 1991/2005/2009

미국 전역 기독교계통 학교의 자격증, 학위 및 비학위 과정 인정

13. Western Association of Schools and Colleges(WASC)

CHEA의 지역 평가인정기관으로 캘리포니아, 하와이, 미국 해외영토(괌, 사모아, 팔라우, 미크로네시아 등) 담당

- Accrediting Commission for Community and Junior Colleges:
  1952/2008/2012-2년제 전문학사 과정 운영대학 인정
- Accrediting Commission for Schools:
  1974/2006/2008-비학위 과정(below the degree)의 성인교육 과정 프로그램 인정
- Accrediting Commission for Senior Colleges and Universities:
  1952/2007/2011-4년제 대학의 평가인정

Ⅱ. 프랑스 교육제도

1. 프랑스 교육제도 현황
2. 프랑스 교육제도의 발전
3. 프랑스 교육의 장단점

○

프랑스는 매우 독특한 교육제도를 운영하고 있다. 유명한 그랑제꼴(les Grandes Ecoles)과 바칼로레아(Baccalaureat), 그리고 바칼로레아 합격자는 누구나 대학에 진학할 수 있도록 한 대학 학생 선발 방식이다. 프랑스는 1984년 새바리(Savary) 법에 의해 교육의 공공성이 강조되면서 일반대학은 대부분 바칼로레아 합격자 중 지역별 우선배정 원칙에 따라 학생을 수용한다. 그러나 이렇듯 대학이 평준화되어 있다는 프랑스에도 대학의 서열이 있고, 특히 잘 알려진 그랑제꼴에는 상위 5% 범위 이내의 학생들만 진학하며, 이 학교 졸업생들이 프랑스를 움직이고 있다고 해도 과언이 아닐 정도이다.[1] 그랑제꼴 출신들은 정부기관이나 기업에 취업하는 경우 우대를 받아 대체로 바로 중견간부로 진출하며, 보수도 그랑제꼴 출신이라는 이유로 더 받는다.

이렇듯 초엘리트주의를 지향함에도 프랑스의 사교육 비중은 낮은 편이다. 또한 바칼로레아 합격자는 누구나 대학에 진학할 수 있도록 했음에도 대학진학률이 낮은 편이다. OECD 교육지표(2007)에 의하면[2] 우리나라 중학생의 95%가 대학진학을 희망한다고 응답한 반면,

---

1 *The New York Times* (2005. 12. 18).

2 OECD, *Education at a Glance* (2007).

프랑스 중학생은 52% 정도만 대학진학을 희망한다고 응답했다. 우리나라 학생들은 5% 정도만 실업계나 고등학교 졸업 후 취업하기를 희망하는 반면, 프랑스의 경우 47%의 학생이 졸업 후 취업을 희망하는 것으로 응답했다. 또한 우리나라 학생의 대학진학 희망률 95%는 OECD 국가 평균인 57%보다 월등히 높다. 이렇듯 프랑스는 왜 대학진학률이 낮은 편인가? 왜 대학진학보다는 취업을 선호하는가?

1980년대 이후 대학진학률이 높아지면서 대학의 학생 선발 방식이나 대학운영 방식에 개선된 점이 몇몇 있으나 프랑스 교육제도의 기본적인 틀은 나폴레옹이 1808년 대학 입학 자격시험인 바칼로레아를 도입한 이후 기본적인 학제나 운영 방식에 큰 변화 없이 현재에 이른다. 이 장에서는 프랑스의 독특한 교육체제의 현황과 특징, 진로지도 방식 그리고 문제점 등을 살펴보고자 한다.

1. 프랑스 교육제도 현황

1) 학제

프랑스 학제는 유치원(Maternnel, 3-5세)-초등학교(Ecole elementaire, 5년)-중학교(College, 4년)-고등학교(Lycee, 3년)-대학(Université, 3년)으로 구성된다. 학년 호칭은 학년이 올라가면서 숫자가 줄어드는 방식으로, 통상적인 방식과는 다르다. 초등학교 1학년은 11학년(CP/11eme), 2학년은 10학년(CE1/10eme), 3학년은 9학년(CE2/9eme), 4학년은 8학년(CM1/8eme), 5학년은 7학년(CM2/7eme)이다. 중학교 1학년은 6학년(6eme), 고등학교 1학년은 2학년(2eme), 2학년은 1학년(premier)이고, 마지막 3학년은 최종 학년(terminale)으로 호칭한다. 학기는 매년 9월 초에 시작하여 다음 해 7월 초까지이다. 모든 학기는 늦어도 7월 14일 혁명일 전까지 완료되어야 한다.[3] 유치원은 3세부터 다니며 6세가 되면 초등학교에 입학한다. 1967년 이후 6-16세 아동은 의무적으로 학교에 다니게 되었고, 1970년대 유아교육을 강화함에 따라 3-5세부터 유치원 과정에 등록할 수 있게 되었다. 1974년까지는 초등학교를 졸업하면서 인문계와 직업계를 구분하였으나 1975년부터 중학교 단계의 복선형 제도가 없어지고 모든 학생은 학업능력에 관계없이 집에서 가까운 중학교(single mixed-ability college)에 다닐 수 있게 된다.

그러나 고등학교 단계에서는 복선형 제도가 그대로 적용되어 학생은 중학교를 마치고 중학교 성적과 적성을 고려하여 일반 기술계 고등학교(Lycee)나 직업계 고등학교(Lycee professionel)를 선택한다. 일반 기술계 고등학교에 진학한 학생은 1학년 때는 공통과목을 배우고 2학년 때부터 일반계(general)와 기술계(technologie)로 나뉘며, 3학년(졸업반)이 되면 바칼로레아(Baccalaureat, 대학 입학 자격시험. 약칭하여 "Bac"이라고도 함)를 보아 대학에 진학한다. 직업계 고등학교에 진학한 학생은 직업기술자격(CAP나 BEP) 취득을 준비하고, 자격 취득 후 취업을 하거나 2년 더 학습하여 직업계 바칼로레아(Baccalaureat professionnele)를 취득하여 대학에 진학하기도 한다.

바칼로레아는 1808년 나폴레옹에 의하여 도입되고, 1809년 처음 시행되어 30명이 합격하였다. 초기에는 남학생에게만 응시를 허용하였

---

3 학기는 법으로 규정되어 있는데, 지역에 따라 다를 수 있으나 2005-2006년 경우 2005. 9. 2-2006. 7. 4이고, 학기 중간마다 방학기간이 정해져 있다. 즉, 겨울방학과 여름방학 외에 성모승천일(11월 초), 크리스마스, 부활절(4월경) 방학이 있다. 겨울방학(2월 중순경으로 스키방학이라고 부름)과 부활절방학(4월 중순)에는 가족휴가가 일시에 몰리는 것을 막기 위하여 프랑스 전국을 3개 지역으로 나누어 방학기간을 조정한다.

고, 1861년부터 여학생에게도 응시기회가 부여되었지만 교육에 있어서 남녀차별이 없어진 1924년 들어서야 여학생 응시자가 늘기 시작했다. 기술계 바칼로레아는 1968년, 직업계 바칼로레아는 1985년 각각 신설된다. 아울러 1987년 교육개혁으로 도입된 16세 이상 학생에 대한 도제식 훈련 방식(apprenticeship)은 기업과 계약을 맺고 직업기술자격 취득에 필요한 훈련을 제공하는데, 2007년 말 현재 약 30만 명의 학생이 참여하고 있다.

프랑스 고등교육 제도는 매우 복잡하다. 2년제 고등교육 과정으로 기술대학(IUT: Institute Universitaire de Technologie), 고급기술 과정(STS: Sections de Technicien Superieur), 그랑제꼴 준비반(CPGE: Classes Preparatoires aux Grandes Ecoles)이 있고, 3년제 이상으로는 일반대학(Universite, 3년제)과 소위 그랑제꼴(Grand Ecoles)이라고 불리는 특수대학 등이 있다. 그랑제꼴은 대개 그랑제꼴 준비반 2년 과정을 마친 학생을 대상으로 입학경쟁시험을 통해 선발하고 3년 정도의 교과 과정을 거치므로 전체적으로 5년의 고등교육 과정으로 이해할 수 있다. 프랑스 일반대학은 1기 과정(DEUG 과정 2년), 2기 과정(학사 1년, 석사 1년)과 3기 과정(DEA 및 박사 과정)으로 구성된 방식[4]으로 운영되었으나, 유럽 대학 간 연계를 강화하기 위한 볼로냐 프로세스(Bologna Process)[5]에 따라 2002년부터 유럽 통합 모

4 일반대학은 3기 과정(3 cycles)으로 운영되었는데, 1기 과정(First Cycle)은 학부 2년 과정에 해당하는 것으로 DEUG(Diplôme d'Études Universitaires Générales)라고 불리는 학위가 수여되었다. 이어서 2기 과정(Second Cycle)에서 1년 더 공부하면 학사학위(Licence)가 수여되었고, 2년 과정을 마치면 석사학위(Maitrise)가 수여되었다. 3기 과정(Third Cycle)에 진학한 경우 취업을 하려면 실무 중심의 석사 과정(DESS: Diplôme d'Études Professionnelles Supérieures Spécialisees)을 택하고, 박사 과정으로 진학하려는 경우에는 연구 중심 석사 과정(DEA: Diplôme d'Études Approfondies)을 택하였다. DEA를 취득해야만 박사(Doctor) 과정에 진학할 수 있었다.

5 볼로냐 프로세스(Bologna Process)라는 명칭은 볼로냐 선언(1999)에서 유래한 것으로, 2010년까지 유럽고등교육권(EHEA: European Higher Education Area)을 형성하고자 볼로냐 선언에서 채택한 여섯 가지 목표 성취를 위한 일련의 유럽 정부 간 혁신 과정을 의미한다. 학점교류를 촉진하기 위

델인 LMD(학사, 석사, 박사) 방식으로 변경한다. 학사 과정(Licence)은 3년간 수업(180학점)을 요구하며, 석사(Master)는 2년, 박사(Doctor)는 3년 이상의 수업연한을 요구한다. 학사 과정은 일반 학사(Licence)와 전문자격 학사(Licence Professionnelle)로 구분되고, 석사 과정도 연구석사(Research Master)와 전문자격석사(Professional Master)로 구분된다. 연구석사는 박사 과정 진학을 목표로 하는 학생들이 선택하며, 전문자격 학사와 석사는 졸업 후 바로 취업하려는 학생들이 선택한다.

2) 교육행정조직

교육을 담당하는 부처는 초중등교육을 관장하는 교육부(MEN: Ministere Education Natioale)와 대학과 연구기관을 관장하는 고등교육연구부(MENESR: Ministère de l'Enseignement Supérieur et de la Recherche)로 나뉘어 있으며, 국방부 등 타 부처에서도 일부 교육기관을 운영한다. 예를 들면, 농업계 고등학교는 농림부에서 운영하며, 그랑제꼴 중 유명한 국방기술대학(Ecole Polytechnique)은 국방부 소속이다.

프랑스 본토의 지방정부는 22개의 헤지옹(region), 96개의 데빠흐트망(departments, 시군구), 3,600개의 코뮌(communes, 읍면) 형태로 구성되어 있다.[6] 1790년 지방의회가 처음 도입되었지만, 중앙정부의 강력

한 유럽 학점 통용 방식(ECTS: European Credit Transfer and Accumulation System) 도입, 유로패스제(EUROPASS) 도입, 고등교육 품질관리를 위한 기준(Standards and Guidelines for Quality Assurance in EHEA) 제시와 품질관리 등록기관(European Register of Quality Assurance Agencies) 설치, 유럽 통합 자격 제도(European Qualification Framework) 운영, 학생 · 교원 등의 교류촉진 사업인 평생교육 프로그램(Lifelong Learning Programme, LLP. 이는 종전 소크라테스 프로그램을 2007년부터 대체한 사업임)으로 불리는 일련의 사업과 정책을 총칭한다.

6 코뮌(communes)은 제일 작은 지방자치 단위이며 읍면의회(conseil municipal)가 자치기구로서 의사결정을 한다. 여러 코뮌이 모여 데빠흐트망(departments)을 구성하고, 여기에는 도의회(conseil

한 통치로 기능이 약화되어 실질적 지방자치가 이루어지지 못하다가, 1982년 지방자치단체에 권한을 위임한 것을 시작으로 지방정부 권한이 생기고, 1986년 처음으로 지방의회[7]를 직접선거로 선출하면서 실질적 지방자치가 시작된다.

대체로 지방정부는 관할지역의 토지관리, 보조금을 지급하는 주택관리, 공공교통, 학교지원, 지방정부 직원고용 등의 업무를 담당한다. 교육과 관련하여 지방정부의 권한과 책임을 살펴보면, 코뮌은 초등학교, 데빠흐트망은 중학교, 헤지옹은 고등학교 지원을 책임지는데, 주로 학교신축이나 건물유지비 지원 분야다. 교육과정 운영과 교원 관련 분야는 중앙정부(교육부)가 책임지며 재정지원을 한다. 프랑스는 유초중등학교는 무료이고 대학교육도 거의 무료로 대학생들은 1년에 약 150-700유로 정도만 학비로 납부한다.

교육부 소속 지방교육행정기관은 아까데미(academies)라고 불리는 학구이다. 프랑스에는 35개 학구가 있는데 프랑스 본토에 26개, 해외영토(AOD)에 9개가 있다. 한 개의 학구는 몇 개의 데빠흐트망이 모여 구성되며, 각 학구마다 업무를 담당하는 교육행정기관을 두고 있는데, 이를 학구본부(rectorat)라고 부른다. 학구본부의 장을 학구장(學區長, recteur)이라고 하며, 프랑스 교육부장관의 추천을 받아 대통령이 임명한다. 학구장은 교육부장관을 대신하여 해당 지역의 초중등학교는 물론 대학까지 관장하며, 국가의 교육정책이 충실히 추진되도록 지도

---

général)가 있다. 그리고 몇 개 데빠흐트망이 모여 헤지옹(region)을 구성하며, 여기에는 지역의회(conseil régional)라는 도의회가 구성 · 운영된다. 그러나 파리, 리옹, 그리고 마르세유는 대도시인 점을 감안하여 다르게 규정한다. 파리의 경우 파리 지방의회(conseil de Paris)가 도의회의 기능을 수행하고, 코뮌 대신 20개의 아홍디스망(arrondisement, 우리나라의 행정구에 해당)으로 나뉘며, 각 아홍디스망은 지방의회(conseil d'arrondisment)와 자치단체장(mayor)을 선출한다.

7 지방의회는 1년에 3회 회합하며, 총 4,000명 지방의원이 있다.

감독 및 지원한다.[8] 아카데미는 우리나라의 지방교육청과 같은 역할을 한다고 보면 되나, 해당 지역 대학의 행정지원 업무도 다룬다는 점이 다르다. 대체로 행정구역 단위인 데빠흐트망과 학교행정 단위인 학구는 일치하지 않는다. 파리 시의 경우 대도시인 점이 감안되어 그 자체로 1개의 학구인 파리 시 학구(Academie de Paris)를 구성하지만, 남부 프랑스에 위치한 몽펠리에 학구(Academie de Montpellier)는 5개 데빠흐트망이 모여 한 개의 학구를 구성한다. 학구의 주요 업무는 교육예산 집행, 장학 및 교원관리다. 각 데빠흐트망은 교육지원부서(Inspection Academique, 장학관)[9]를 두어 해당 지역의 초중등학교 장학지도를 담당한다.

3) 학급위원회

프랑스에서는 학생의 학교생활 성공 여부가 학교와 학부모의 긴밀한 대화와 협력체제의 구축에 달려 있다고 보며, 정신과 신체의 균형적 발전을 위한 진로상담은 물론 건강관리에서 급식 등에 이르기까지 학교에서 다양하게 제공한다. 효과를 높이기 위하여 학부모의 의견을 적극 반영하고, 학생지도에 학부모의 협력을 유도하기 위하여 여러 제도를 운영한다. 교사는 일 년에 두 번 이상 학부모에게 학생의 학업성취와 학교생활 등을 설명해야 한다. 또 학교에는 교사 외에 학

8 아카데미의 장을 통상 학구장(學區長, Recteur)이라고 부르나 해당 지역소재 고등교육기관에 대한 행정업무를 담당하기 때문에 대학총재(Chancelier des Universités)라고도 부른다. 대학총장(le President)은 대학총재의 지도감독을 받는다. 각 대학별로 대학총장이 소속 대학의 행정업무를 담당하고, 학구장은 해당 지역의 초중등교육 행정업무 외에 대학총재로서 교육부장관을 대신하여 고등교육기관 행정업무를 담당한다.

9 담당책임자는 장학사(inspecteur d'academie)라고 부른다.

교생활상담사와 학생생활지도사(Personnels de Surveillance), 진로상담사(Conseillere d'Orientation), 정보자료상담사, 간호사 등이 상근하며, 학교별로 사회복지사와 담당의사가 지정되어 학생의 복지와 건강을 지속적으로 관리한다.

프랑스는 교육과 관련한 많은 사항을 학부모와 학교 간 협의를 통해 결정하도록 권장하며, 이러한 차원에서 중앙정부에서부터 지방정부, 일선 학교에 이르기까지 다양한 교육 관련 위원회가 있고 거의 모든 위원회에 학부모대표들이 참여한다. 초등학교에는 학교위원회(le Conseil d'Ecole), 중고등학교에는 학교행정위원회(le Conseil d'Adminstration)가 있어 학교 운영과 관련된 전반적인 협의와 결정이 여기서 이루어진다.[10]

중고등학교에는 학교행정위원회 외에 징계위원회(le Conseil de Discipline)와 학급위원회(le Conseil de Class)가 있다. 학급위원회는 중등학교에 있는 학급 단위 교육자치기구로, 교장, 교사, 학부모대표, 학생대표는 물론 관련 교육전문가들이 참여하여 학교생활과 관련된 모든 사항을 협의하며 결정한다. 학생은 이러한 과정을 통해 민주주의 절차와 제도를 학습하고, 자신의 권리를 주장하고 책임을 지는 방식을 배우게 된다. 교사와 학부모 역시 학생의 학교생활을 성공적으로 이끌기 위해 서로 협력하는 방법을 배운다. 학급위원회는 1년에 3회(매학기말) 개최되고, 의장은 대체로 교장이 맡으며, 학급에서 수업을 하는 과목교사도 모두 참여한다. 교장이 해당 학급의 전반적인 성취와 학업

10 학교규칙 제개정, 학교사업계획서 승인은 물론 학교 방과 후 활동, 학교급식, 학교위생, 학생안전 등에 이르기까지 학교생활과 관련된 사항에 대한 학교 단위의 최종 의사결정기구이다. 중등학교 단계에서는 교과서 및 교수학습자료 선정, 선택과목의 개설 등도 심의 · 결정한다. 우리나라의 학교운영위원회와 비슷한 형태라고 보면 된다.

분위기 등을 종합적으로 설명하고, 각 교사들이 부가적으로 필요 시 설명하는 방식으로 진행된 후, 학부모와 학생들의 의견을 듣는다.

전체 설명이 끝나면 해당 학급 학생들의 개인별 학업성취에 대하여 검토하며, 필요한 경우 학생의 학업을 독려하는 결정(일종의 학사경고나 유급 등)을 내리기도 한다. 학년 말에는 학생 개개인의 학업성취를 기초로 학년 진급이나 상급학교 진학 시 진로 등을 결정한다. 학급위원회가 끝난 후 그 내용을 정리한 소식지(la bulletin trimestriel)를 각 학부모에게 송부한다.

4) 프랑스 유초중등교육 현황

① 유초중학교 교육

3세부터 유치원 교육이 제공되며 6세부터 16세까지 의무교육이다. 중학교까지 모든 학생은 공통 교육과정을 배우고, 신체나 정서장애가 있는 학업부진 학생들을 위한 특수학급이나 적응학급(adapted classes)이 운영되기도 하며, 정상아동이라 할지라도 학업이 부진한 경우 학부모 동의하에 유급을 시킨다. 약 10만 명 정도의 지체장애 학생이 보건성에서 운영하는 특수학교나, 정서장애나 학습부진아들을 위한 적응학급(CLIS 또는 SEGPA)에 진학한다. 적응학급은 일반학교 부설로 운영되며, 적응반 학생들이 어느 정도 수준에 이르면 일반학급(mainstream)에서 교육을 받도록 한다. 지체장애아들을 위한 특수학교에서는 최소한의 직업기술(CAP: Certificate d'Aptitude Professionnel)을 취득하도록 교육한다.

종교단체(주로 가톨릭재단) 등에서 운영하는 사립학교도 상당수인데, 초등학생의 약 15%, 중등학생의 약 18%가 재학 중이다. 이들 사립학교는 대부분 정부와 계약(contrats d'association)을 맺고 운영하는 경우가 대부분이며, 정부가 사립학교 교원의 보수를 지원하기 때문에 학비가 저렴하다. 반면 정부가 정한 교육과정의 운영, 국가인정을 받은 자격교사 채용 등 공립학교에 준하여 학교를 운영해야 하는 의무가 따른다. 그러나 약 5만 명의 학생은 정부와 계약을 맺지 않고 운영하는 학비가 비싼 학교(예를 들면 외국인 학교 등)에 다니고 있는 것으로 파악된다.

1989년부터 초등학교 3학년과 중학교 1학년 초에 전국적으로 프랑스어와 수학에 대한 진단평가(evaluations diagnostiqyes)를 실시하여 학업 능력을 진단한다. 매 학년 말에는 형성평가(l'evaluation sommative)로 학생의 학업성취도를 평가하여 상급학년 진학 등에 활용한다. 교육부는 매년 3월 전년도 바칼로레아의 결과를 학교별로 분석하여 공개하는 학교평가제도를 도입하였다.[11]

② 고등학교 교육

중학교를 졸업하면서 중학교수료증(BEPC: Brevet d'Etudes du Premier Cycle)을 취득하고 고등학교에 진학하는데, 고등학교는 일반기술계 고등학교(Lycee)와 직업계 고등학교(Lycee professionnel)로 나뉜다. 일반기술계 고등학교 1학년은 우리나라처럼 공통과목을 이수하고, 2학년에 올라가면서 일반계(generale)와 기술계(technologie)로 나뉜다. 일반계 과정에는 3개 과정〔경제사회(ES: Eonomics and Social), 인문(L: Literate), 과학(S: Scientist)〕이 있고, 기술계 과정에는 7개의 바칼로레아 과정이 있

11 자세한 내용은 https://www.education.gouv.fr/ 참조.

다.[12] 2학년부터는 진로결정 과정(determination)으로 진로와 연계된 바칼로레아를 준비하며, 학생의 선택을 돕기 위하여 다양한 과목의 선택이 가능하도록 한다.

직업계 고등학교는 2년 과정에서 5년 과정까지 있다. 직업계 고등학교는 직업기술자격〔직업적성자격증(CAP: Certificat d'Aptitude Professionnelle)이나 직업탐구증서(BEP: Brevet d'Etudes Professionnelles)〕을 취득하려는 학생이 진학한다. 직업적성자격증(CAP) 과정은 215개 전문 분야(목수, 보육 등)로 나뉘고, 2년간 교육을 받으면 자격을 취득할 수 있다. 직업탐구(BEP) 과정은 자격 취득 후 바로 취업하기보다는 학업을 계속하려는 학생을 위한 것으로, 직업기술자격 과정보다는 일반적인 훈련에 중점을 두며 CAP보다는 합격이 어렵다고 알려진다. 직업탐구 과정 합격자들은 주로 직업 바칼로레아나 기술 바칼로레아를 준비하는 상급 학년에 진학하지만, 직업기술자격 과정 합격자들은 대부분 취업한다. 직업기술자격, 직업탐구증서나 직업 바칼로레아 취득 후 취업준비를 지원하는 1년 과정의 보충 직업교육 과정(FCIL)이 있다. 취업하려는 지역의 지역경제구조나 형태에 필요한 전문기술을 보완하여 취업을 보다 용이하도록 지원하는 교육과정이다.

직업탐구 과정에는 약 50개의 전문 분야가 있고, 직업탐구증서를 취득하면 기능공(level V)이 된다. 직업탐구 자격을 취득한 학생들은 직업 바칼로레아(Baccalaureat professionnelle, 통상 Bac Pro라고 함)를 준비하는 과정에 편입하거나 1년의 보충 교육(mention complementaire)을 받아 바로 취업한다. 직업탐구증서를 취득하고 직업 바칼로레아 과정의 2학

12 기술계 과정에는 다음과 같이 7개 바칼로레아(Bac) 과정이 있다: 과학기술실험(STL), 산업기술과학(STI), 사회의학과학(SMS), 관리과학(STG), 음악춤(TMD), 호텔, 농업생명기술(STPV)〔농업기술(STPA)과 농업환경(STAE)은 2006년부터 STPV로 통합되어 2007년 BAC에 반영〕.

년(premier)에 편입하여 전문대학(IUT나 STS 등 2년제 기술대학)의 진학을 준비해야 하기 때문에 직업계 고등학교 학생이 대학에 진학하려면 직업기술자격 취득에 2년, 직업 바칼로레아 준비에 2년, 최소 4년 정도 소요되므로 일반기술계 학생보다는 1년 더 준비기간이 필요하다.

③ 초중등학생 현황

〈표 Ⅱ-1〉에 나타난 바와 같이, 초등학생 대략 400만 명, 중학생 300만 명, 고등학생 300만 명, 고등교육기관 재학생 230만 명 등 프랑스 전체 학생 수는 약 1500만 명이다. 전체 인구 6100만 명의 약 24%가 학생이고, 전체 학생 중 사립학교 재학 비율은 유치원 12%, 초등학교 14%, 중학교 21%, 고등학교 18%이다. 국공립 교원 수는 81만 9,313명으로 전체 교원 99만 3,744명의 82.4%이며, 여성 교원 비율은 전체 교원의 약 53%이다. 교사 1인당 학생 수나 학생 1인당 교육비는 고등교육이 중등교육에 비하여 상대적으로 열악한 상황임을 보여준다.

프랑스의 경우 대학까지 거의 무료로 운영하고 바칼로레아 합격자는 원하면 모두 대학에 진학할 수 있기 때문에 현재 해당연령의 약 55%가 고등교육기관에 진학하고 있다. 1960년 해당연령의 약 11%만이 바칼로레아를 취득하였고, 1980대까지만 해도 바칼로레아 합격자 비율이 30% 이하였지만, 1984년 새바리(Savary) 법에 의하여 대학의 학생 선발권이 금지되고 해당 지역 바칼로레아 합격자를 모두 수용하게 되었으며, 1989년 교육진로지도법(la loi d'orientation sur l'Education de 1989)에서 해당 학생 80%가 바칼로레아를 취득하게 한다고 선언한 이후, 바칼로레아 합격자 비율이 2006년에는 80%에 이른다. 2006년 현재 해당 연령 대비 바칼로레아 취득률도 20년 전에 비하여 2배인 65%에 이르고 있다.

〈표 II-1〉 학교 수 및 학생 수, 학생-교사 비율 현황 등(2006-2007년)

<table>
<tr><th colspan="2"></th><th>학교 수
(개)</th><th>학생 수
(천 명)</th><th>교사 수
(사립교원 수)
(여교사 비율)</th><th>학생/교사
(명)</th><th>학생당
교육비
(유로)</th></tr>
<tr><td rowspan="2">유치원</td><td></td><td>17,410</td><td>2,578</td><td rowspan="4">321,339
(46,132)
(80%)</td><td rowspan="4">12.7</td><td rowspan="2">4,680</td></tr>
<tr><td>(사립)</td><td>(160)</td><td>(321)</td></tr>
<tr><td rowspan="2">초등학교</td><td></td><td>38,257</td><td>4,065</td><td rowspan="2">4,810</td></tr>
<tr><td>(사립)</td><td>(5,217)</td><td>(579)</td></tr>
<tr><td rowspan="2">중학교</td><td></td><td>7,011</td><td>3,101</td><td rowspan="10">419,009
(98,777)
(57%)</td><td rowspan="10">14.5</td><td rowspan="2">7,710</td></tr>
<tr><td>(사립)</td><td>(1,773)</td><td>(656)</td></tr>
<tr><td>고등학교</td><td></td><td>4,319</td><td>2,975</td><td rowspan="3">10,130</td></tr>
<tr><td rowspan="2">-일반기술계</td><td></td><td>2,623</td><td>1,492</td></tr>
<tr><td>(사립)</td><td>(1,069)</td><td>(309)</td></tr>
<tr><td rowspan="2">-직업계</td><td></td><td>1,696</td><td>720</td><td rowspan="2">10,430</td></tr>
<tr><td>(사립)</td><td>(653)</td><td>(154)</td></tr>
<tr><td>-도제 과정 등</td><td></td><td></td><td>501</td><td></td></tr>
<tr><td>-농업계</td><td></td><td></td><td>155</td><td></td></tr>
<tr><td>-특수교육</td><td></td><td>80</td><td>107</td><td></td></tr>
<tr><td>대학</td><td></td><td>4,301</td><td>2,254</td><td>89,300
(35%)</td><td>25.2</td><td>8,940</td></tr>
<tr><td>합계</td><td></td><td>71,789</td><td>14,973</td><td>993,744
(사립교원:
144,909)</td><td></td><td></td></tr>
</table>

*자료출처: MEN, *Reperes et references statistiques* (2007), pp. 72-73; 96-97; 172-173.

*교사 수는 MEN, *L'etat de l'ecole* (2006), p. 16.

〈표 Ⅱ-2〉는 1960년 이후 학생 수 변화를 보여주는데, 중등교육과 고등교육 분야에서 1980년대를 중심으로 급속히 증가하고, 2000년에 이르러서는 대학생의 수가 200만 명을 넘어서면서 1960년과 비교하면 약 7배가 증가한다. 대학진학자는 증가하였으나, 프랑스의 고등교육 재정은 이에 따르지 못하고 있어 대학교육의 질적인 문제가 심각하다.

〈표 Ⅱ-2〉 학생 수 변화 추이(단위: 천 명)

	1960-1961	1980-1981	1990-1991	2000-2001	2006-2007
유치원생 수		2,457	2,644	2,540	2,578
초등학생 수		4,810	4,218	3,953	4,017
중학생 수	1,453	3,142	3,139	3,291	3,101
고등학생 수	805	2,108	2,560	2,522	2,635
-일반계	422	1,103	1,607	1,502	1,491
-기술계	383	780	734	705	720
-도제 과정		225	219	315	424
대학	310	1,181	1,717	2,160	2,294
-그랑제꼴 준비반	21	40	64	70	76
-일반대학	215	804	1,086	1,278	1,285
-기술대학 (IUT)	-	54	74	119	114
-고급기술 (STS)	8	68	199	239	228
-기타 대학 (그랑제꼴 등)	66	215	311	489	591

*자료출처: MEN, *Reperes et references statistiques* (2007), pp. 72-73; 96-97; 172-173.

5) 프랑스 대학 현황

앞에서 설명한 바와 같이 프랑스 고등교육 제도는 매우 복잡하다. 2년제 과정으로는 고등직업기술 교육과정인 기술대학(IUT)과 고급기술과정(STS)이 있고, 그랑제꼴 입학시험을 준비하는 그랑제꼴 준비반(CPGE)이 있다.

3년제 이상 과정은 일반대학과 프랑스 특유의 대학 형태인 그랑제꼴 등이 있다. 〈표 Ⅱ-3〉이 보여주듯이, 프랑스 대학은 그 형태가 다양하여 우리나라의 대학과 비교하기가 쉽지 않다. 2006-2007학년도 프랑스에는 총 4,301개 대학에 약 230만 학생이 재학 중인 것으로 나타났고, 이 중 10% 정도가 외국인이다. 그러나 2년제 고급기술 과정과 그랑제꼴 준비반은 대체로 고등학교 부설로 운영되며, 기술대학도 2년제 과정으로 대학에 부설되어 독립된 학교 형태가 아니다. 부설 형태를 제외한 대학은 약 1,500개이다.

〈표 Ⅱ-4〉에 따르면 그랑제꼴의 경우 국방부, 법무부 등 교육부 외 부처에서 운영하는 대학에 재학 중인 학생 수가 21만 명으로 교육부 소속 그랑제꼴에 재학하는 학생 8만 5,000명보다 많으며, 사립대학에는 전체 대학생의 약 10%에 해당하는 22만 2,000명이 재학 중인 것으로 나타났다.

〈표 Ⅱ-3〉 프랑스 고등교육기관 및 학생 현황(2006-2007년)

<table>
<tr><th colspan="2">학교 구분</th><th rowspan="2">학교 수
(개)</th><th rowspan="2">학생 수
(천 명)</th><th rowspan="2">비고</th></tr>
<tr><th>구분</th><th>설립 형태</th></tr>
<tr><td>일반대학</td><td>국립</td><td>81</td><td>1,285.4</td><td></td></tr>
<tr><td>IUT</td><td>국립</td><td>114</td><td>113.8</td><td>주로 일반대학 부설</td></tr>
<tr><td>사범대학(IUFM)</td><td>국립</td><td>30</td><td>74.2</td><td></td></tr>
<tr><td rowspan="2">그랑제꼴(국립)</td><td>교육부 소속</td><td>9</td><td>25.8</td><td>Sciences Po 등</td></tr>
<tr><td>국립고등사범대</td><td>4</td><td>3.7</td><td></td></tr>
<tr><td>STS</td><td></td><td>2,125</td><td>228.3</td><td>주로 고등학교 부설</td></tr>
<tr><td></td><td>국립</td><td>1,323</td><td>159.8</td><td></td></tr>
<tr><td></td><td>사립</td><td>802</td><td>68.5</td><td></td></tr>
<tr><td>CPGE</td><td></td><td>406</td><td>76.2</td><td>주로 고등학교 부설</td></tr>
<tr><td></td><td>국립</td><td>318</td><td>64.6</td><td></td></tr>
<tr><td></td><td>사립</td><td>88</td><td>11.6</td><td></td></tr>
<tr><td>공대</td><td></td><td>247</td><td>108.8</td><td></td></tr>
<tr><td></td><td>독립 공대(국립)</td><td>86</td><td>55.3</td><td></td></tr>
<tr><td></td><td>일반대학 내(국립)</td><td>94</td><td>26.0</td><td>일반대학 내 설치</td></tr>
<tr><td></td><td>사립 공대</td><td>67</td><td>27.5</td><td></td></tr>
<tr><td>경영행정대</td><td></td><td>223</td><td>87.3</td><td></td></tr>
<tr><td>건축학교</td><td></td><td>23</td><td rowspan="3">64.5</td><td></td></tr>
<tr><td>문화예술학교</td><td></td><td>235</td><td></td></tr>
<tr><td>저널리즘 대학 등</td><td></td><td>24</td><td></td></tr>
<tr><td>진료보조원 양성학교</td><td></td><td>418</td><td rowspan="2">131.7</td><td>사립이 많음</td></tr>
<tr><td>사회복지사 양성학교</td><td></td><td>161</td><td></td></tr>
<tr><td rowspan="4">기타 특수대학</td><td>타 부처 소속
그랑제꼴</td><td>212</td><td>10.4</td><td>ENA, ENM</td></tr>
<tr><td>법학, 행정 관련 학교</td><td>58</td><td>64.5</td><td>타 부처 소속
그랑제꼴</td></tr>
<tr><td>저널리즘 대학 등</td><td>24</td><td rowspan="2">33.3</td><td rowspan="2">학생 수는 통합됨</td></tr>
<tr><td>수의과대학</td><td>4</td></tr>
<tr><td>기타 대학</td><td>사립</td><td>13</td><td>21.0</td><td></td></tr>
<tr><td>합계</td><td></td><td>4,301</td><td>2,294.4[13]</td><td></td></tr>
</table>

*자료출처: MEN, *Reperes et references statistiques* (2007), pp. 18-19; 66-67; 172-173.

〈표 Ⅱ-4〉 설립운영별 고등교육기관 학생 수(2004년/단위: 천 명)

	국립		사립	합계
	교육부 소속	타 부처 소속		
일반대학	1,511(67%)	0	0	1,511(67%)
그랑제꼴	85(4%)	210(9%)	140(6%)	435(19%)
기타 고등교육기관	210(9%)	15(1%)	82(4%)	307(14%)
합계	1,808(80%)	225(10%)	222(10%)	2,255(100%)

*자료출처: MENESR, *Bologna Process National Reports 2004-2005* (2005).

① 단기 고등교육 과정(Bac+2)

• 기술대학(IUT)과 고급기술 과정(STS)

단기 고등교육 과정은 바칼로레아 취득 후 2년간 취업희망 관련 분야에서 교육을 받아 취업하는 과정으로 통상 "Bac+2"로 불리며, 교육은 산업체에서의 현장실습과 연계하여 운영된다. 단기 고등교육기관으로는 2년제인 기술대학(IUT)과 고급기술 과정(STS)이 있는데 우리나라의 전문대학과 유사한 과정이다.

기술대학은 일반대학 부설이며, 과정을 마치면 기술전문학사(DUT: le Diplome Universitaire de Technologie)를 수여한다. 프랑스 전역에 114개 기술대학이 있으며 25개 전공 분야가 있다. 기술대학은 고급기술 과정(STS)보다는 이론중심적이어서 자격 취득 후 상급학위나 자격을 취득하고자 하는 사람이 주로 선택한다. 기술전문학사 합격자 중 60% 정도가 상급학교에 진학하는 반면, 고급기능사증(BTS: Brevet de Technicien Superieurs) 합격자의 약 30%만 상급자격 취득을 위해 진학하

13 합계에는 학교 구분에 없는 국립과학기술원(Institute National Polytechnique)의 1만 2,400명 등 약 3만 명이 별도로 포함되었음.

는 것으로 나타났다. 기술전문학사를 취득하면 학사학위 과정인 전문자격학사 자격 취득을 위해 대체로 1년 정도 수업 기간을 요구한다.

고급기술 과정(STS)은 고등학교에 부설되어 있거나 사립학교에서 운영다는 점에서 기술대학과 구별된다. 고급기술 과정은 현장 중심의 기술교육에 중점을 두어 전공 분야는 145개로 세분화되어 있고 과정을 마치면 고급기능사증(BTS)이 주어진다. 정부지원을 받는 사립학교는 학부모의 소득 수준에 따라 연 300-900유로의 학비를 요구하며, 정부와 계약을 맺지 않은 사립학교는 최고 5,000유로까지 요구하기도 한다.

〈표 II-5〉 기술대학과 고급기술 과정 비교

	기술대학(IUT)	고급기술 과정(STS)
학교 형태	대학 부설(122개)	고등학교 부설(2,000개)
수업 연한	2년	2년
교육 방식	이론 중심	현장 실무 중심
학위 명칭	DUT	BST
전공 종류	25분야	145분야
자격 취득 후 진로	60% 상급학교 진학 40% 취업	약 30% 상급학교 진학 70% 취업
연 학비	무료	공립 고등학교 부설: 무료 계약 사립학교: 300-900유로 자립운영 사립학교: 5,000유로까지

• 그랑제꼴 준비반(CPGE)

통상 프레파(prepar)라고 부르며, 일반계 고등학교 부설이다. 그랑제꼴 준비반(CPGE: Classes Preparatoires aux Grandes Ecoles) 과정은 학생들의 학업성적을 고려하여 선발하며, 학생들은 2년 정도 준비기간을 거쳐 국방기술대학(Ecole Polytechnique), 국립행정학교(ENA: Ecole Nationale d'Administration), 국립고등사범학교(ENS: Ecole Normales Superieurs) 등의 그랑제꼴에 입학하기 위한 경쟁을 치른다. 그랑제꼴 준비반 과정에 선발되는 것도 어렵지만, 과정에 들어갔다고 그랑제꼴 입학이 보장되는 것도 아니며, 과정이 어려워 중간에 그만두고 일반대 등에 진학하는 학생도 있다. 대체로 원하는 그랑제꼴에 입학하지 못하는 경우에는 일반대학 3년 과정이나 급이 낮은 그랑제꼴에 진학한다. 그랑제꼴 준비반 과정으로 유명한 고등학교로는 루이 르 그랑(Lycee Louis-le-Grand), 생 루이(Lycee Saint-Louis), 앙리 4세(Lycee Henry IV) 고등학교 등이 있다.

2006학년도의 경우, 해당 학생 225만 4,386명 중 약 3.38%인 7만 6,160명이 그랑제꼴 준비 과정에 있으며, 이 중 1만 1,579명(약 15.2%)이 사립학교의 준비 과정에 있다. 그랑제꼴 준비 과정 학생은 바칼로레아 합격자 수가 늘어나면서 계속 증가하고 있다. 그랑제꼴 준비 과정 학생을 출신 분야별로 분석하면, 과학계열 출신이 약 73%, 경제사회계열 출신이 13%, 문학계열 출신이 10%이고, 나머지 4% 정도는 기술계 출신이다.

〈참고 1〉 루이 르 그랑 고등학교(Lycee Louis le Grand)

나라마다 명문학교가 있듯이 프랑스에도 명문학교가 있다. 명문 고등학교로는 루이 르 그랑(Lycee Louis le Grand), 앙리 4세(Henry IV) 고등학교 등이 있고, 대학으로는 국립고등사범학교(ENS) 등의 그랑제꼴이 있다. 루이 르 그랑 고등학교는 엘리트 중의 엘리트를 양성하는 곳으로 유명하다. 프랑스의 유명한 인물 중 이 학교 출신이 많다. 그중 백과전서파로 유명한 디드로(Denis Diderot)와 볼테르(Voltaire), 철학가 사르트르(Jean-Paul Sartre)와 뒤르켐(Émile Durkheim), 소설가 위고(Victor Hugo), 화가 드가(Edgar Degas)와 들라크루아(Ferdinand Victor Eugène Delacroix), 사업가로는 자동차의 고무타이어를 발명한 미쉘린(André Michelin)과 시트로엥 자동차 설립자인 시트로엥(Andre Citroen), 정치가로는 프랑스 대통령을 지낸 퐁피두(Georges Pompidou), 땡스탱(Valery Giscard d'Estaing)과 시라크(Jacques Chirac) 등이 있다. 프랑스 혁명 당시 주요 역할을 했던 로베스피에르(Maximilien Robespierre)도 이 학교 출신이다. 2006년 고등사범학교 합격자 75명 중 30명이 이 학교 출신이기도 하다.

루이 르 그랑 고등학교는 1563년에 제수이트교단(Jesuits)에 의해 설립되었다. 이 학교는 무료로 운영되었고, 입학시험을 통과한 학생은 빈부격차나 출신성분을 가리지 않고 모두 받아들여 가르쳤으며, 외국인에게도 입학을 허용하였다. 이러한 '모든 이에 대한 개방정책(openness to the world)' 덕분에 많은 우수한 학생이 몰렸다. 1594년 국왕 앙리 4세의 살해범이 이 학교 출신이라는 사실이 밝혀지면서 학교가 폐쇄되고 교사들은 추방되거나 처형되는 사태가 있었지만 1618년 다시 개교하여 번창한다. 1682년에는 태양왕 루이 14세가 학교를 공식적으로 승인한다. 1798년 "Prytanee Francais"[14]로 지정되어 프랑스 교육의

14 영어로는 "French Prytaneum"이라고 번역되는데, 프리타네이엄(Prytaneum)이란 고대 그리스에

모범학교(model)가 되고, 1801년 나폴레옹(Bonaparte Napoleon)이 방문한 이듬해 'Lycee de Paris(파리의 고등학교)'라는 칭호를 받는다.[15] 그 후 이름이 제국고등학교(Lycee Imperial), 데카르트 고등학교(Lycee Descartes)로 바뀌다가 1873년 현재의 명칭으로 정착된다.

이 학교는 프랑스 교육사에 있어 몇 가지 중요한 의미를 가진다. 최초로 '리세(Lycee)'란 명칭을 부여받았고, 대학이 아닌 왕으로부터 직접 승인을 받은 국립 중등학교이다. 또 1763년 중등학교 행정업무를 관장하는 사무소가 대학이 아닌 중등학교에 최초로 설치되어 학구장이 학교 내에서 행정업무를 집행하였다. 이 학교는 대학의 엄청난 반대에도 불구하고 교수방법 개혁(pedagogy)에도 앞장섰는데, 1766년 교사 자격시험(agregation)을 도입하고, 이어서 교사 자격시험 준비학교인 사범학교(Ecole normal)를 운영하였다. 이는 국립고등사범학교(ENS)의 모태이다. 또 출신성분에 관계없이 시험합격자를 모두 받아들였고, 약 10% 범위 내에서 외국인도 받아들였다. 이들 외국인 중에는 후일 스웨덴 국왕 오스카 1세, 세르비아의 밀란, 몬테네그로의 니콜라스 1세 등이 있다. 이 학교는 열정과 헌신적인 자세로 어려움을 극복하고 새로운 것을 발견하며 사회에 기여하는 인물을 육성하는 데 중점을 두었다.[16]

서 발전을 기원하며 "신성한 불꽃(sacred fire)"을 지정하여 관리하였던 장소로, 왕이나 지역의 맹주는 그 불꽃이 꺼지지 않도록 관리하는 것이 주요 임무의 하나였다. 따라서 "Prytanee Francais"로 지칭되었다는 것은 프랑스 정신을 지키는 꺼지지 않는 등불이 되라는 의미로, 이 학교가 프랑스에서 차지하는 비중을 잘 보여주는 사례이다.

15 자료에 의하면 프랑스에서 고등학교를 지칭하는 '리세(Lycee)'라는 명칭은 이때 처음 사용되었다고 한다. 그 전까지 이 학교는 꼴레쥬 데 끌레몽(College de Clermont)으로 불리고, 루이 14세가 학교를 정식 승인하면서 꼴레쥬 데 루이 르 그랑(College de Louis le Grand)이란 명칭을 얻는다.

16 이 학교는 학년당 약 260명 내외로 전체 학생 수는 약 800여 명이다. 일반계 과정만 있는데, 문학계열(L)에 약 30명 내외, 과학계열(S)에 230명 내외 학생이 있다. 그리고 그랑제꼴 준비반(CPGE) 과정에는 약 900여 명의 학생이 있다. 보다 자세한 정보는 학교 홈페이지(http://www.louis-le-grand.org/albedo/index.php) 참조.

• 도제 방식의 고등교육 과정 운영

이것은 학교에서의 이론적 학습과 기업에서의 현장훈련을 연계하여 운영하는 방식이다. 주로 Bac+2로 운영되는 단기 고등교육 과정에 많이 적용되나 Bac+3(학사) 또는 Bac+5(그랑제꼴)에 적용되기도 한다. 현장실습생은 기업과 계약을 맺고 월급을 받으며, 훈련지도자의 책임하에 직업훈련을 받는다. 이런 훈련 방식의 목적은 기업에서 요구하는 현장기술을 습득하는 데 있다. 훈련 과정은 직업기술자격(Bac Pro나 BTS 등)을 목표로 한다. 현장실습은 기업에서 하고, 현장실습센터(CFA: le Centre de Formation d'Apprentis)에 의하여 평가 확인을 받는다. 통상 1년에 400-675시간 현장실습 훈련을 요구한다. 현장실습센터(CFA)가 이러한 현장실습 전반의 행정지원을 담당한다. 현장실습센터는 정부, 지역사회, 상공회의소, 기업 또는 학교 등이 협약에 의하여 세울 수 있다.

② 일반대학

프랑스 일반대학은 종합대학이라기보다는 특정 분야에 특성화된 대학이 주류다. 예를 들면, 파리에 있던 5개 대학은 1971년 분리되어 13개 대학으로 나뉜다. 우리에게 유명한 소르본 대학(Universite Paris-Sorbonne)은 파리 4대학으로 통칭되며, 주로 문학과 언어 중심으로 특화되어 있다. 파리 6대학은 통상 마리 퀴리 대학(UMPC: Universite Pierre et Marie Curie)으로 불리며 과학과 의학 분야에 특성화되어 있다.

③ 그랑제꼴

프랑스의 독특한 형태의 고등교육기관으로 고급학교(Les ecoles superieures)로 불리는 특수대학이다. 주로 관리행정, 건축 또는 공학, 예술, 경영과 저널리스트 등 전문직업 분야를 가르치는 특수대학으로, 주로 입학경쟁시험을 통하여 학생을 선발한다. 통상 국립 그랑제꼴은 법적으로 "les Grand Establishements"으로 분류되며, 일반적으로 그랑제꼴이라고 하면 사립대학도 포함된다. 그랑제꼴이란 용어는 프랑스 혁명 이후부터 사용되는데, 법적으로 그랑제꼴은 대학 분류 기준이 아니며, 다만 그랑제꼴 준비반인 "CPGE" 과정을 표시할 때 나타날 뿐이다. 공식적으로는 일반대학과 구분하는 의미에서 "Ecoles Superieures"나 "les Grand Establishements"란 용어를 사용하고 있다.

그랑제꼴로 불리는 대학 간에도 수준 차이가 있다. 대개 정부가 운영하는 그랑제꼴이 유명하며, 주로 공학이나 관리행정 분야의 고급전문가를 양성하는 데 중점을 둔다. 예를 들면, 국립행정학교(ENA: Ecole Nationale d'Administration), 국방기술대학(Ecole Polytenique), 국립사법관학교(ENM: Ecole Nationale de la Magistrature)와 고등사범학교(ENS: Ecole Nationle Superieur) 등이 있다. 예술, 문학과 사회과학 분야에도 그랑제꼴이 있는데, 경영이나 예술 관련 분야는 사립 그랑제꼴도 많다. 그랑제꼴은 물론 다른 고급 고등교육기관에 속하는 대학들은 보통 입학자격으로 바칼로레아 취득 후 2년 이상의 준비교육을 요구하므로, 3년 과정을 마치면 Bac+5가 되어, 대개 석사학위가 수여된다.[17]

17 다만 그랑제꼴 중 하나로 유명한 파리 정경대학(Science Po, 정식 명칭은 "Institute d'Etudes Politiques de Paris")은 그랑제꼴 준비 과정을 거치지 않은 바칼로레아 합격자를 학부 과정으로 받아들인다. 최근 이들 대학은 복합학문 분야의 인재양성 차원에서 필요한 경우 다른 대학과 연계하여 다양한 과정을 운영하기도 한다.

④ 사범대학, 법과대학 등 특수대학

• 사범대학

1833년 기조(Guizot) 법에 의거하여 초등교사를 양성하기 위한 사범학교(ecole normal)를 세우도록 의무화한 것이 교사양성체제 구축의 시초다. 페리(Ferry) 법(1880-1883)에 의거 의무교육 제도가 도입되고, '종교로부터 독립된 교육(principle of laicity in education)' 원칙이 확립되어 초등교사 양성 제도가 확고히 뿌리를 내린다. 1989년 오리엔테이션(Orientation) 법에 의거, 현재의 사범대학(IUFM: Instituts Universitaires de Formation des Maitres) 제도가 도입되고 각 학과마다 사범대학이 유초중등교사 양성과 연수 책임을 담당하게 된다. 사범대학의 이론 수업 대부분은 지역 내 대학에서 제공하는 프로그램을 활용하기 때문에 독립된 대학 캠퍼스를 가지고 있지 않다.

〈표 II-6〉 2006년 초등교사 선발 인원(단위: 명)

	선발 예정 인원	응시자	합격자	합격 비율(%)
외부 경쟁 시험	10,450	52,792	10,431	19.9
내부 경쟁 시험[18]				
-제1유형	2,934	3,752	2,725	72.6
-제2유형	240	732	183	25
제3유형 경쟁 시험	550	2,630	485	18.4
합계	11,240	59,174	11,099	18.8

18 공공기관 근무자 대상인 내부 경쟁시험은 프랑스 본토 근무 경력자를 대상으로 하는 제1유형 경쟁시험과 해외 지역에서 근무한 경력자를 대상으로 하는 제2유형 경쟁시험으로 구분된다.

신입생은 외부 경쟁시험(externe concours), 내부 경쟁시험(concours interne)과 제3유형 경쟁시험(troisieme councourse) 세 가지 방식으로 선발한다. 외부 경쟁시험은 학사학위를 가진 모든 사람을 대상으로 하는 시험으로 선발인원이 제일 많다. 내부 경쟁시험은 정부나 공공기관에서 3년 이상 근무한 사람을 대상으로 하며, 제3유형 경쟁시험은 민간기업체 등에서 5년 이상 근무한 경력자를 대상으로 하는 선발시험이다. 지원자는 모두 학사학위 이상 학위소지자여야 하나, 자녀를 3명 이상 둔 부모와 우수한 운동선수로 인정된 자의 경우에는 학위를 요구하지 않는 예외 규정을 두고 있다. 그리고 응시자격에 연령제한이 없다. 2006년 신입생 선발의 경우, 〈표 Ⅱ-6〉과 같이 1만 1,240명 모집에 5만 9,174명이 응시하여 합격률이 20%도 안 될 정도로 경쟁이 치열했다.

사범대학은 2년 과정으로 제1차년도에는 교사채용시험을 준비하는 과정이고, 제1차년도 과정을 마치고 교사채용시험에 합격하면 수습교사가 되어 1년 과정의 이론학습과 현장연수를 거친다. 교사예비학생에게는 수습교사 급여가 지급되며, 학교현장에 배치되어 일정 업무를 담당하고, 2년 과정을 마친 후 최종 평가를 받아 교사로 임명된다.

교사자격인증 과정은 2년 동안의 교육과정에 대한 학생의 학업성취 자료와 사범대학장의 의견서를 검토하고, 수습교사가 실시하는 수업을 참관하여 면담한 이후 최종적인 판단을 내리는 방식으로 운영된다. 교사자격 취득을 위해 학사학위 3년과 교사경쟁시험 준비 1년, 그리고 1년간 수습교사 연수 과정을 거쳐야 하므로 최소한 5년의 기간이 필요하다. 교사자격인증을 받아 수료하면 대체로 교사로 발령이 나며 정년퇴직까지 한 학교에서 근무하게 되지만, 이사 등으로 본인이 원하는 경우 다른 학교로 전근이 허용된다. 교원은 국가공무원으로 선발 및 임용, 배치 등에 교육부가 관여한다. 우리와 마찬가지로 프랑스도 교사의 벽지근무 기피현상으로 어려움을 겪고 있다.

• 법과대학

프랑스의 일반대학은 대부분 국립대학으로 전국에 81개가 있으며, 그중 40여 개 대학에 법학과가 있다. 법과대학 입학생 수는 2만여 명을 넘으나 학사 과정까지 마치는 졸업생은 4,500여 명에 불과하다. 졸업생 중 우수학생들은 고급공무원 양성기관으로 유명한 국립행정학교(ENA)와 판검사 양성기관인 국립사법관학교(ENM) 진학을 선호하는데, 이 두 기관에서 선발하는 인원은 약 300명 내외(국립행정학교의 경우 100명 내외, 국립사법관학교의 경우 200명 이내)로 적어 경쟁이 치열하다. 다음으로 선호되는 곳은 변호사 양성기관인 변호사연수원이다. 변호사연수원은 프랑스 전국에 35개 정도가 있으며, 매년 약 1,400명을 선발한다. 법과대학 졸업생의 30% 정도는 이들 3개 기관에 진학한다. 프랑스 법과대학의 경우 주로 이론적인 측면을 강조하여 교육하는 반면, 법대생이 선호하는 이들 3개 기관의 선발시험은 실무적인 능력을 강조하기 때문에 학생들은 별도의 시험준비를 해야 한다. 때문에 많은 대학이 법과대학부설 사법연구소(les instituts et centres d'etudes judiciares)를 통해 국립사법관학교 입학시험과 변호사연수원 입학시험을 대비한 교육을 별도로 제공한다. 특히 파리 2대학의 사법연구소는 국립행정학교에 많은 입학자를 합격시키는 것으로 유명하다.

• 의 · 치과대학

바칼로레아를 취득한 학생은 계열에 상관없이 누구나 치의학 계열에 지원이 가능하며, 입학경쟁시험 없이 학생의 학교성적을 바탕으로 정원의 5배 정도를 1학년 과정에 선발한다. 의 · 치대 1학년은 PCEM

과정이라고 부르며, 1학년 말에 치러지는 최종평가시험에 의해 20% 정도만 2학년에 진급할 수 있다. 정부가 의료인력 조절 차원에서 의·치대 정원을 통제하고 있는데, 이 통제인원을 2학년부터 적용하기 때문이다. 2학년 진학에 실패한 학생은 한 번 더 시험에 응시할 수 있는 자격이 부여되며, 두 번째 응시에서도 떨어지면 다른 계열로 옮겨야 한다. 임상교육은 대학부속 병원이나 일반 병원에서 대학교수의 감독하에 실시된다.

• 전문자격학사(Licence Professionnelle: Licence Pro)

일반대학에 개설되어 있으며, 졸업 후 직업활동과 연계된 전문 분야를 중심으로 운영된다. 예를 들면, 호텔관광 분야 전문자격학사(Licence Pro), 보험재무 전문자격학사, 경영 전문자격학사 등이다. 대체로 500시간 이상의 수업을 요구하며 현장연수를 포함하기도 한다. 입학 시 일반대학 2년 과정 이수(DEUG) 또는 단기 고등교육 과정 이수(DUT나 BTS 취득) 등 Bac+2의 자격을 요구한다.

6) 바칼로레아

① 개요

프랑스의 대학 입학 자격시험으로 영국의 GCE A-level 시험이나 독일의 아비투어(Abitur)와 비슷하다. 프랑스에서 대학에 진학하려면 법적으로 바칼로레아(Baccalaureat, 약칭 Bac) 시험을 합격해야 한다. 고등학교(Lycee)의 졸업 자격시험이 아니라 대학 입학 자격시험인 것이다. 또 대학진학뿐 아니라 어느 특정 분야에서 일하기 위해서나 전문기술 또는 자격을 취득하기 위해서도 이 바칼로레아 자격이 필요하다. 그러나 모든 고등학교 졸업생이 이 시험을 보는 것은 아니다.

바칼로레아(Bac)는 크게 세 가지 유형으로 나뉘는데, 일반계 바칼로레아(Baccalaureat general), 기술계 바칼로레아(Baccalaureat technologique)와 직업계 바칼로레아(Baccalaureat professionel)이다. 일반계 바칼로레아는 1808년에 처음 신설되었고, 기술계 바칼로레아는 1969년, 직업계 바칼로레아는 1986년에 처음 실시되었다. 바칼로레아 분류 방식은 여러 번 변경되었는데, 현재의 바칼로레아 분류 방식은 1993년에 개선한 것이다. 일반계의 경우 1968년 도입되었던 A-E 5개 분류 방식을 1995년부터 경제사회(ES: Economique et Sociale), 문학(L: Literaire)과 과학(S: Sciences)의 3계열 구분 방식으로 개선하고, 기술계 바칼로레아의 경우 F, G, H 분류 방식이 1995년부터 관리기술(STG), 산업기술(STI)과 실험연구기술(STL) 등의 현행 방식으로 개선된다.[19]

1961년부터 전체 해당연령자 중 바칼로레아 취득자 비율이 10%를 넘어섰고, 1970년에는 20%대, 그리고 1986년에는 30%대를 돌파하면서 고등교육 진학자가 크게 증가하기 시작하였고, 1990년대부터는 바칼로레아 취득자 비율이 50%를 돌파하면서 대학교육이 보편화되었다. 2006년부터는 바칼로레아 합격자 비율도 크게 증가하여 응시자의 약 80% 이상이 합격하고 있다.

프랑스 정부는 매년 바칼로레아 결과를 학부모의 사회경제적 배경 등을 고려하여 분석한 결과를 발표하는데, 이는 학교의 운영이나 학생관리 등에 있어 성과를 분석하는 데 좋은 자료이며, 학교 선택에도 활용된다. 그러나 이 예상 합격률은 당해연도 학생구성을 고려하여 다른 학교의 성취 정도와 상대적으로 비교하는 것이지, 해당 학교가

19 자세한 것은 〈표 Ⅱ-8〉 기술계 바칼로레아 분야별 특징 비교 참조.

학생의 학업성취에 얼마만큼 기여했는지 절대적 기준을 제시하는 것은 아니다. 다만 바칼로레아 합격률 자체만 비교하는 것은 일종의 절대평가비교라고 볼 수 있다. 바칼로레아는 20점 만점에 10점 이상이면 합격이고 인원제한이 있는 것이 아니라 절대평가에 가깝기 때문이다. 즉, 하위권 학생을 얼마나 합격권으로 끌어올리느냐가 이런 방식의 학교평가에서 중요한 평가요인으로 작용한다. 반면 상위권 학생을 얼마나 더 우수한 학생으로 키우느냐의 문제는 이러한 평가 방식으로는 평가할 수 없다. 좀 더 구체적으로 상위권 성적 취득자가 얼마인지 비교하는 방식이 나온다면 보다 상세하게 학교 간 비교가 가능할 것이다.[20]

② 바칼로레아의 종류

• 일반계 바칼로레아

일반계 바칼로레아는 1995년부터 과학, 사회-경제, 문학 등 세 가지 분야로 나뉜다. 일반 바칼로레아 중에서 과학 분야가 가장 인기가 많고 어렵다. 프랑스에서 가장 좋은 대학인 그랑제꼴 입학을 위한 그랑제꼴 준비반에 진학하려면 일반 바칼로레아의 과학 분야(S)에 합격하는 것이 유리하다. 과학 바칼로레아에 합격하면 진학할 수 있는 과정이 다른 분야에 비하여 많기 때문이다.

---

20 현재 Bac의 합격자를 성취 정도에 따라 아주 잘함(TB), 잘함(b), 보통(AB)과 무표기(10점 이상 12점 미만인 경우)로 표시하고 있어, 학생 연령, 사회적 배경과 함께 이를 분석한다면 학교의 기여도를 보다 상세하게 파악할 수 있다.

〈표 II-7〉 일반계 바칼로레아 특징 비교

S (과학: Sciences)	ES (사회경제: Economique et Sociale)	L (문학: Literaire)
수학, 과학(물리, 화학, 생물) 과목 중시	S와 L의 중간 성격으로 경제학 및 사회 과목 중시	프랑스 언어(문학)와 역사 및 지리, 외국어 중시

• 직업계 바칼로레아

직업계 바칼로레아는 직업기술자격(CAP 또는 BEP) 취득 후 2년 뒤 대학진학이나 취업을 위하여 보는 시험이다. 회계, 건설, 관리 등 약 70개의 전공 분야로 세분된다. 특히 2000년 리스본 협약에 따라 EU 회원국들은 직업기술교육의 발전을 위해 유럽 전체에 통용되는 직업 자격 기본틀(vocational qualification framework) 도입을 추진하고 있다. EU 각국은 자국의 직업기술자격이 다른 국가에서 통용되도록 하기 위한 기준의 마련과 품질관리에 노력하고 있으며 프랑스도 여기에 적극 동참하고 있다.

• 기술계 바칼로레아

기술계 바칼로레아는 일반계 또는 기술계 고등학교 2학년 과정부터 2년간 준비하여 시험에 응시하며, 직업계 고등학교에 진학하여 기술자격증(BEP: Brevet d'Etudes Professionnelles)을 취득한 후 응시하는 것도 가능하다. 그러나 호텔과 음악, 춤 분야는 고등학교 1학년부터 3년간 준비하여야 한다. 이 분야 응시자들은 졸업 후 바로 취업하기보다는 전문대학(IUT나 STS)에 진학하여 고급기술자격(BTS나 DUT)[21]을 취득하려고 한다. 학문적 탐구보다는 기술자격 취득 후 취업을 하려는 학생을

21 고급기능자격(BTS: Brevets de Technicien Superieur), 기사(DUT: Diplome Universitaire de Technologie).

대상으로 하기 때문에 실무적 기술 취득에 중점을 둔다. 기술계 바칼로레아는 7개 분야로 나뉘어 있고, 각 바칼로레아는 다시 세부 전공 분야로 나뉜다.

〈표 Ⅱ-8〉 기술계 바칼로레아 분야별 특징 비교

구분	내용
관리기술 (STG: Sciences et Technologies Gestion)	재무회계, 정보관리, 인사관리, 경영 등 주로 서비스산업 분야 기술자격
산업기술 (STI: Sciences et Technologies Industrielles)	7개 세부전공 분야(기계, 전기, 전자공학, 건축, 에너지, 재료공학, 안경)로 나뉘어 있으며, 주로 2차 산업 분야 기술자격 중심. 실내인테리어, 환경, 산업디자인 등 응용기술 분야에도 적용
사회복지-의학 (SMS: Science Medico-Social)	건강관리와 관련. 의학, 인간사회관계, 심리치료 등의 분야로 진출하는 데 적합. 진료보조원(물리치료사나 방사선 기사 등)이나 사회복지사 분야 자격 취득 등으로 선호되는 분야 *2008년부터 사회복지-건강관리(ST2S: Sciences et Technologies de la sante et du Social)로 개칭
실험과학기술 (STL: Sciences et Technologies de Laboratoire)	3개 세부전공 분야(산업물리실험, 화학공학, 생화학). 화학, 약품, 식품가공, 환경, 건강관리, 에너지 분야 진출 가능
환경농업기술 (STAV: Sciences et Technologies de l'Agronomie et du Vivant)	4개 세부전공 분야(농학, 식품, 환경, 토지관리) *종전 농업-환경관리(STAE: Sciences Techniques Agricoles et Environmentales)과 농업경영관리(STPA: Sciences Techniques du Produit Agroalimentaire)는 STAV로 통합
음악춤기술 (TMD: Baccalaureat Techniques de la Musique et Danse)	악기와 춤 중 선택. 바칼로레아 취득 후 주로 대학이나 예술전문학교(academy)에 진학하여 예술 분야 전문학사(DEUG arts) 취득
호텔경영 (Le baccalaureat Hotellerie)	호텔운영과 관련된 여러 기술(식당, 고객관리, 숙소관리 등) 분야. 자격 취득 후 요리사, 웨이터, 리셉셔니스트 취업, 또는 대학에 진학하여 호텔식당, 관광 등의 분야에서 자격 취득

7) 프랑스의 학생 진로지도 현황[22]

① 진로지도의 특징

진로지도 관련 프랑스 교육제도의 특징은 초중등단계에서의 유급 제도 운영, 학급위원회를 통한 진로지도, 고등학교단계에서 일반계, 기술계(주로 전문대학 진학 희망자들이 선호하는 과정)와 직업계(직업기술자격 취득 후 취업 선호)의 3개 과정으로 구분 운영, 바칼로레아 시험합격자에 한하여 대학 입학 허용, 그랑제꼴이라는 특수 형태의 대학운영 등이다. 전체적으로 프랑스 교육제도는 진로지도를 매우 중시하는 형태로 운영된다. 초등학생의 약 20%가 유급되고, 중학교의 경우 진로상담교사를 두어 학생의 진로 선택을 지원한다. 중학교 4학년 학기 초 학급위원회(le conseil de classe)는 학생의 미래계획, 학부모의 자녀진로 관련 희망사항, 담임교사의 의견 등을 종합하여 진로에 대한 몇 가지 제안을 하고, 4학년 마지막 학기에 학급위원회가 학생의 고등학교 진로에 대한 최종 결정을 내리는 방식이며, 학부모가 동의하지 않는 경우 재심절차를 두고 있다.

진로결정에 있어서 성적이 중요하게 작용하나, 학부모의 의견, 학생의 적성이나 의견 등을 청취하고, 학생이 배워야 할 분야를 고려하여 진학할 학교와 분야, 특히 직업계로 진학하는 경우 학교마다 개설한 직업기술 분야가 다르기 때문에 학교의 특성을 고려하여 선택하도록 유도한다. 즉, 성적에 의하여 일방적으로 결정되는 방식보다는 보다 교육적 배려가 높은 방식이라고 볼 수 있다. 아울러 학부모가 희

---

22 정일용, 「우리나라 대학진학 경쟁완화 모색을 위한 프랑스 학생의 진로현황분석」, 『한국교육』, 35(1)(KEDI, 2008).

망하면, 유급하여 진로 선택을 1년 정도 유예하는 경우도 있다. 일반기술계 고등학교로 진학하더라도 고등학교 1학년 말에 일반계와 기술계, 그리고 전공 분야를 정해야 하는 문제가 있는데, 이때도 비슷한 절차로 진로가 결정된다. 또 직업계나 기술계로 진학해도 직업기술자격 취득 후 일반계로의 편입이 허용된다.

또 하나 특징은 바칼로레아를 합격하고 대학에 진학할 때, 바칼로레아 분야와 관계없이 전공을 선택할 수 있도록 하여 학생에게 다양한 기회를 열어주고자 한다는 점이다. 특히 프랑스 고등교육체제는 전공변경을 쉽게 할 수 있게 되어 있고, 고등교육기관에서 2년 수료한 학생을 대상으로 학생 선발을 하는 대학(예를 들어 그랑제꼴 등)이 많아, 대학에서 2년 정도 수학한 후 다른 대학에 입학하거나 전공 분야를 바꾸는 예가 많다. 그러나 전공 분야를 변경하는 경우, 대학에서의 엄격한 학사관리로 인해 적응하지 못하고 중도에 탈락하거나 다시 전공을 변경하는 사례가 많아 학생들은 신중하게 전공 분야를 선정한다. 중등교육단계에서는 학교와 학부모가 협의하여 진로를 결정하는 형태이나, 고등교육단계에서는 학생 본인의 책임하에 진로를 선택하도록 하고 있다.

② 진로 선택 현황 및 추이

중학교 졸업자의 약 40%가 직업계 고등학교에 진학하고, 60%는 일반기술계 고등학교에 진학하는 것으로 나타났다. 2002년 중학교 졸업자의 고등학교 진학을 학교 형태별로 개략적으로 살펴보면(표 Ⅱ-9), 전체 학생 중 약 58%가 일반기술계 고등학교(공립 47%, 사립 11%)에 진학하였다. 반면 직업계 고등학교에는 전체 졸업생의 약 41% 학생이 진학하였는데, 공립 직업계 고등학교에 23%, 농업계 4%, 도제학습 8%,

그리고 사립 직업계 고등학교에 6% 등으로 나타났다. 농업계 고등학교는 대체로 농림부에서 운영하는 학교이며, 도제학습은 기업체에서 제공하는 훈련 과정에 등록한 경우이다. 고등학생의 약 17% 정도가 사립학교에 다니고 있는 것으로 나타났다.

〈표 II-9〉 2002년 중학교 졸업생 진로 현황(2005년)

2002년 중학교 3학년 진로 선택 현황 (73만 2,000명)	2004-2005년 고등학교 3학년 계열구성 비율	3학년 Bac 준비 현황 (2004-2005: 61만 1,000명)[23]	Bac 합격자 중 진로 선택	중학교 졸업생 대비[24]
일반기술계: 58% (42만 5,000명)	일반계: 52% (일반기술계 중: 64%)	과학: 26% 문학: 10% 경제사회: 16%	일반대학: 61% IUT: 10% CPGE: 13% STS: 8% 기타: 11%	일반대학: 22% IUT: 4% CPGE: 5% STS: 3% 기타: 4%
	기술계: 30% (일반기술계 중: 36%)	STG: 16% STI: 7% SMS: 4% STL: 1% 기타: 2%	일반대학: 18% IUT: 10% CPGE: 1% STS: 44% 기타: 5% 취업: 21%	일반대학: 3% IUT: 2% CPGE: 0.2% STS: 8% 기타: 1% 취업: 4%
직업계: 41% (30만 명) (취업 등:1%)	직업계:18%	직업계 고교: 14% Apprentice: 3% 농업계: 1%	일반대학: 6% IUT: 1% STS: 16% 기타: 1% 취업: 76%	일반대학: 1% IUT: 0.2% STS: 2% 기타대: 0.2% 취업: 9%
합 계				일반대학: 26% IUT: 6% CPGE: 5.2% STS: 13% 기타: 5% 합계: 55%

*자료출처: MOEHER. *The State of Education from Nursery School to Higher Education* (2006), pp. 48-49; 60-61.

23 3학년 바칼로레아 준비생 중 일반계 학생 수는 50만 1,000명으로, 일반계 진학생 42만 5,000명보다 약 7만 6,000명 정도가 증가되었는데, 이는 직업계 진출자 중 BEP나 CAP 취득 후 일반계나 기술계 Bac으로 진로를 변경한 학생과 유급생 증가 등에 의한 것으로 추정된다.

1978년생을 대상으로 2004년 현재(당시 26세) 학력 취득 현황을 조사한 자료에 의하면, 고등교육학위 취득률은 42%〔박사 1%, 석사 12%, 학사 11%, 기술계 전문학사(DUT나 BTS: 18%)〕이고, 바칼로레아만 취득한 사람 비율은 24%,[25] 직업기술자격(CAP나 BEP)을 취득한 비율은 17%, 중학교 졸업자격을 취득했으나 그 이상의 자격을 취득하지 못한 비율은 약 17%로 나타났다.[26]

또 1940년대에 태어난 학생(60대)과 1980년대 태어난 학생(20대)의 바칼로레아 취득 비율을 비교할 때, 부모가 전문직에 있던 1940년대생의 바칼로레아 취득률은 약 67%였으며, 노동자계층 자녀는 약 6% 정도였다. 그러나 40년 후 1980년대생의 경우 각각 90%, 50%로 취득률이 크게 증가한다. 그러나 바칼로레아 취득률에 있어서 노동자계층 자녀와 전문직계층 자녀와의 차이는 40%로 여전히 크다.

• 고등학교 3학년생의 진로 선택 현황(2005년 현재)

2004-2005학년도 고등학교 3학년에 재학 중인 학생들의 계열별 구성을 살펴보면, 일반계 52%, 기술계 30%, 직업계 18%이다(표 Ⅱ-9). 직업계 고등학교 3학년 학생 비율이 줄어든 이유는 2년 과정인 BEP나 CAP 직업기술자격을 취득하고 취업하거나 중도탈락자가 있기 때

---

24 이 부분은 고등교육 진출 비율을 당초 2003년 졸업자 수를 기준으로 다시 환산한 것이다. 예를 들면, 일반계열 학생 수(31만 9,000명)÷73만 2,000명×84%(일반계 Bac 합격률)×61%(일반대 진학률)=22%(전체 학생 대비 일반계 Bac 합격자의 일반대학 진출 비율).

25 24% 중 11%는 대학에 진학하였으나 자격을 취득하지 못하고 탈락한 비율이며, 13%는 주로 직업계 고등학교를 졸업하고 직업계 바칼로레아 취득 후 바로 직장생활을 하는 비율이다.

26 중학교만 마치고 고교진학을 포기하는 경우는 1% 정도로 나타나고, 고등학교에 진학하였으나 고교 1, 2학년 과정에서 중퇴한 학생이 7%(직업계 과정 탈락자 5%, 인문계 과정 탈락자 2%), 그리고 고교 과정을 마쳤으나 바칼로레아나 BEP, CAP 자격을 취득하지 못한 학생 비율이 9% 정도로 조사되었다. 1960년대에는 중학교 이상의 자격을 취득하지 못한 비율이 35% 정도였으나, 정부는 점차 그 비율을 줄여왔다.

문이다. 기술계에 진학한 학생들은 주로 우리나라의 전문대학에 해당하는 2년제 기술대학(IUT나 STS)에 주로 진학한다.

일반계 학생의 42%(전체 고등학교 3학년 학생 대비 26%)는 과학 분야를 선택하였는데, 과학 분야는 그랑제꼴 준비반이나 의 · 치대, 공대 진학률이 높아 학생들이 선호한다. 경제사회 분야는 그 다음으로 선호되는데, 그랑제꼴 준비 과정 진학도 가능하고 법대, 경영대 등으로의 진학률이 높기 때문이다. 기술계 학생들이 선호하는 분야는 서비스산업 분야 자격 취득과 관련된 관리과학 분야(STG: Science et Technologie de la Gestion)와 사회복지 · 의료 보조인력 양성기관(사회복지사, 간호사, 물리치료사, 방사선기사)으로 진출할 수 있는 사회의학과학 분야(SMS)이다.

직업계 고등학교 진출자 중 직업기술자격(CAP나 BEP)을 취득한 학생의 약 50%는 바로 취업하며, 11%(약 3만 5,000명)는 일반기술계 고등학교 2학년으로 편입하여 일반계나 기술계 바칼로레아를 준비하고,[27] 약 40%는 직업계 고교 상위학년이나 기업체와 연계한 도제훈련 과정에 등록하여 직업 바칼로레아 취득을 목표로 한다.

2004-2005학년도 고등학생 3학년의 바칼로레아 합격률은 80%로 전체 응시자 61만 1,907명 중 49만 639명이 합격한다. 전체적으로 보면 중학교 졸업생의 약 55%가 고등교육 과정에 진학했으며, 구체적으로 일반대학에 26%, 그랑제꼴 준비반에 5.2%, 고등직업기술 교육

27 직업계 고등학교를 진학하여 2년 과정을 마치고 직업기술자격(CAP나 BEP)을 취득하면 일반기술계 고등학교 2학년에 편입할 수 있다. 직업기술자격을 취득하고 바칼로레아를 준비하려면 직업계 고등학교에서 직업 바칼로레아를 준비하든 일반기술계 고등학교에서 일반 또는 기술 바칼로레아를 준비하든 고등학교를 4년간 다니는 것이 된다. 만약 고등학교 3학년 말에 바칼로레아 자격을 취득하지 못하면 1년 더 학교를 다닐 수 있다. 일반계 고등학교로 바로 진학한 경우라도 학교에 따라 1학년때 유급을 시키는 경우도 있다. 2005년도 바칼로레아 합격자 중 초중고 전 학년을 통틀어 1년 이상 학교를 더 다닌 학생들의 비율은 일반계 20%, 기술계 66%, 직업계 76%이며 전체적으로 57%의 학생이 주어진 기간(일반기술계는 12년, 직업계는 13년)보다 1년 이상 더 다닌 것으로 나타났다(MENESR, 2006).

과정에 19%(IUT 6%, STS 13%) 등인 것으로 파악된다.[28]

일반계 바칼로레아 합격자들은 그랑제꼴 준비반에 13%가 진학하였고, 일반대학에 61%, 그리고 고등직업기술 교육과정(IUT 또는 STS)에 18%, 나머지 11%는 경영행정대 등에 진학한 것으로 나타났다. 반면, 기술계 바칼로레아를 취득한 학생은 절반 이상이 고등직업기술 교육과정에 진학하고, 일반대학에는 18%, 그랑제꼴 준비반에는 1% 정도의 학생만이 진학하였다.

직업 바칼로레아를 취득한 학생의 76%는 취업을 선택하였고, 나머지 24% 학생만 상급학교 진학을 선택하였다. 직업계 고등학교에 진학한 학생으로 일반대학에 진학한 학생은 6%이며, 기술계 학생 중 일반대학과 그랑제꼴 준비반에 진출한 비율은 20% 정도이다. 즉, 고등학교 3학년 전체 학생의 48%에 해당하는 기술계와 직업계 학생 중 80% 이상이 자격 취득 후 취업하거나 상급기술자격을 취득하기 위하여 고등직업기술 교육과정에 진학한다.

또 다른 프랑스 고등교육 특징은 직업계나 기술계 고등직업기술 교육과정에 진학한 학생들에게 계속적으로 실무적인 능력 향상 기회를 제공하고자 실무 중심의 학사와 석사 과정을 운영하고 있다는 점이다. 바로 취업하려는 학생을 위한 실무 중심의 학사(Licence professionnel)와 석사(Master professionnel) 과정을 일반 학사(Licence)와 연구 석사(Master recherche) 과정과 병행하여 운영하는 것이다. 실무 중심 학사 자격 기준 설계를 기업이 주도하고, 대학은 학생의 취업을 지원하고자 자격 기준

28 2004-2005학년도 고등학교 3학년 학생의 진로 추이 분석을 위하여 2001년 신학기 중학교 3학년 학생 73만 2,032명은 모두 졸업하는 것으로 추정하고, 2001-2002학년도 인문계 및 직업계 진출 비율은 2002-2003학년도 진학 비율을 적용하였다. 현재 프랑스 고등학교의 직업계와 일반계 학생 비율이 대체로 58:41 정도로 유지되고 있기 때문이다.

과 연계한 교육과정을 운영한다. 실무 중심 학사 과정은 IUT나 STS를 이수한 학생(Bac+2)을 대상으로 운영하며, 교육과정은 기업체 현장실습 등 실무 중심의 1년 과정이다. 과정을 마치면 실무 중심 학사(Licence Pro)가 수여된다. 2003년도 실무 중심 학사 과정 등록자 중 STS와 IUT 출신이 49%, 일반대학 출신이 약 10%, 타 유럽 국가나 아시아 국가 등에서 유학온 학생이 약 39%를 차지한 것으로 나타났는데, 주로 요리, 호텔경영과 디자인 분야 등에 집중되어 있다. 실무 중심 학사를 취득한 경우, 17% 정도만 석사나 다른 과정에 계속 등록한 것으로 파악되고, 나머지 약 83%는 취업한 것으로 추정된다. 실무 중심 석사 과정에 등록하는 학생 수는 계속 증가하고 있는 것으로 나타났다.

• 2005-2006학년도 바칼로레아 합격자의 대학진로 희망조사 결과

〈표 Ⅱ-10, 11〉이 보여주는 바와 같이, 프랑스 교육부가 2006년도 바칼로레아 합격자를 대상으로 실시한 향후 진로희망 분야 설문조사에 의하면, 조사 대상 학생의 54%가 일반대학 진학을 희망하였으나, 실제 일반대학에 입학허가를 받아 진학한 학생은 38%이다.[29] 나머지 16% 정도 학생은 희망한 일반대학에 진학하지 못하고 IUT 등 다른 대학에 진학한 것으로 추정된다.

일반 바칼로레아 합격자 중 문학과 경제사회 분야 학생은 60% 정도가 일반대학과 그랑제꼴 준비반 진학을 선호하였지만, 고등직업기술 교육과정인 IUT나 STS 등에도 진학하기를 원하였다. 특히 문학계열 학생 중 약 10%는 예술대학 진학을 원하고, 과학계열 학생은 다른 계열의 학생에 비하여 일반대학 진학률이 49%로 상대적으로 낮은

29 일반대학 진학률은 〈표 Ⅱ-11〉 참조.

반면, 의 · 치대 과정과 그랑제꼴 준비반 등 상대적으로 선호되는 분야로 진출하고자 하는 비율은 약 2배 정도 높게 나타났다. 프랑스에서의 · 치대 진학과 그랑제꼴 준비반은 과학계열 학생에게 유리하며, 또 선호되는 분야이다. 과학계열의 진로가 보다 다양하게 열려 있어 일반계 고등학교의 경우, 대체로 50% 이상의 학생이 과학계열에 속하고 나머지 학생은 문학과 경제사회 분야이다.

〈표 II-10〉 2006년 바칼로레아 합격자의 대학진로 희망 분야(단위: %)

	일반계 Bac 합격자				기술/직업계 Bac	전체 평균
	문학	경제사회	과학	평균		
일반대학	60	60	49	57	42	54
의 · 치대 과정	9	9	13	10	9	10
그랑제꼴 준비반	3	5	11	6	2	5
IUT	4	4	5	4	9	5
STS	3	4	4	3	15	6
예술대학	10	3	8	7	5	7
사회보건 계통	3	5	4	4	10	5
기타 대학	5	9	4	7	6	6
미정	3	1	2	2	2	2

*자료출처: MENESR, *De l'Enseignement Superieure et de la Recherche* (2007); MEN, *Qui sont les nouveaux bacheliers inscrits en licence de la rentree 2006, Note d'Information* (2007. 11).

기술계나 직업계 바칼로레아 합격자의 약 42%가 일반대학 진학을 희망하는 것으로 나타났지만 실제 입학허가를 받아 진학한 비율은 〈표 Ⅱ-11〉이 보여주듯 23% 정도이며, 고등직업기술 교육과정에 진학하기 원하는 비율은 24% 정도로 조사되었으나, 실제 고등직업기술 교육과정에 진학한 학생 비율은 68%로 높게 나타났다.

〈표 Ⅱ-11〉은 2006년 바칼로레아 합격자의 진학 형태를 보여주는데, 바칼로레아 합격자의 약 79%가 바로 대학에 진학하는 것으로 나타났다. 일반계 바칼로레아 합격자의 59%는 일반대학에 진학하는 반면, 기술계 바칼로레아 취득자의 절반 이상은 IUT나 STS로 진학했다. 직업계 바칼로레아 취득자 중 23% 정도만 대학에 진학하고 나머지 77% 정도는 바로 취업하는 것으로 나타났다. 특히 바칼로레아 합격자 중 7%는 그랑제꼴 준비반(CPGE)에 진학하였는데, 이 중 90%는 일반계 바칼로레아 합격자이다. 소위 명문대학으로 통하는 그랑제꼴에 입학하기 위해서는 그랑제꼴 준비반에 들어가 입학시험을 준비하는 것이 유리하기 때문에 고등학교단계에서 학업성취도가 높은 학생이 선호하는 진로 선택 분야이다.

〈표 Ⅱ-11〉 2006학년도 바칼로레아 취득자의 진로 선택 현황(단위: %)

	일반대학 진학	CPGE 등	IUT, STS	기타 대학	합계
일반계 Bac	59	13	18	11	101
기술계 Bac	17	1	52	5	75
직업계 Bac	6	0	16	1	23
평균	38	7	27	7	79

*MOEHER, *Reperes & References Statistiques* (2007), pp. 64-65.

• 일반대학 전공별 학생 진로 현황

2006-2007학년도 3년제 일반대학에 재학 중인 학생을 전공 분야와 학위 과정에 따라 살펴보면 〈표 Ⅱ-12〉와 같다.[30] 약 139만 9,000명의

30 2006-2007학년도 고등교육기관에 재학 중인 학생 수는 총 225만 4,000명이나, 고등학교에 부설된 그랑제꼴 준비반 과정(7만 6,200명)과 고등학교 부설 고등직업기술 교육과정인 STS(22만 8,300명), 그리고 그랑제꼴 등 기타 특수대학에 등록한 학생 59만 1,300명은 제외하고, 일반대학

학생이 일반대학(IUT 포함)에 재학 중인 것으로 나타났다. 구체적으로 전체 학생의 63%(87만 8,000명)가 학사 과정, 32%가 석사 과정, 그리고 약 5%(6만 8,000명)의 학생이 박사 과정에 재학 중이다. 학사 과정 학생이 가장 많은 전공은 약 17%가 몰린 인문사회과학 분야 전공이며, 다음으로 법학 · 정치학이 12%로 높다. 2006-2007학년도 신입생 전공별 현황을 보면 인문사회과학 분야 약 15%, 법학 · 정치학 분야 12%, 언어(외국어 전공 포함) 분야에 10% 정도 학생이 등록하였다. 학사 과정 전공 분야를 크게 인문사회계와 자연계, 의학계로 나누어 전공학생 비율을 보면 인문사회계가 63.5%, 자연계가 27.6%, 의학계가 7.4%이다.

프랑스에서도 의 · 치대는 인기가 있다. 학생 선발 방식이 특이한데, 바칼로레아를 취득하면 일반 바칼로레아든 기술 바칼로레아든 관계없이 지원 가능하며, 대학은 수용범위 내에서 많은 학생을 입학시킨다. 1학년 말에 2학년 진급시험을 보는데, 정부가 2학년 정원을 통제하기 때문에 1학년 학생 중 20-30% 정도만이 진급할 수 있다. 탈락한 학생은 대체로 한 번에 한하여 추가 진급시험에 응시할 수 있다. 프랑스 고등교육은 학생들의 편입학을 촉진하는 방식으로 운영되고 있어 진급에 실패하더라도 다른 전공을 찾아 편입하는 경우가 많다.

과 일반대학 부설 2년제 기술대학(IUT)에 재학 중인 학생만 대상으로 분석한 표이다.

〈표 II-12〉 2006-2007학년도 대학 전공별 학생 구성 현황(단위: 천 명, %)

전공 분야	대학 신입생		학사		석사		박사		합계	
	학생 수	비율 (%)	학생 수	비율 (%)	학생 수	비율 (%)	학생 수	비율 (%)	학생 수	비율 (%)
법학, 정치학	33.8	12.1	106	12.1	64	14.1	9	13.2	178	12.7
경제, 행정	17.2	6.2	73	8.3	57	12.6	5	7.4	135	9.6
AES[31]	9.6	3.4	34	3.9	7	1.5	–	–	41	2.9
문학	17.9	6.4	72	8.2	25	5.5	7	10.3	104	7.4
언어	28.9	10.3	88	10.0	18	4.0	3	4.4	09	0.6
인문사회과학	41.0	14.7	150	17.1	67	14.8	16	23.5	233	16.7
인문사회학 복합 전공	1.0	0.4	3	0.3	3	0.7	0.04	0.1	6	0.4
기초응용과학	17.7	6.3	84	9.6	66	14.6	16	23.5	165	11.8
생명자연과학	10.2	3.6	41	4.7	20	4.4	10	14.7	71	5.1
STAPS[32]	8.6	3.1	30	3.4	7	1.5	0.5	0.7	37	2.6
과학 분야 복합 전공	9.7	3.5	20	2.3	1	0.2	0.1	0.1	21	1.5
일반 분야 소계	195.7	70.1	699	79.6	335	74.0	66	97.1	1,100	78.6
치의학	28.9	10.3	53	6.0	99	21.9	1.6	2.4	154	11.0
약학	6.2	2.2	12	1.4	19	4.2	0.6	0.9	31	2.2
의대, 약대 합계	35.1	12.5	65	7.4	118	26.0	2.2	3.2	185	13.2
IUT	48.7	17.4	114	13.0	–	–	–	–	114	8.1
합계	279.5	100	878	100	453	100	68	100	1,399	100

＊자료출처: MOEHER, *Reperes & References Statistiques* (2007), pp. 178-179.

31 사회경제행정자격(AES: Licence d'Administration Économique et Sociale)은 사회경제행정 분야에 대한 복합학문적 접근을 통한 교육으로, 기업이든 공공기관이든 행정관리 분야에서 다양한 기능을 수행할 수 있는 전문가 양성 과정이다.

32 스포츠과학자격(STAPS)은 체육 분야 학사학위로, 'La licence STAPS(Sciences et Techniques des Activités Physiques et Sportive)'의 약자이다.

• 일반대학 진학자 중 3년 후 진로 형태 분석

2002년도 일반계, 기술계 바칼로레아 합격자로 일반대학 진학자 중 3년 후 재학 형태(2005년 기준)를 분석한 자료에 의하면(표 Ⅱ-13), 70% 정도만 당초 선택한 학사 과정에 남아 있고, 22% 정도는 IUT나 STS 등 다른 교육과정으로 변경하였다. 학업중단자는 약 8% 정도인데, 기술계 출신의 경우 학업중단률이 일반계 출신자의 3배에 달한다.

〈표 Ⅱ-13〉 2002년 일반계, 기술계 바칼로레아 합격자 중 일반대학 진학 3년 후 진로

(단위: %)

	2002년 Bac 합격자			일반계 Bac	기술계 Bac
	합계	남자	여자		
학사 과정 유지	70	69	70	76	38
-3학년	45	36	49	50	19
-2학년	20	25	17	21	12
-1학년	5	8	4	5	6
과정 변경자	22	21	23	18	45
-IUT/STS	13	15	12	9	35
-다른 교육 과정	9	6	11	9	10
학업 중단자	8	10	7	6	18

*자료출처: MENESR, *Que sont devenus les bacheliers 2002 trois ans apres l'obtention du bac. Note d'information* (2006. 6. 29).

학사 과정 잔류자 70% 중 정상적으로 3학년에 진급한 학생 비율은 45%이고, 휴학 및 유급 등으로 인하여 20%는 2학년에 등록, 5%는 아직도 1학년에 재학 중인 것으로 나타났다. 남학생과 여학생을 비교하면 정상적으로 진급한 학생 비율은 여학생이 높았고, 과정변경자도 여학생이 2% 정도 높은 것으로 나타났다. 과정변경 시 여학생은 직업

계열 과정(IUT/STS)보다는 그랑제꼴 등을 선호하는 것으로 나타났다. 기술계 바칼로레아 합격자의 경우 과정변경 비율이 높고 학업중단자도 18%로 일반계 바칼로레아 합격자보다 3배 높은 것으로 나타났다.

구체적으로 보면, 일반계 바칼로레아 출신은 약 76%가 당초 선택대로 학사 과정에 그대로 남아 있지만 기술계 바칼로레아 출신은 약 38%만이 학사 과정에 남아 있고 약 45%는 고등직업기술 교육과정인 IUT나 STS로 과정을 변경했으며, 학업중단자 18%는 취업한 것으로 추정된다. 일반계 바칼로레아 출신으로 학사 과정을 유지하는 학생 중 정상적으로 3학년에 진급한 학생은 약 50%이고, 나머지 26%는 휴학, 유급 등으로 1학년 내지 2학년 과정에 재학 중인 것으로 나타났다. 기술계 출신보다는 일반계 출신이, 그리고 남학생보다는 여학생의 정상 진급률이 높게 나타났다.

프랑스에서 대학 과정 변경률이 높은 데에는 진로 선택의 잘못에 기인한 면도 있으나, 프랑스 고등교육 제도의 특수한 형태 때문이기도 하다. 바칼로레아를 취득하면 대학에 진학하는 방법이 매우 다양하고, 특별한 제한이 없는 한 자신의 바칼로레아 계열과 관계없이 다른 계열 대학에 지원(기술계 합격자가 인문계 과정으로 진학도 가능)이 가능하다. 또한 대학 과정 중간이수 후(예를 들어 일반대학 2년 과정인 DEUG, 그랑제꼴 준비반 이수 후) 그랑제꼴 등으로 진학이 가능하다. 대부분 그랑제꼴은 입학자격 요건을 그랑제꼴 준비반 이수자나 대학 2년 과정 이수자로 정한 경우가 많다.

이러한 높은 탈락률과 과정변경률은 다른 부작용을 낳고 있다. 문제를 인식한 프랑스 고등교육연구부는 2007년 12월 학위 취득 합격률 제고를 위한 중기계획을 발표한다.[33] 이는 2012년까지 7조 3000만 유로를 투입하여 현재의 학사 취득 실패율과 과정변경율을 절반으로 낮춘다는 계획이다. 특히 학업의 중단이나 실패를 줄이기 위하여 교육과정 및 교수방법의 개선은 물론, 1학년 과정에서는 대학 학업수행에 필요한 핵심지식과 능력개발에 중점을 두어 학생이 대학생활을 잘할 수 있도록 지원하는 프로그램과 학생 개인당 매주 5시간 정도 개인지도를 받을 수 있도록 하는 방안 등이 포함된다. 아울러 각 대학으로 하여금 고등학생들에 대한 대학진로지도를 강화하도록 하는 방안도 포함되었다.

8) 교육 품질관리 기관

국가평가위원회(CNE: Comite National d'Evaluation des Establishments Public a Caractere Scientifque, Culturel et Professionnel)는 대학에 대한 감독과 평가를 위하여 1984년 설치되었고, 1989년부터 독립행정기관(independent administative authority)으로 운영되고 있다. 대학평가는 국가평가위원회 평가 기준(양적, 질적 기준 제시)에 따라 대학이 자체적으로 평가한 후 평가위원이 학교방문을 통하여 확인하는 절차에 이어, 평가보고서에 대한 학교 자체 검토(이때는 주관적 판단보다는 객관적 사실에 기초한 지적 내용만 기재된 보고서 초안을 학교 측에 전달함)를 거쳐 CNE 전체위원회의 심사 후 학교에 권고안을 포함한 최종 평가서를 학교에 통보하고, 학교는 권고안에 대한 답변을 제출한다. CNE는 학교 측 답변을 포함한 최종평가서를 발간하여 관계기관과 대학 등에 배포한다.

---

33 Ministere d'Education Nationale, de l'Enseignement Superieure et de la Recherche(MENESR), *Plan Pluriannuel pour la Reussite en Licence* (2007).

2. 프랑스 교육제도의 발전

1966년 푸셰-애그랭(Fouchet-Aigrain) 개혁법 이후 최근까지의 프랑스의 고등교육 분야 주요 개혁내용을 간략하게 살펴보면 다음과 같다.

1) 1966년 푸셰-애그랭 개혁법

푸셰(Fouchet)-애그랭(Aigrain) 개혁법은 획일화된 대학 운영 방식을 개선하여 학과의 다양성(diversification of the faculties)을 확보하려는 노력에서 시작된다. 다만 혼란을 줄이고자 처음 2년은 모든 교수가 같은 교수요목(syllabus)을 따르고, 모두 같은 시험을 보도록 하였다. 프랑스 대학은 나폴레옹 집권 당시 획일적 중앙집권적 행정 방식에 따라 같은 학위에는 전국적으로 같은 과목을 가르쳤고, 교수법도 같았다. 당시 23개 대학에 의학, 법학, 신학, 문학과 과학의 5개 학부(faculties)가 확고하여 새로운 전공 분야의 도입에도 매우 소극적이었다. 예를 들면 사회학은 1958년 이후에야 대학에서 가르쳤고, 그것도 다른 과목과 연계해서만, 즉 교육사회학 같은 방식으로 가르쳤다.

2) 1968년 고등교육 오리엔테이션법

1960년 초부터 대학 문호가 확대되어 1967년에는 대학생 수가 거의 두 배로 증가한다. 그러나 취업기회는 제한적이어서 경쟁이 강화되자 중산층 이상은 기득권 상실을 우려하고, 저소득층 출신 대학졸업자들은 좋은 직장을 기대하지만 좁은 취업문으로 인해 좌절하여 불만세력으로 등장하게 된다.

프랑스의 유명한 1968년 5월 사건은 교육정책, 노동고용 및 사회복지정책 등에 많은 영향을 준다. 5월 사건 이후 교육부장관 포레(Edgar Faure)는 고등교육 오리엔테이션법(Loi d'orinetation de l'enseignement superieur)을 제안한다. 이 법의 주요 내용은 고등교육의 자율권을 확대하고자 국가 단위, 지역 단위, 대학 단위별로 교수, 학생, 일반직원과 외부인사로 구성되는 심의회(conseil)를 구성 · 운영하여 교육 관련 주요 사항을 결정하도록 한 것, 학문 분야별로 대학을 분할하는 방안[34]과 기존 학부(faculte) 대신 교육과 연구단위(UER: Unites d'Enseignement et de Recherche) 제도[35]를 도입하여 여러 대학이 연합하여 복합전공을 운영할 수 있도록 한 방안 등이다. 그러나 이 법은 고등교육 정책 결정 및 대학운영에 학생을 참여시켜 당시 많은 논란을 야기한다.

교육자치기구로 "국가고등교육심의회(Conseil national de l'enseignement superieur et de la recherche, 의장은 교육부장관)", "지역고등교육심의회

34 포레 법(1968)에 따라 1971년 파리의 5개 대학이 분리되어 13개 대학이 되었다.

35 나폴레옹이 기존에 있던 의학, 법학, 신학에 문학과 과학을 더하여 5개 학부(facultes)를 만들고, 이것이 오랫동안 유지된다. 19세기부터 학문의 분화가 일어나면서 수학, 물리학, 생물학, 역사, 지리, 경제와 정치 분야 등이 기존 5개 학부에서 분리되어 독자적 학부를 형성하기 시작한다. 미국에서 '패컬티(faculty)'는 통상 유사한 학문을 가르치는 교수진(정교수, 부교수, 조교수 등을 묶어서 칭함)을 의미한다. 우리나라에서는 일반적으로 '학부'로 사용된다. 엄밀한 의미에서 학부와 패컬티(교수진)는 다르다. 우리나라에서는 학생이 학과(department)에 속하면 그것이 전공으로 결정되나, 미국의 경우 교수진이 모여 여러 전공 분야를 학생들에게 제공하는 방식이다. 즉 학생들은 학과가 아닌 단과대학(college) 소속으로 교수진이 제공하는 전공 과정을 선정하여 이수하는 것이고, 교수진은 전공 분야에서 요구하는 과목을 가르치는 것이다. 따라서 교수진은 수시로 사회적 요구에 따라 새로운 전공 분야나 복합학문을 제공할 수 있다. 그러나 우리나라의 경우 학과가 각각 자신의 고유한 교육과정을 유지하기 때문에 여러 학과가 연계하여 복합학문 과정을 운영하거나 새로운 전공 분야를 개설하는 것이 쉽지 않다. 포레 법에서는 연구단위(UER)란 용어를 사용하였으나 새바리 법(1984)에서 UFR(Unites de Formation et de Recherche)로 개칭하였다. 일부 대학(예를 들어 국방기술대학)에서는 UFR 대신 데빠흐트망(Département)이라는 용어를 사용하기도 하지만 의미는 UFR과 같다. UFR의 신설과 폐지는 대학의 행정심의위원회(CA)에서 결정한다. 파리 4대학(소르본 대학)의 경우, 철학, 사회학, 역사학, 프랑스어, 영어, 독일어 등 19개 UFR이 있다. 파리 6대학(피에르 마리 대학)은 수학, 정보학, 화학, 생활과학, 에너지 및 로봇공학 등 17개 UFR이 있다.

(Conseil regional, 의장은 학구장)", "대학심의회(Conseil de l'universite, 의장은 교수의원 중 선출)"을 구성 · 운영한다. 그리고 대학의 가장 기초 단위인 교육과 연구단위(UER)도 심의회를 구성 · 운영하여 교육과정, 학생평가 방법, 교수법 결정, 연구단위 예산편성, 대학평의회 대표선출 등을 담당하도록 하였다. 모든 심의회는 교수, 연구자, 학생, 행정직, 외부인사 중에서 선출하거나 추천을 받아 구성하도록 하였다. 각 연구단위는 교육과정, 교수법, 연구, 학생평가 방법 등을 정할 수 있도록 하였다.

국가고등교육심의회는 대학, 그랑제꼴과 연구기관을 대표하는 자로 구성하되, 어느 한쪽이 1/3을 초과할 수 없도록 하고, 재적위원의 2/3 이상 찬성으로 결정되도록 하였다. 주요 기능으로는 (1) 고등교육 관련 중장기 계획 수립, (2) 고등교육기관에 대한 예산배정 사전 심의, (3) 정부에 고등교육 관련 정책 건의나 의견 제시 등이다.

3) 1984년 고등교육법

1984년 고등교육법(Loi sur l'enseignement superieur)은 통상 새바리(Savary) 법으로 불리며, 현재 프랑스 고등교육 제도의 틀을 잡았다. 특히 교육의 공공성을 강조하여 프랑스 일반대학의 학생을 무시험으로 선발한다. 그 주요 내용은 다음과 같다.

(1) 기본적으로 다른 정부기관이 운영하는 고등교육기관 등을 포괄하는 개념으로 교육기관의 공공성(le service public) 강조
(2) 대학 과정의 3 사이클을 명확하게 정리
(3) 기존 고등교육기관 개념(EPSC: des Etablissements Publics a carac-

tere Scientfique et Culturel)에 전문직업(professionnel)을 추가하여 EPCSCP(des Etablissements Publics a Caractere Scientfique, Culturel et Professionnel)로 확대

(4) 대학은 바칼로레아 합격자 중 거주지를 중심으로 선발 과정 없이 수용하도록 규정

(5) 대학심의회를 3개로 확대

이 법은 산업의 발전에 따라 기존의 대학의 개념으로 인용되던 학문연구에 실용적 전문직업 분야(professionnel)를 추가하여 계속교육을 강조하고, 산학연계에 의한 산업계의 교육과정 설계 참여와 기업체의 인턴십 과정 제공 등을 강화하였다. 특히 공학과 경영관리 분야는 대학 종류[36]에 관계없이 운영하도록 하고, 타 부처가 관장하는 대학(국방부는 국방기술대학, 법무부는 국립사법관학교 등 운영)에도 협의를 거쳐 적용하도록 규정하고 있다.

동법 제14조는 대학의 학생입학과 관련하여 매우 중요한 규정을 제시하는데, 바칼로레아 합격자는 원하는 경우 선발 과정 없이 학생의 거주지를 고려하여 대학이 입학을 허가하도록 하였다. 다만, 학생

---

36 동법 제5조에 "des Ecoles", "des Instituts", "des Universites", "des Grands Etablissements" 네 종류의 학교가 제시되었다. "des Ecole"로는 에꼴 센트랄(Ecole Centrale, 공과대학으로 파리 등 5개 지역에 분산되어 있음), 국립사범대학(Ecoles Noramles Superieures, 교원양성기관으로 4개 캠퍼스가 있음) 등이 있고, "des Instituts"는 주로 공과대학(예를 들어 로레인 공과대학(Institut National Polytechnique de Lorraine) 등)이며 정경대학인 정치대학교(Institut d'Etudes Politiques, 10개 캠퍼스가 있으며, 파리에 있는 것은 '시앙스 포(Science Po)'라고 부름)가 있다. "des Grands Etablissements"은 국립 고등교육기관으로 주로 CPGE 출신이나 대학 2년 과정(first cycle)을 마친 자를 대상으로 입학경쟁시험을 통하여 선발하며, 대체로 3년 이상의 교육과정으로 운영하는 소위 그랑제꼴을 의미한다. 그랑제꼴(des Grands Ecoles)이라고 하는 경우는 국립뿐 아니라 사립도 포함되며, 대개 선발시험을 통해 학생을 선발하는 대학을 말한다. 일반대학(des Universites)은 학생 선발을 하지 않고 바칼로레아를 취득한 학생 중 전공 분야와 거주지를 고려하여 학생입학을 허가하는 국립대학을 총칭한다.

이 수용범위를 초과하는 경우에는 대학의 장과 학구장이 규정이 정하는 바에 따라 거주지와 가족 상황, 선호하는 전공 분야를 고려하여 결정하도록 하였다. 다만 고급기술 과정(STS), 앵스띠뛰트(des Institutes), 에꼴(des Ecoles), 그랑제꼴 준비반(CPGE), 그랑제꼴(des Grands Etablissements)은 적용 대상에서 제외한다. 즉, 일반대학만 대상으로 한다. 그리고 의대, 치대와 약대는 교육부와 보건복지부가 매년 지역의 인구 수와 의료인력 수요 등을 협의하여 1년 과정 후 진급할 학생 수를 결정하도록 하였다.

또 대학심의회를 행정심의회(CA: le Conseil d'Administration), 연구심의회(CS: le Conseil Scientifique)와 학생복지심의회(CEVU: le Conseil des Etudes et de la Vie Universitaire)로 세분화하고, 구성과 운영에 대하여 보다 명확하게 규정하였다. 대학의 총장은 3개 심의회의 합동회의에서 선출하되, 5년 임기이고 연임은 허용되지 않는다.

4) 2007년 대학개혁법(LRU)

지난 2007년 4월 프랑스 대선에서 대통령으로 당선된 니콜라 사르코지가 세제개편과 함께 가장 먼저 내세운 개혁 분야가 바로 국립대학개혁이다. 모두 국립인 프랑스의 일반대학은 1984년 소위 새바리 법이 규정한 입학전형에서의 선발 불가능 원칙에 따라 학생 선발권이 주어지지 않는다. 학생 선발권은 파리 정경대학, 국립고등사범학교, 국방기술대학 등 전문 교육기관이나 그랑제꼴에 국한된다. 또 대학의 자율은 많은 제약을 받아 학위, 과정, 연구, 시험 등은 국가 차원으로 규제되며, 등록금, 교직원 채용, 업무 방식과 임금 등도 자율적으로 정할 수 없다. 대학에 대한 제약들로 인해 많은 우수한 학생과 교수들이 미국 등으로 빠져나가며 경쟁력을 상실함에 따라, 대학에 대폭적인 자율권을 부여하고 경쟁력을 강화하고자 하는 것이 이 대학개혁 법안의 핵심이다.

대학개혁법(LRU: Loi relative aux libertes et Responsabilites des Universites)은 고등교육부장관 뻬크레스(Valerie Pecresse)가 제안한 것으로, 일명 뻬크레스 법(Loi Pecresse)이라고도 하며, 대학에 학교예산 및 자산의 운용에 있어서 보다 많은 자율권을 부여하여 대학교육의 질을 높이는 것을 목표로 한다. 그리고 정부는 대학의 이러한 노력을 지원하기 위하여 매년 10억 유로씩 5년간 50억 유로를 추가 지원하기로 결정한다. 학생들은 이 법안이 대학교육을 사교육으로 몰아간다고 반대하고 있으나, 산업계(MEDEF, 프랑스전경련)는 오랫동안 대학이 학생을 선발할 수 있도록 하여야 하며 산업계가 필요로 하는 인력 양성 프로그램을 강화해야 한다는 입장에서 적극 지지하였다.

대학개혁법의 주요 내용은 다음과 같다.

(1) 대학총장에게 교직원 임명에 대한 교수위원회(commissions of teachers) 제안에 대한 거부권, 단기 비정규직 임용권, 재원조달을 위한 기금설립운영권(charitable foundation)을 부여하였다.
(2) 대학평의회(le conseil d'administration) 축소: 종전 60명에서 20-30명 수준으로 축소. 교수(8-14명)와 외부인사〔7-8명(이 중 2명은 지역의원, 나머지는 산업계 인사)〕 비율을 확대하고, 학생대표(3명)와 일반 행정직원(2-3명) 대표를 축소하여 학교총장이 보다 강력하게 학교개혁을 추진할 수 있도록 하였다.
(3) 대학이 교육과정 특성에 따라 학생선발권(바칼로레아 합격자 대상 학부과정 선발은 제외)을 행사할 수 있도록 하였다.

3. 프랑스 교육의 장단점

1) 문제점

앞에서 살펴본 바와 같이 프랑스의 교육은 대학까지 거의 무료로 운영하고, 바칼로레아 합격자는 원하면 모두 대학에 진학할 수 있기 때문에 현재 해당 연령의 약 55%가 고등교육기관에 진학하고 있다. 반면 정부의 재정지원만으로 모든 국공립 대학의 운영비를 충당하기 때문에 늘어나는 학생수요에 부응한 시설확충이나 교수증원 등이 이루어지지 않아 고등교육 환경이 매우 열악하다.[37] 교사 대 학생 비율에 있어 중등학교는 15명 정도이나 대학의 경우는 25명 정도로 높고, 학생 1인당 교육비에 있어서도 고등학교는 1만 130유로이나 일반대학은 7,210유로이다.[38] 프랑스 정부는 이러한 문제를 타결하고자 학생들에게 등록금을 부과하고, 대학에 대폭적인 권한을 주어 대학 간 경쟁을 통한 교육혁신을 추진하였으나 학생들의 극심한 반발로 무산된다.

프랑스 사회를 이끄는 파워 엘리트를 양산하는 그랑제꼴도 여러 문제점을 야기하고 있다. 주류인 그랑제꼴이 우수한 인재를 독식하고 예산 배정에서도 우위를 차지하는 반면, 일반대학은 우수 인재 유치 실패와 연구기능의 위축으로 경쟁력을 잃고 있으며, 종합대학체제가 아닌 전공 분야별로 세분화된 단과대학 구조로 운영되는 현실이다.

---

37 *The New York Times* (2006. 5. 12).

38 2005년 현재 프랑스 학생 1인당 교육비의 경우, 중학교 7,710유로, 고등학교 10,130유로, 직업계 고등학교 10,430유로이고 중고등학교 평균 8,650유로인 것으로 조사되었다. 반면, 고등교육기관의 경우 일반대학 7,210유로, 기술대학 10,180유로, 고급기술 과정 13,360유로, 그랑제꼴 준비반 13,560유로이고 고등교육기관 평균 8,940유로인 것으로 나타났다. MOEHER, *The State of Education from Nursery School to Higher Education* (2006).

이는 미국 등 다른 나라와의 대학평가 비교에서 불리한 조건이 되고 있다. 그랑제꼴 내의 쏠림 현상도 문제이다. 그랑제꼴 준비반 진학에 있어서도 과학 분야에만 우수 학생들이 집중되고, 문학(L)이나 경제 사회계열(ES)이 상대적으로 제대로 기능을 하지 못하고 있어 일반계 바칼로레아의 개편 필요성이 제기되고 있다.[39] 또한 국립 그랑제꼴의 입학생 중 근로자계층 출신 비율이 1980년대는 20% 정도였으나 현재는 2% 정도로 양극화가 심화되고 있는 것도 우려할만한 사항이다.[40]

프랑스의 경우 1990년대 이후 고등교육에의 문호가 확대되면서 대학진학자가 증가하였지만 고등교육에 대한 투자 확대가 미흡한 상태에서도 엘리트 교육 방식을 그대로 유지하면서 탈락자나 과정변경자가 많이 나오기 시작한다. 2002년 일반계, 기술계 바칼로레아에 합격한 일반대학 진학자 중 3년 후 재학 형태(2005년 현재)를 분석한 자료에 의하면 70% 정도만 당초 선택한 학사 과정에 그대로 남아 있고, 22% 정도의 학생은 IUT나 STS 등 다른 교육과정으로 변경하였으며, 약 8%의 학생은 학업을 중단하였다. 또 학사 과정 잔류자 70% 중 정상대로 3학년에 진급한 학생 비율은 45%에 불과하고, 나머지는 휴학 및 유급 등으로 인하여 20%는 2학년에 등록, 5%는 아직도 1학년에 재학 중인 것으로 나타났다.

---

39 *Le Figaro* (2007. 10. 14).

40 *The New York Times* (2005. 12. 18).

2) 장단점

프랑스 고등교육체제는 대혁명 도입된 그랑제꼴과 바칼로레아 시험을 기본으로 현재까지 그 틀을 유지하고 있다. 1960년대 중반까지 대학들은 나폴레옹 집권 당시 획일적인 중앙집권적 행정 방식에 따라 같은 학위에는 전국적으로 같은 과목을 같은 교수법으로 가르쳤다. 1966년 푸셰-애그랭 개혁법에 의하여 학과의 다양성이 인정되어 교육사회학 같은 융합학문이 허용된다. 18세기 당시 실용적 학문을 중심으로 국가에 필요한 인재를 양성하던 그랑제꼴 제도는 현재도 그 인기가 그대로 유지되면서 우수 인재를 독점한다. 1984년 고등교육법(통상 새바리 법)에 의하여 대학교육의 공공성이 강조되면서 일반대학의 학생 선발 자율권이 박탈되고 바칼로레아 합격자는 거주지 중심으로 무시험 선발하도록 한다.

이미 앞에서 살펴본 바와 같이 프랑스 학생의 대학진학 욕구는 우리나라만큼 높지 않지만, 산업구조의 고도화 · 전문화 등으로 고급인력에 대한 수요가 증가하고 소득이 증가함에 따라 고등교육에 대한 수요가 증가하면서 대학진학률이 1960년대 10%에서 현재는 60% 정도로 높아졌다. 그러나 모든 국공립 대학의 운영비가 정부재정지원에만 의존하기 때문에 교육 환경은 매우 열악하여 세계대학평가에 선정된 100개의 대학 중 프랑스 대학은 2개만 꼽힐 정도로 수준이 하락했다. 프랑스 정부가 대학개혁을 추진하고 영국과 같이 학생에게 대학등록금을 부과하려고 시도하였지만 극심한 반대로 추진하지 못하고 있다. 또 프랑스성장촉진위원회 보고서(아탈리 보고서, 2008)를 채택하여 대학교육재정의 확대방안과 2012년까지 세계 수준의 고등교육기관 10개 육성방안 등을 추진하고 있으나, 오랫동안 중앙집권 방식으로 교육을 운영한 까닭에 시대적 변화에 따른 학문의 자유 허용, 대학의 자율권 확대와 대학 간 경쟁 촉진, 교육재정 확충 등이 다른 나라에 비해 늦어지면서 유수한 대학의 역사에도 불구하고 고등교육 분야의 경쟁력을 잃고 있다.

그러나 절대평가 방식인 바칼로레아 시험과 시험결과의 공개를 통한 교육의 지속적 질관리, 실무와 이론을 통합한 전문자격학사 자격제도 운영, 진로지도에 있어서 성적뿐 아니라 다양한 요소를 고려하는 방식, 다양한 그랑제꼴 전형 방식(1, 2, 3 유형)을 통한 능력개발 기회 부여, 직업기술 교육과정에 대한 신뢰도 확보, 객관식 평가보다는 창의성 신장을 위한 주관식 평가 제도 운영 등은 우리나라 교육제도 개선에 시사하는 바가 크다.

〈참고 2〉 주요 그랑제꼴(Grandes Ecole) 소개

• 국립고등사범학교(ENS: Ecole Normale Supérieure)

국립고등사범학교의 목적은 일반계 고등학교(Lycee)나 CPGE 과정 교사 및 대학 교수 양성, 응용·기초과학 분야 연구원 양성 등이다. "Normal"이란 명칭은 전국 각지에 설립된 유사한 많은 학교의 규범 내지 전형이라는 의미에서 사용되었다.[41] 학생은 내외국인을 구분하지 않고 공개경쟁시험을 통과해야 입학할 수 있다. 통상 준비반(CPGE)에서 2년 이상 준비기간을 거쳐야 경쟁시험에 응시할 수 있다. 학교는 4개 지역(파리, 퐁뜨네-생끌루, 리옹, 까샹)에 있으며 인문사회과학(정치, 경제, 인문, 경영 등) 및 자연과학 분야(수학, 물리, 생명과학 등)에 중점을 둔다.

• 국방기술대학(Ecole Polytechnique)

프랑스혁명을 전후하여 유럽 다른 나라와 여러 전쟁을 치르면서 군사요새 구축과 유지, 공격과 방어, 도로 및 교각, 항구 및 통신관리와 유지는 물론 해양지도 작성, 광물탐사와 발굴 등 국가안보 전략 분야 및 전투력 강화 차원에서 이 분야의 인재 양성 필요성이 대두한다. 1794년 국민공회가 순수과학(수학과 물리)에 근거한 모든 종류의 공학 분야 전문가를 훈련시킬 학교 설립을 승인하고, 국방부가 지도·감독하기로 한다. 설립 당시 명칭은 중앙토목학교(l'Ecole Central des Travaux)였으나 1년 후 군사공학, 포병술 등에 특화하면서 현재의 명칭인 국방기술대학(Ecole Polytechnique)으로 개칭한다. 1976년 파리 근교 팔레조로 이전한다.

---

41 프랑스 혁명 초기 대대적인 교사양성을 위하여 인구 2만 명당 1명씩 지역별로 학생을 선발하여 파리로 보내도록 하였고, 이렇게 모집한 1,400여 명을 1795년 1월부터 1795년 5월까지 약 4개월 정도 전액 국비로 교육시켰는데, 이것이 프랑스 초기 사범교육이다.

학생 선발은 Bac 취득 후 2년간의 CPGE 과정을 거친 학생을 대상으로 필기와 구술시험을 통하여 신입생을 선발한다. 매년 약 400명의 학생을 선발하는데, 이 중 약 100명은 외국인 학생이다. 수업연한은 3년이며, 1학년 때는 군복무를 하고, 2학년 때는 일반 분야, 3학년 때는 전공 분야를 선택하여 학습한다. 국방부에서 운영하지만 졸업생 대부분은 정부기관 중견간부로 진출한다.

• 국립행정학교(ENA: Ecole Nationale d'Administration)

국립행정학교는 제2차 세계대전 이후 프랑스 정부조직의 혁신 필요성이 대두하면서 정부 고위공무원의 선발을 민주화하고 통일성 있게 유지하기 위해 1945년 10월에 드골 당시 대통령에 의하여 설립되었고, 지금까지 약 5,000명의 졸업생을 배출했다. 신입생 선발 방식은 대학의 학사 과정 이수자 대상의 외부공개 경쟁시험(이를 concours externe라고 하며 45명 선발), 4년 이상 근무한 경력이 있는 공무원이나 공기업근로자 대상의 내부공개 경쟁시험(이를 concourse interne라고 하며 34명 선발), 그리고 선출직 위원이나 민간기업 종사자를 대상으로 하는 제3유형 경쟁시험(이를 troisieme concourse라고 부르며 8명 선발, 1990년 도입) 방식이 있다. 국립행정학교는 프랑스 정부의 고위공무원 및 행정심판관 양성기관으로 유명하지만, 2002년에는 국제공무원연수원(IIPA: the International Institute of Public Administration)을 통합하여 외국인 공무원을 위한 연수 과정도 운영하고 있고, 2004년부터 EU 지역 출신 모두에게 입학경쟁시험을 허용하는 등 프랑스 교육제도의 국제화에도 노력하고 있다. 2007년의 경우 124명의 신입생 중 프랑스인이 90명, 외국인이 34명이었다. 프랑스에서 제일 인기 있는 그랑제꼴로, 정부 고위 관료 대부분이 이 학교 출신이다.

국립행정학교는 1991년 파리에서 스트라스부르로 이전했는데, 단 2명(외국인에게 프랑스어를 가르치는 교사와 운동교사)만 정규 교수이고, 실질적인 정책수행 능력을 키우기 위하여 각국 고위 공무원, 대학교수, 민간 분야 전문가 중에서 적임자를 선정하여 대부분의 강의를 의뢰한다. 매년 1,000명 정도에게 강의를 의뢰하고,

학기는 대체로 매년 1월에 시작하여 27개월 정도 교육을 받은 후 졸업한다.[42]

학생은 일단 연수에 들어가면 공무원 대우를 받으며, 제1유형 경쟁시험 합격자에게는 매월 1,370유로(세금 및 사회복지수당 등을 제외한 순수 지급액), 제2, 3유형 경쟁시험 합격자에게는 매월 2,100유로를 지급한다. 대신 학생은 졸업 후 10년간 국가에 근무할 의무가 있다. 수업료는 없고, 기숙사가 제공되지 않기 때문에 통학해야 한다.

교육기간은 총 27개월인데, 2년은 3개의 모듈(유럽관계, 프랑스 국내관계, 정책 공공관리 분야)로 구성되고, 이들 모듈은 각각 현장 실무연수를 강조한다.[43] 마지막 3개월은 5개 선택 분야(국제관계 분야, 금융 및 재무 분야, 사회복지 분야, 국내 일반행정 분야, 사법 분야)로 세분화되어 있고, 주로 소그룹의 합동작업을 통하여 실질적 실무능력을 강화하는 데 목적을 두고 있다. 교육과정은 실질적 · 종합적 분석능력을 키우기 위하여 현장중심적이고, 다학제적 방식(munltidiciplinary)으로 운영되며, 지식정보화 추세에 따라 정보통신기술 활용능력, 협상능력과 협력관계 형성능력(networking)을 강화하는 데에도 중점을 두고 있다.

• 국립사법관학교(ENM : Ecole Nationale de la Magistrature)

1959년 사법연수원이라는 이름으로 보르도에 설치되었고, 1972년 현재의 국립사법관학교(ENM)로 명칭을 바꾼다. 기능은 크게 두 가지로 나눌 수 있는데, 사법기관의 사법관 재훈련(연수)[44]과 사법관 양성이다. 매년 6월경 사법관후보생을 선발하는데, 응시자 자격에 따라 세 가지 유형으로 나누어 선발하는 방식이 특징이다.

---

42 예를 들면, 2007학년도 신입생은 2007년 1월에 학기가 시작되어 2009년 3월에 졸업한다.

43 유럽모듈의 경우 EU본부 등에서 17주, 국내관계는 정부기관이나 지방자치단체 등에서 22주 현장 연수를 받는다. 특히 국내관계는 지방행정공무원연수원(INET: l'Institut National des Etudes Territoriales)과 연계하여 운영된다. 국립행정학교의 교육운영에 대한 보다 상세한 내용은 홈페이지(http://www.ena.fr/index.php?page=formation/initiale/cursus) 참조.

44 프랑스에서는 판검사를 사법관(la magistrature)이라고 통칭하여 부른다.

〈표 II-14〉 2007학년도 국립사법관학교 신입생 유형별 선발 인원

	선발 인원(명)	여성 비율(%)	평균 연령(세)
제1유형 시험	186	81.7	24.5
제2유형 시험	18	61.1	
제3유형 시험	6	33.3	38
별도 무시험 선발	41	51.2	
모나코	1	0	
합계	252	74.2	27

*자료출처: MEN, *Reperes et references statistiques* (2007), pp. 72-73; 96-97; 172-173.

소위 제1유형 시험은 일반 학생을 대상으로 하며, 27세 이하 석사학위 소지자를 대상으로 하고, 선발인원이 상대적으로 많다. 제2유형 시험은 공무원을 대상으로 하여 선발하는데, 45세 5개월 이하이고 공무원으로 최소한 4년 이상 근무한 자를 대상으로 한다. 제3유형 시험은 민간 분야 출신을 대상으로 하는데, 40세 이하인 자로서 지난 8년 이내에 의회(지방의회 포함)의 의원으로 1회 이상 근무한 경력이 있거나, 사법기관에서 일반직원(판검사가 아닌 자)으로 근무하였거나, 민간부문의 전문직 분야에 근무한 경력이 있어야 한다. 제2, 3유형 시험 대상자에게는 학위를 요구하지 않으나 대체로 석사학위 이상 소지자가 응시한다. 제1, 2, 3유형 시험 모두 응시횟수는 3회 이내로 제한한다. 〈표 Ⅱ-14〉가 보여주듯이 제2, 3유형 선발인원은 상대적으로 적다. 경쟁시험 없이 서류전형으로 선발하는 별도 선발 과정이 있는데, 4년 이상 법률 · 경제 · 노동관계 직종에 근무한 경험이 있는 자로서, 대체로 법과대학의 조교수, 변호사 등이 그 대상이다. 제2, 3유형 시험은 여러 분야에 종사하는 사람에게 기회를 열어주어 다양한 배경을 가진 인재를 배출하는 것을 목표로 도입되었다.

특이한 것은 예비 사법관이라고 불리는 선발학생 중 여성이 70% 이상인 점이다. 입학 자격시험으로 필기시험이 있고, 자격시험 합격자를 대상으로 구술시험과

체력검사 후 최종 합격자를 선발한다.[45] 매년 6월경 시험을 보고, 9월경 합격자를 발표하며, 다음 해 2월부터 3년간 연수생활에 들어간다. 예비 판검사들은 연수기간 중에도 국가로부터 보수를 받으며 약 3년간 연수를 받아 정식 임명된다. 1학년 때는 주로 학교에서 이론적 공부를 하고, 2학년 때는 지정받은 법정에서 지도판사의 감독하에 1년간 실무연수를 받는다. 2학년 현장연구기간 중에는 경찰서에 배치되어 경찰관 역할(데모 진압 포함)을 수행하며, 교도소에도 배치되어 교도소 관리 등도 경험한다. 3학년 초에 순위를 결정하는 시험(적성검사 포함)을 보며 이 결과에 따라 졸업 후 근무할 분야를 결정하게 된다. 근무할 분야가 결정되면 5개월 정도 관련 법정에서 수습기간을 거치고, 9월에 졸업하면서 정식 판검사로 임명된다. 프랑스에는 약 7,600명의 판검사가 법무부 소속 공무원으로 활동하고 있으며 매년 250명 정도를 선발하여 국립사법관학교에서 양성한다. 프랑스의 경우 판검사 인사교류가 가능하며, 대체로 정기적 인사전보보다는 본인이 희망하는 경우에 근무지를 이동한다.

프랑스 사법 제도는 변호사와 행정심판관(국가나 지방자치단체를 상대로 하는 행정사건을 담당하는 재판관)은 별도 기관에서 양성하며 상호 인사교류는 없다. 행정재판관은 국립행정학교에서 양성하고, 변호사는 프랑스 전역에 있는 35개 변호사 연수원에서 법학 전공자를 대상으로 선발하여 약 18개월 연수 후(이론연수 6개월, 변호사 사무소 현장연수 6개월, 일반 기업체 현장연수 6개월) 변호사자격(CAPA: Certificat d'Aptitude de la Profession d'Avocat)시험을 본다. 프랑스에는 약 4만 명의 변호사가 활동하고 있으며, 이들 연수원에서 매년 1,400명 정도를 선발하여 연수시키고 있다. 프랑스의 경우 변호사 연수원을 국가가 아닌 변호사협회가 독자적으로 운영하며, 판검사 양성 과정과 구분하여 운영한다. 그래서 판검사가 변호사로 개업하거나 변호사가 판검사로 임용되는 것은 매우 드문 일이다. 만약 변호사로 활동

45 필기시험은 4과목인데 일반상식, 공법, 민법 또는 유럽관계법(European Law), 법학총론이고, 과목당 5시간 정도 소요된다. 체력검사는 달리기(100m, 1000m), 투포환 던지기, 높이뛰기, 수영 등이다.

하다가 판검사로 임용되고자 하면, 국립사법관학교에 입학하여 소정의 연수절차를 거쳐야 한다. 다만, 상호 양성체제의 단절을 보완하는 차원에서 변호사 연수원에 국가가 재정을 지원하고, 연수원 교관으로 사법관을 배치하며 국립사법관학교 학생들은 실무 수습 과정의 일환으로 변호사 사무소에서 2개월 정도 연수를 받는다.

• **기타 그랑제꼴**

(1) 고급경영학교(HEC: Ecole des Hautes Etudes Commerciales): 이 대학은 유럽 지역에 있는 경영대학 중에서 상당히 유명하며, 파리 지역 상공회의소에서 운영하는 학교이다.

(2) 파리 정경대학(Institute d'Etudes Politiques de Paris): 정경대학은 파리, 보르도 등 10개 지역에 캠퍼스가 있다. 파리에 있는 캠퍼스는 통칭 시앙스 포(Science Po)라고 불리며 정치 · 경제 등 사회과학 분야에서 유명하다. 특히 이 대학은 그랑제꼴로 분류되나 학생 선발에서 CPGE 과정 이수를 요구하지 않으며, Bac를 취득한 학생을 대상으로 학교성적과 Bac 성적을 반영한다. 수업료는 프랑스 학생은 무료이고, EU 지역 학생은 부모의 소득 수준에 따라 최저 515유로부터 5,150유로까지 낸다. EU 지역 출신이 아닌 외국인은 5,150유로를 내야 한다.

(3) 국립예술대학(Ecole Nationale Superieure des Beaux-Arts): 통상 보자르(les Beaux-Arts)라고 불리며, 예술 분야에서 프랑스가 자랑하는 대학이다.

(4) 파리-도핀 대학(Paris-Dauphine, 종전 파리 9대학): 1970년 개교. 원래 NATO(북대서양조약기구) 사령부 건물을 1966년 드골 대통령이 NATO를 탈퇴한 후 1968년 5월 혁명 당시 학생과 교원들이 점령하여 사용한 것을 계기로 대학 설립이 결정되었다. 이 대학은 개교 당시부터 상당한 자율권과 독자적인 교수법으로 많은 학생들이 몰렸다. 종전에 파리 9대학(Universite Paris IX)으로 불렸으나, 2004년부터 "그랑제꼴(des Grand Etablissement)"

로 지정되어 지역선발 적용 대상에서 제외되고 독자적으로 학생을 선발한다. 주요 전공 분야는 경영관리, 경제학, 수학, 정보통신 분야, 법, 사회학, 정치학이며 약 80개의 복합학문전공을 제공한다. 학생 선발은 내신자료와 바칼로레아 성적〔최저 기준: 보통(Assez Bien). 통상 Bien이 되어야 합격권이라고 함〕에 의하여 선발한다.

Ⅲ. 영국 교육제도

1. 영국 교육제도 현황
2. 영국 교육제도의 발전
3. 결어

○

국토 면적이나 인구 수에 있어 우리나라와 비슷한 영국은 세계사에서 차지하는 비중이 매우 크다. 18세기에는 산업혁명을 일으켜 이른바 앨빈 토플러가 말한 '제2물결의 주역'이었으며 이를 기반으로 '해가 지지 않는 나라'라고 불렸다. 무엇이 영국을 이토록 강한 국가로 만들었을까?

저자는 이것이 미국의 발전과 마찬가지로 교육의 힘에서 비롯되었다고 본다. 영국은 이미 12세기에 옥스퍼드 대학을 설립하여 교육을 통한 인재양성에 관심을 기울였다. 인류사에 많은 영향을 준 과학자, 학자와 문인 중 영국인, 특히 오랜 역사를 자랑하는 옥스퍼드(1167년 설립)와 케임브리지 대학(1229년 설립) 출신자가 상당수이다. 아이작 뉴턴, 찰스 다윈, 스티븐 호킹, 존 로크, 토마스 홉스, 애덤 스미스, 존 메이너드 케인스 등 과학, 철학, 경제학 등에서 수많은 유명한 학자를 배출하였다.

한편, 이렇듯 앞서 있던 영국 대학교육이 미국 대학과의 경쟁에서 점차 뒤처져가는 이유는 무엇인가? 영국 대학교육은 소수 엘리트 위주의 전통적 교육 방식인 토론과 논문지도 위주의 교육, 정부가 모든 교육재정을 지원하는 방식을 고수하였다. 또 옥스퍼드와 케임브리지 대학 출신자들이 학계의 주류를 이루면서 다양한 학문적 성과와 경쟁이 저해되기도 한다. 아울러 고등교육 확대정책에 따라 학생 수가 증가하였으나 교수나 학교시설 등은 이를 지원할 만큼 충분하지 못해 교육여건이 악화되기 시작한 것도 하나의 요인이라 할 수 있다. 토니 블레어 노동당 정부가 1998년부터 대학 수업료 징수를 추진한 것은 재정확충을 통한 대학의 교육의 질 향상을 위해서이다.[1]

영국은 중등교육 졸업시험(GCSE)과 대학 입학 능력시험인 GCE-A로 일정 수준 이상 학업성취자만 대학진학을 허용하고, 국가 교육과정 도입, 전국적 학력평가(SATs: Standard Assessment Tests) 시행 및 학교 성적 공개, 교육기준청(Ofsted: Office for Standards in Education)을 통한 정기적 장학지도 등으로 교육의 질관리에 중점을 두고 있으며, 학교운영위원회에 학교 운영 전반에 대한 권한을 부여하여 학교 단위 자치를 강화함으로써 교육 향상에 많은 노력을 하고 있다.

이 장에서는 영국 교육의 변화와 현황을 살펴보고, 문제를 어떻게 극복하려 했는지 분석하여 우리에게 시사하는 바를 찾아보고자 한다. 특히 1988년 교육개혁법은 현재 영국 교육개혁 방향의 기본이 되는 법이고, 개혁 추진 당시 영국이 겪고 있던 문제들이 우리나라와 유사한 부분이 많으므로, 이를 중점적으로 살펴보고자 한다.

1 1998년에는 최대 1,000파운드까지 받았으나, 점차 인상하여 2010년에는 3,290파운드, 2012학년도에는 9,000파운드까지 받을 수 있도록 하였다.

1. 영국 교육제도 현황

1) 학제

영국의 일반적인 학제는 초등 6년, 중등 5년, 대학준비 과정(Sixth Forms College) 2년, 대학 2-3년으로 구성되어 있다. 만 5세부터 초등교육이 시작된다는 점이 특징이며 중등 과정을 마칠 때 졸업 자격시험인 중등교육 졸업시험(GCSE: General Certificate of Secondary Education) 시험을 보아 5개 과목 이상에서 C등급 이상을 받아야만 대학준비 과정에 진학할 수 있다. 그리고 대학준비 과정에서 GCE-A(General Certificate of Education Advanced Level) 시험을 보아 이 성적과 학교 내신성적으로 대학 입학이 결정된다. 5세 미만 유아교육은 지역교육청(LEA: Local Education Authority)에 따라 교육 내용이 다르나, 토니 블레어의 노동당 정부 이후 유아교육이 강조되면서 모든 3-4세 아동에 대한 무상교육이 추진되었다.

의무교육 단계는 5세에서 15세 사이 학생 대상이며, 초등교육(6년)과 중등교육(5년)으로 구분된다. 초등교육은 보통 5-10세 아동을 대상으로 하고, 초등학교(primary school)로 통칭한다. 그러나 학생 수가 많은 경우 초등학교를 유치원(infant school, 5-6세 대상)과 주니어 스쿨(junior school, 7-10세 대상)로 분리하여 운영하는 경우도 있고, 학생 수가 적은 경우에는 초등과 중등이 혼재된 혼합형(deemed-middle school)으로 운영하기도 한다.

중등교육은 보통 11-15세 아동을 대상으로 하고, 중등학교(high school)로 통칭한다. 중등교육단계의 학교 종류는 다음과 같이 다양한데, 문법학교(gramar school), 현대학교(mordern school), 종합학교(comprehensive school), 기술학교(technical school), 특수교육을 담당하는 특수학교(special school), 학교에서 정학이나 퇴학을 받은 학생만 일정 기간 수용하여 가르치는 일종의 대안학교(PRU: Pupil Referral Unit), 사립학교(independent school) 등이다. 영국에는 약 10%의 학생이 사립학교 재학 중이다.[2]

〈표 Ⅲ-1〉 잉글랜드의 유초등학교 및 학생 수 현황(2007. 1)

	유치원	초등학교	중등학교	특수학교	PRU	사립학교	CTC	아카데미	합계
학교 수	448	17,361	3,343	1,078	448	2,284	10	46	25,018
학생 수 (천 명)	38	4,108	3,268	89	15	578	12	41	8,149

〈표 Ⅲ-2〉 잉글랜드 중등학교 유형별 학교 및 학생 수 현황(2007. 1)

	혼합형	현대학교	문법학교	기술학교	종합학교	기타	합계
학교 수	248	113	164	2	2,793	23	3,343
학생 수 (천 명)	105	103	157	1	2,884	19	3,268

〈표 Ⅲ-1, 2〉의 내용과 같이, 잉글랜드에는 2007년 1월 현재 2만 5,018개의 유초등학교가 있고, 약 814만 9,000명의 학생이 재학 중이다. 3,343개 중등학교 중 시험으로 학생을 선발하는 문법학교가 164개이며 약 15만 7,000명이 재학 중이다. 또 학교 운영 방식에 따라 지역사회학교(community school), 재단설립학교(foundation school), 자립형 사립학교(voluntary-aided school), 정부지원 사립학교(voluntary-controlled school), 시기술학교(CTC: City Technology College) 등으로 학교를 구분하기도 한

2 더 자세한 사항은 이 장 〈참고 1〉 학교의 종류 참조.

다. 16-19세는 의무교육단계 이후(post-compulsory)로 통칭한다. 중등학교를 마치고 학생들이 선택하는 진로는 크게 다음 세 가지〔소위 트래킹(tracking)이라고 함〕로 나눌 수 있다. 첫째, 중등교육 졸업시험을 거쳐 대학준비 과정(sixth forms college)에 진학 후 GCE-A 시험 성적에 따라 대학에 진학하는 것〔아카데믹 트랙(academic track)이라고 함〕, 둘째, 중등교육을 마치고 바로 취업 후 산업계나 사업체에서 직업훈련 과정을 거쳐 국가기술자격(NVQ: National Vocational Qualification)을 획득하는 것(narrow vocational track이라 함), 셋째, 일반직업기술자격(GNVQ: General National Vocational Qualification) 과정 또는 GCE-A 시험 후 대학 또는 계속교육기관(FE: Further Education College, 우리나라의 전문대학에 해당함)으로 진학하여 학위나 국가기술자격을 취득하거나 취업하는 것(broad vocational track)이다.

〈참고 1〉 학교의 종류

1. 공립학교(Community School, 종전 County School)

지방교육청이 자체 재원〔주로 주민세(Council Tax)〕과 정부보조금으로 직접 운영하는 학교이다.

2. 기초학교(Foundation School, 종전 Granted Maintained School)

1988년 교육개혁법에 따라 해당 학교 학부모의 과반수 찬성에 지방교육청의 지도감독에서 벗어나 중앙정부의 직접적인 재정보조와 지도감독을 받는 학교이다. 학교운영위원회에서 예산편성 · 집행과 교직원 임용권 등을 행사할 수 있기 때문에 거의 독자적으로 운영되는 학교 형태다. 1999년 9월부터 폐지되고 기초학교로 바뀌면서, 중앙정부 직접 보조에서 지방교육청이 총괄하도록 하는 방식으로 전환되었다.

3. 정부보조 사립학교(Voluntary School)

주로 종교단체에서 운영하던 학교로, 재정적 어려움으로 폐교위기에 처하자, 1902년 교육법을 개정하여 원하는 학교에는 지방교육청에서 재정지원을 할 수 있도록 하였다. 정부보조금을 받는 조건으로 학교 운영에는 공립학교에 적용되는 규정이 상당 부분 적용된다. 여기에는 재정지원 형태에 따라 두 가지 형태의 학교가 있다.

(1) Voluntary-aided School: 소유권은 당초 소유자 단체(trust 또는 charity)에서 행사하며 운영은 단체에서 위촉한 재단운영위원(foundation governor)들이 할 수 있다. 지방교육청은 학교시설 관리비의 약 85%를 후에 보

조해준다.

(2) Voluntary-controlled School: 독자적인 운영이 매우 어려운 경우 지방교육청이 모든 비용을 지원하며, 학생 선발 등에 있어서 공립학교에 준하여 학교가 운영된다. 그러나 소유권은 여전히 단체에서 행사한다.

4. 시기술학교(CTC: City Technology Colleges)

1988년 교육개혁법에 의해 도입된 형태의 중등학교로 설립은 사업체 등 민간단체가 하고, 운영비는 지역교육청이 보조하되, 운영은 거의 독자적으로 운영할 수 있다. 학교운영위원은 해당 기업체와 산업계인사로 구성하되 지역사회인사와 전문가도 참여할 수 있다.

5. PRU(Pupil Referral Unit)

주로 의무교육단계에서 제적된 학생들을 수용하기 위하여 만든 공립형 대안학교이다. 학생들은 일정 기간 다니면서 적응 교육을 받으며, 학생의 적응 정도에 따라 일반학교로 전입 여부가 결정된다.

6. 사립학교(Independent School)

사립학교는 교육성에 등록을 해야 하며, 자선단체위원회(Charities Commission)에 가입한 등록한 단체(registered charity)여야 한다. 사립학교는 매년 자선단체위원회의 회계검사를 받아야 한다. 정부보조금을 받는 경우 다른 학교와 마찬가지로 교육기준청(Ofsted)의 장학지도를 받아야 한다. 사립학교가 부적절하게 운영되는 경우, 사립학교감독위원회(Independent Schools Tribunal)는 사립학교의 폐쇄 또는 사립학교 소유주를 경영에 참여하지 못하도록 명령할 수 있다.

중등교육을 마친 학생들은 중등교육 졸업시험을 보아야 하며, 5개 중등교육 졸업시험 과목에서 C등급 이상 성적을 받아야만 대학시험준비 과정에 진학할 수 있다. 〈표 Ⅲ-3〉과 같이 1996년의 경우 중등교육 졸업시험에서 C등급 이상 성적을 받은 과목이 5개 이상인 학생 비율은 46%이었지만, 정부의 지속적 노력으로 2006년에는 59%로 증가하였다.

〈표 Ⅲ-3〉 중등교육 졸업시험(GCSE) 합격자 현황

성적	1995/1996	2005-2006
5개의 A*-C 성적	46% (남 41%. 여 51%)	59% (남 54%, 여 64%)
1-4개의 A*-C 성적	26%	21%
D 이하 성적	28%	20%
학생 수	72만 3,000명	77만 4,000명

계속교육기관(FE College)의 종류는 다음 세 가지 형태가 있다. (1) 대학입학시험인 GCE-A 시험을 준비하는 대학준비 과정(sixth forms college), (2) 일반 계속교육기관으로 직업교육이나 중등교육 졸업시험 등 준비를 담당하는 기관, (3) 농업전문대(agricultural and horticultural college), 디자인전문대(art and design college), 해양전문대(the college of the sea)와 같은 특수전문대(specialist institution) 등이다. 일반대학은 87개의 종합대학과 48개의 단과대학(college of higher education)으로 구성된다. 상당수 대학은 계속교육기관 또는 일반 사설학원과 연계하여 학위 과정을 운영하기도 하며, 전문학사에 준하는 HND(Higher Education Diploma)나 HNC(Higher Education Certificate) 과정을 운영하기도 한다. 현재 영국 대학은 입학자격으로 2개 이상 GCE-A level 시험을 요구하고 있으며, 〈표 Ⅲ-4〉가 보여주는 바와 같이 1996년 GCE-A시험에서 합격률

이 30%이었지만 2006년에는 37%로 증가하였다.

〈표 Ⅲ-4〉 두 과목 이상 GCE-A 시험 합격자 현황

	1995/1996	2005/2006
두 과목 이상 GCE-A	30% (남 27%, 여 33%)	37% (남 33%, 여 42%)
학생 수	67만 2,000명	80만 7,000명

2) 교육행정조직

① 중앙정부의 교육행정조직

1944년 교육법(The Butler Act)에 의하여 교육성이 처음으로 신설되고, 1995년 교육성(DOE: Department of Education)과 노동성(ED: Employment Department)이 통합되어 교육고용성(DfEE: Department for Education and Employment)이 된다. 2001년 교육기술성(DfES: Department for Education and Skills)으로 명칭이 바뀌었다가, 2007년 초중등교육을 다루는 학생학교가족성(Department for Children, Schools and Families)과 고등교육기관을 다루는 혁신대학기술성(Department for Innovation, Universities and Skills)으로 분리된다. 보수당 정부하에 2010년 5월부터는 교육성(DfE: Department for Education)과 기업혁신기술성(DfBIS: Department for Business, Innovation and Skills)으로 각각 기능과 명칭이 변경된다. 교육성의 주요 업무는 국가 수준의 교육체제 확립, 교육정책 기획, 타 부처와의 협력 관련 업무 추진과 산하기관에 대한 재정지원이다.

중앙부처는 정무팀(M Team: The Ministerial Team)[3]과 이하 사무차관

3 교육성은 5명의 M팀(team)으로 구성되어 있다. 통상 장관은 "the Secretary", 정무차관은 "Minis-

(Permanent Secretary)의 실국체제로 운영된다. 대체로 국회와 언론관계를 담당하며 주요 정책을 결정하는 정무팀과, 정무팀을 지원하며 행정업무를 담당하는 사무차관체제로 구성된다. 정무팀은 주로 집권당의 하원의원 중에서 임명된다.

② 지방교육행정조직

지방교육행정은 지역교육청(LEA: Local Education Authority)에서 담당한다. 지방 단위의 교육정책은 대체로 지방의회(council) 소속의 교육위원회(education committee)에서 결정되며, 집행은 직업공무원으로 구성된 교육사무처(education department)에서 담당하는 체제이다. 일반적으로 지역교육청은 교육위원회와 교육사무처를 통칭하는 것이다. 영국은 일반자치와 교육자치가 분리되어 있지 않지만 지역교육청이 상당히 독자적인 자율권을 가지고 정책 결정과 업무를 집행한다는 의미에서 교육의 전문성이 인정된다. 잉글랜드에는 현재 108개 지역교육청이 있으며, 주요 업무는 학교배치 계획수립 및 학교설치, 학교운영위원 중 일부 임명, 중앙정부 보조금의 학교 배분과 학교업무 자문 및 감독 등이다.

③ 학교 및 학교운영위원회

학교에는 교장(headteacher), 교감, 학년주임(head of the year), 과주임(head of department), 수석교사(senior teacher), 교사, 보조교사(assistant teacher) 등과 행정직원이 교육과 행정업무를 담당하고 있다.

1980년 교육법은 「테일러보고서(Taylor Report)」(1977)의 건의에 따

---

ter"라고 부른다.

라 학교운영위원회(school council)[4]를 모든 학교에 의무적으로 설치하도록 하고, 위원은 학부모, 교사와 지역사회인사로 구성하도록 규정한다. 1986년 교육법은 학부모의 참여 비율을 좀 더 늘렸고, 1988년 교육법은 학교운영위원회에 학교 운영 전반에 대한 권한—학생 입학정책 결정, 학교예산 편성과 학교 교직원 임용 등—을 부여한다. 영국의 학교는 학교운영위원회에 대폭적인 학교 운영권을 위임하여 학교운영과 관련한 중요한 정책사항을 결정하고, 그 집행은 학교장에게 위임한다.

4 학교운영위원회에 관한 보다 구체적인 사항은 이 장 〈참고 2〉 학교운영위원회 참조.

〈참고 2〉 학교운영위원회(School Council)

1. 학교운영위원 자격

다음 중 하나에 해당하면 학교운영위원이 될 수 있다.

(1) 자녀가 학교에 다니는 학부모

(2) LEA가 추천하는 자(보통 지방위원이 위촉됨)

(3) 교장(원하는 경우에만 될 수 있으나, 대부분 참여함)

(4) 교사(교사에 의하여 선출되어야 하며 학교를 떠나면 자격상실함)

(5) 지역사회인사(co-opted governors)

(6) 재단추천위원(foundation governors, 해당되는 경우에만 적용)

2. 운영위원의 임기와 구성

임기는 4년으로 하되 일시 모두 교체되는 것을 막기 위하여 1기 위원의 약 50% 정도는 2년으로 하고 있다. 학부모위원은 자녀가 당해 학교를 졸업하더라도 그 자격을 계속 유지할 수 있으나, 교사의 경우는 학교를 옮기거나 떠나는 경우, 그 자격을 상실한다. 운영위원의 구성은 학교 규모에 따라 그 수를 달리하도록 법으로 규정하고 있다.

3. 학교운영위원회의 권한과 책임

(1) 이전에는 모든 재정관련 결정은 LEA가 하였으나, 1988년 교육개혁법 이후 모든 재정 관련 결정은 운영위원회에 위임하였다.

(2) 운영위원은 선량한 관리자로서의 의무를 다해야 한다.

(3) 법적으로 예산편성과 집행은 학교운영위원회의 권한이며 책임이다. 내부

적으로 교장이 편성하여 운영위의 심의를 얻고 위임을 받아 집행하더라도 모든 최종적 책임은 학교운영위원에게 있다.

(4) 모든 학교는 법적으로 합당한 방법에 의하여 자유롭게 수익사업을 하거나 기금을 모금할 수 있다.

(5) 매년 학교 발전 계획을 수립하여 학부모의 동의를 얻어야 한다. 계획에는 장기적 학교 발전 방향, 교육과정 운영과 평가 방법, 교원관리 및 교원연수 계획, 학교재정 운용계획 등이 포함되어야 한다.

④ 교육성 산하기관

영국의 경우 정부가 수행하는 기능을 담당하면서도 공무원으로 구성되지 않은 민간 형태의 정부조직이 있다. 이는 크게 NDPB(Non-Departmental Public Bodies)와 NMGD(Non-Ministerial Government Department)로 구분된다. 교육성(DfE)의 NDPB로는 자격교육과정개발원(QCDA: Qualification and Curriculum Development Agency), 교원개발원(TDA: Training and Development Agency)과 대학질관리청(QAA: Quality Assurance Authority for Higher Education) 등이 있고, NMGD로는 교육기준청(Ofsted: Office for Standards in Education)이 있다.

NDPB는 당해 NDPB 기관을 지휘 감독하는 상급기관(주로 장관)을 통해 재정보조를 받으며, 장관에 대해 책임을 지는 기관이다. 반면 NMGD는 재정지원을 의회로부터 직접 받으며, 회계결과에 대해 의회에 책임을 진다. 구성원은 수상의 추천에 의하여 여왕이 임명하므로 업무적으로는 수상에 대해 직접 책임을 지는 정부부서와 비슷하다. 또 업무 성격상 전문성과 독립성이 특히 요구되는 분야를 담당한다. 그러나 교육기준청은 교육성장관에게 업무결과를 보고하고 자문에 응하도록 하여 실제로는 교육성장관의 지휘를 받는다. 특히 교육성장관은 교육기준청으로 하여금 중앙정부가 추진하는 교육정책이 일선 지역교육청과 교육기관에서 효과적으로 추진되고 있는지 장학지도를 통하여 확인하고, 그 결과를 반영하도록 하고 있다.

3) 국가 교육과정

국가 교육과정은 영국 교육제도의 기본 틀이라고 할 수 있다. 영국은 1944년 교육법에 의거, 공립 교육기관은 광범위하고 균형잡힌 교육

(a broad and balanced education)을 하도록 되어 있으며, 1988년 교육개혁법을 통해 5-16세 학생에게 국가 교육과정에 의한 교육을 하도록 하고 있다.[5] 국가 교육과정은 KS(Key Stage) 1-4단계로 구분하여 운영되는데, KS 1단계는 초등학교 1-2학년, KS 2단계는 초등학교 3-6학년, KS 3단계는 중등학교 1-3학년, KS 4단계는 중등학교 4-5학년에 해당한다. KS 단계별로 교육과정상 도달해야 할 목표를 정하고, 각 KS 단계를 마칠 때마다 국가 수준의 평가를 시행한다.

① 국가 교육과정의 추진 목적

(1) 모든 학생이 의무교육기간 동안 광범위하고 균형 잡힌 교육을 받을 수 있도록 한다.

(2) 다양한 능력에 따라 학생이 성취해야 할 목표를 제시한다.

(3) 모든 학생에게 같은 교육과정이 적용되도록 한다.

(4) 각 단계별로 학생의 성취 정도를 확인하고, 학생의 성취도가 최대한으로 달성될 수 있도록 한다.

(5) 지역 간 이동이나 학교급 간 이동 시 학생의 교육과정 혼란이 최소화되도록 한다.

(6) 학교가 학생 개인이나 전체에 보다 책임 있는 교육을 해야 한다.

---

5 사립학교는 국가 교육과정에 따를 의무 없이 자율적으로 운영하며, 시기술학교(CTC)는 일정 범위 내에서 국가 교육과정을 준수해야 하나 상당한 자율권이 인정된다. 국공립학교와 정부재정지원을 받는 사립학교는 국가 교육과정에 따라야 한다. 과목별 시간배정과 학급편성, 학습자료의 선택 등은 교장이 결정할 수 있다. 단 외국어는 KS 3단계(7학년: 11세)부터 적용한다.

② 국가 교육과정 과목 편제

국가 교육과정상 과목은 핵심과목(core subject) 3개(영어, 수학, 과학)와 일반 과목 7개(기술, 역사, 지리, 음악, 미술, 외국어, 체육)의 10과목으로 구성되어 있다. 원래 5-16세의 학생은 모두 국가 교육과정을 이수하도록 되어 있으나, 국가 교육과정의 탄력적 운영 필요성이 제기되어 KS 4단계에서는 핵심과목 3개를 제외하고 다른 과목을 선택할 수 있다. 11-16세의 학생에게는 10과목 외에 종교교육과 성교육 과목을 필수로 가르쳐야 한다. 그러나 이 2과목은 국가 교육과정상의 과목은 아니다. 1998년부터 필수과목으로 "정보통신기술(Information & Communication Technology)"이 추가되어 핵심과목이 4개가 된다. 2000년부터는 새로운 교육과정이 적용되어 일반교과시간에 핵심능력(key skills 또는 foundation skills)[6]을 배울 수 있게 되었으며, 2002년부터 핵심능력의 자격 취득이 영국대학입학처(UCAS: Universities and Colleges Admission Service) 점수환산에 처음 반영된다.[7]

〈표 Ⅲ-5〉 국가 교육과정 편제: 주요 단계(KS) 1-3

핵심 교과 (Core Subjects)	기본 교과 (Foundation Subjects)	국가 교육과정상 과목은 아니나 반드시 가르쳐야 할 과목
영어 수학 과학 정보통신기술(1998년 부터) 웨일스 어(웨일스 지역)	기술(Design & Technology) 역사 지리 외국어 미술(Art) 음악 체육	종교교육 성교육

*외국어 과목은 초등학교에서는 의무과목이 아니며 중등단계부터 의무과목임.

6 "Core Skills" 또는 "Foundation Skills"라고도 부르며, 의사소통능력, 문제해결능력 등을 의미한다.
7 2007년 현재 UCAS에서는 핵심 기술(Foundation Skills)에 10점을 부여한다.

〈표 Ⅲ-6〉 국가 교육과정 편제: 주요 단계(KS) 4(2011년부터 적용)

핵심 교과(필수) (Core Subjects)	확장 핵심 교과(필수) (Extended Core)	국가 교육과정상 과목은 아니나 반드시 가르쳐야 할 과목
영어 수학 정보통신기술(다른 과목과 연계하여 운영 가능)	과학 기술 외국어	체육 종교교육 성교육

③ 국가 교육과정의 평가 방법

초중등교육은 4단계의 주요 단계(KS: Key Stage)로 나뉘며, 각 단계가 끝나는 학년마다 전국적 학력평가(SATs: Standard Assessment Tests)[8]를 실시하여 학생의 학업성취 수준을 점검한다. 특이한 것은 초등학교 단계부터 학급 내 수준별 수업을 실시하고, SATs는 절대평가 방식으로 학생에 따라 문제 수준을 다르게 출제한다는 점이다. 전체를 10등급으로 나누어 초중등교육의 달성목표를 제시하는데, 〈표 Ⅲ-7〉이 보여주듯 KS 1단계에서 학업성취가 높은 학생은 4수준까지 도달 가능하며, 이는 KS 4단계에서 학생이 도달해야 할 최저 수준인 "4"에 해당하는 수준이다.

현재 영국에서 전국적으로 실시되는 시험은 초등학교 입학 전 기초검사, KS 1(7세), KS 2(11세), KS 3(14세)의 전국표준화검사(SAT), 그리고 KS 4(16세)의 중등졸업 자격시험(GCSE)으로 구성된다. 평가의 주목적은 학생의 학습 목표 달성 정도, 학습 정도나 학생 개인적 학습 특징을 파악하여 교사에게 학생지도에 대한 정보를 제공하는 것이다. 또 학교 간 성취를 비교함에 있어 점수 자체보다는 학생의 학업성취에 기여한 학교의 기여 정도(value-added)를 비교해야 한다는 지적에

8 SATs는 국가교육과정평가(National Curriculum Tests)라고 부르기도 한다.

따라, 입학 당시 학생 학업 정도를 파악하여 공정하게 학교평가를 하려는 목적도 있다.

〈표 Ⅲ-7〉 국가 교육과정의 기본 체제: 주요 단계(KS), 학년, 도달 수준

<table>
<tr><th>주요 단계</th><th>학년</th><th>연령</th><th>도달 수준</th><th>학제</th></tr>
<tr><td rowspan="2">1</td><td>Y1</td><td>5-6</td><td rowspan="2">1-4</td><td rowspan="6">초등학교</td></tr>
<tr><td>Y2</td><td>6-7</td></tr>
<tr><td rowspan="4">2</td><td>Y3</td><td>7-8</td><td rowspan="4">2-6</td></tr>
<tr><td>Y4</td><td>8-9</td></tr>
<tr><td>Y5</td><td>9-10</td></tr>
<tr><td>Y6</td><td>10-11</td></tr>
<tr><td rowspan="3">3</td><td>Y7</td><td>11-12</td><td rowspan="3">3-8</td><td rowspan="5">중등학교</td></tr>
<tr><td>Y8</td><td>12-13</td></tr>
<tr><td>Y9</td><td>13-14</td></tr>
<tr><td rowspan="2">4</td><td>Y10</td><td>14-15</td><td rowspan="2">4-10
GCSE(A*-G)</td></tr>
<tr><td>Y11</td><td>15-16</td></tr>
</table>

〈표 Ⅲ-8〉 학생평가 종류와 평가 과목

평가 종류	평가 대상	평가 과목	평가 등급
기초(Baseline) 검사	5세	쓰기, 계산, 창의력	A-C
SAT	KS 1(7세)	읽기, 쓰기, 철자법, 수학	Level 1-4
SAT	KS 2(11세)	영어, 수학, 과학	Level 2-6
SAT	KS 3(14세)	영어 수학, 과학	Level 3-8
GCSE	KS 4(16세)		A*-G

*GCSE 과목은 미술(Art and Design), 생물, 상업(Business studies), 화학, 경제학, 영어, 외국어, 지리, 역사, 가정경제, 수학, 음악, 물리, 종교, 과학일반, 사회과학 등이 있으며, 일반직업기술자격 과정(GNVQ) 이수자는 Part One GNVQ나 GNVQ의 과목을 이수하면 됨.

〈참고 3〉 국가 교육과정 주요 개요

1. 국가 교육과정의 대상

의무교육연령 학생(5-16세) 중 정부가 지원하는 학교에 재학 중인 모든 학생

- 유치원, 초등학교 병설 유치원, 사립학교, 시기술학교(CTC: City Technology Colleges)는 적용 대상에서 제외되나 국가 교육과정에 따르는 것을 권장함.
- 특수교육 대상 등 교육부장관이 필요하다고 인정하는 경우, 적용이 일부 면제되거나 수정하여 적용될 수 있음.

2. 국가 교육과정의 목표와 원칙

(1) 목표

- 균형 잡힌 가치적, 정신적, 도덕적, 문화적, 신체적 발달 촉진
- 성인으로 살아가는 데 필요한 경험과 능력 배양

(2) 원칙

- 지식, 기술 및 경험에 있어 광범위한(broad) 접촉기회 제공
- 각 과목 균형적(balanced) 배치
- 학생 자신의 경험과 활용에 적합하고(relevant) 성인으로 성장하는 데 필요한 능력 배양(경험의 축적과 책임의식 함양 등에 적합해야 함)
- 학생들의 다양한(differentiated) 능력과 적성차 반영

3. 국가 교육과정의 과목 구성

- 핵심과목: 수학, 영어, 과학, 정보통신기술(1998년 추가)
- 기본과목: 역사, 지리, 기술, 음악, 미술, 체육, 외국어 (중등학교부터 적용)

*기본 교육과정(basic curriculum)은 국가 교육과정과 종교교육으로 구성. 후에 성교육 추가

4. 국가 교육과정의 시간 배정

1988년 교육개혁법은 각 과목에 적절한 시간(reasonable time)이 배정되어야 함만을 규정하고, 구체적인 사항은 지역교육청과 학교에 일임

5. 국가 교육과정 주요 구성 요소

(1) 도달목표(AT: Attainment Target): 각 단계에서 다양한 능력(different abilities and maturities)을 갖춘 학생이 도달해야 할 지식, 기능(skills)과 이해 수준

(2) 학습지도계획(programmes of study): 각 단계별로 학생의 능력에 따라 가르쳐야 할 내용, 기능과 학습 과정에 대한 구체적인 학습지도안

(3) 기대도달 수준(level): 각 도달목표는 10단계로 나뉘며 5-16세 공히 적용

(4) 단계(KS: Key Stage): 의무교육기간은 연령에 따라 4단계로 구분 · 적용

*KS 1(5-7세), KS 2(7-11세), KS 3(11- 14세), KS 4(14-16세)

4) 학생 진로 현황

전통적으로 영국에서는 고등교육에 대한 수요가 낮았다. 그 배경은 다음과 같다. 첫째, 일반적으로 근로자계층의 경우 교육에 대한 욕구가 낮았고, 둘째, 전통적인 엘리트 양성 방식으로 1960년대까지 약 15%만이 대학에 진학할 수 있었다. 고등직업교육을 받을 수 있는 계속교육기관도 거의 없어 고등교육에 대한 유인책이 없었다. 셋째, 중등 초기단계인 11세부터 진로를 선택하는 체제(11+ 시험 실시, 문법학교와 현대학교의 분리운영 등)[9]와 지나치게 세분화되고 심화된(overspecialized) GCE-A 시험은 학생의 학습의욕을 떨어뜨렸다. 넷째, 중등학교를 마치고 별다른 기술이 없어도 노동시장에서는 상당히 좋은 보수를 받으면서 바로 취업할 수 있어 비싼 기회비용을 치르면서 대학에 진학할 필요를 별로 느끼지 않았다. 또한 대체로 숙련노동자를 도제 방식으로 공급하던 산업계 풍토와 지나치게 세분화된 자격증체제로 인해 영국 노동시장에서는 자격증보다는 경력이 더 중시되었던 것도 주요 이유 중 하나였다.

그러나 2009년 현재 고등학생의 60% 정도가 대학(계속교육기관 포함)에 진학할 정도로 고등교육에 대한 수요가 급증하고 있다. 이러한 급속한 증가에 대한 원인을 전문가들은 다음 다섯 가지 측면에서 설명한다. 첫째, 60-70년대 이후 학교에 다닌 학부모들은 종합고등학교의 도입 등으로 교육이 확장되는 시기에 교육을 받았고, 고등교육을 받은 수도 증가하여 자녀교육에 대한 관심이 높다. 둘째, 1988년 종전

9 자세한 내용은 이 장 2-1) 발전 개요 참조.

이원화된 중등졸업 자격시험인 GCE O level 시험과 CSE 시험[10]을 폐지하고, 현재의 GCSE 시험을 도입하여 보다 많은 학생이 16세 이후 교육을 받을 수 있게 되었다. 셋째, 고등교육기관의 수용능력 확장 정책 때문이다. 특히 1992년 계속교육 및 고등교육에 관한 법(Further and Higher Education Act of 1992)에서 대학재정 지원 방식을 학생 수 중심으로 전환하여 각 대학은 더 많은 학생을 유치하려 노력했는데, 심지어 능력미달 학생까지 받아들인다는 비난도 있을 정도였다. 넷째, 우수한 인적 자원의 확보를 통한 국가경쟁력 제고라는 측면에서 정부가 국가교육목표를 설정하고 강력히 추진한다. 예를 들면, 2002년까지 해당 연령층의 50% 이상을 국가자격체제상의 level 4(전문대 수준 이상)로 하겠다는 것이다. 넷째, 영국 경제의 쇠퇴로 인해 직업교육 없이 졸업한 16세 이후의 청년에 대한 노동시장의 수요가 크게 줄고 있다. 이는 종전에는 대다수가 대학을 진학하지 않아 비진학자 중에도 상당히 우수한 자원이 있었으나, 이제는 대학진학이 일반화되면서 비진학자 중 우수한 자원이 부족한 상황과도 관련이 있다. 다섯째, 대학입학처(UCAS)의 대학선발점수 환산 방식(tariffs system)을 개선하여 핵심능력(key skills) 및 일반 직업기술자격의 취득자도 기존의 어려운 GCE A시험을 거치지 않고 일반교육 이수자와 동등하게 대학에 진학할 수 있게 되었다.

영국은 전통적으로 "세 가지 형태 교육체제(문법학교, 현대학교, 기술학교)"라고 하는 복선형 중등교육체제였으나, 기술학교의 부재로 체계적으로 직업교육을 실시하는 학교는 거의 없었다. 대부분 직업교육은

---

10 GCE-O level 시험은 주로 문법학교 학생 등 상위 20% 학생을 위한 시험이었고, CSE(Certificate of Secondary Education) 시험은 GCE-O level 시험을 보기 어려운 학생 대상으로 1965년 도입된다. 더 자세한 내용은 이 장 〈참고 4〉 영국의 학교 시험 제도 변천 개요 참조.

의무교육이 끝난 후 취업하여 산업계나 기업체의 훈련 과정(apprentice training 또는 on-the-job training)을 거쳐 자격을 취득하는 형태였다. 자격증은 1880년대에 설치된 런던시길드협회(the City and Guild of London Institute)와 왕립기술사회(RSA: Royal Society of Arts), 그리고 기술전문학교(Technical Colleges, 1890년대 설치)에 의하여 주로 발급되었으나, 체계적인 직업훈련체제나 전국적인 차원에서의 직업훈련 관리체제가 구축되어 있지는 않았다.

이에 1964년 산업훈련법(Industrial Training Act)에 의하여 훈련된 노동력을 적절히 공급하고 직업훈련의 효율성을 높이고자 산업훈련위원회(ITBs: Industrial Training Bodies)가 설치된다. 동 위원회는 훈련을 실시하지 않는 기업에 부담금을 부과하고, 훈련을 실시하는 기업에는 훈련보조금을 지급하는 동시에 훈련 관련 기준과 평가방법 등을 제시하였다. 그러나 영국에서 16-19세의 직업교육에 대한 실질적 관심은 1970년대 초 오일쇼크로 청년실업자가 크게 증가하면서 제기되기 시작한다. 정부는 청년실업자에 대한 직업교육으로 "Youth Opportunities Programme", "Youth Training Scheme", "Youth Training" 등 훈련 프로그램을 운영하였으나, 주로 산업체에서의 현장훈련(on-the-job training)이었고 정규 교육기관과는 거의 관계가 없었다.

1974년 상공교육위원회(BTEC: Business & Technician Education Council)를 설립하여 전문대학(FE college)과 종합전문대학(Polytechnics, 이 기관은 1992년 종합대학으로 승격)에 졸업증(BTEC diploma)과 수료증(certificate) 과정을 개설 · 운영하고, 일반직업 과정(CPVE: Certificate in Pre-vocational Education)을 운영한다. 또한 드빌(De Ville) 위원회의 「영국의 직업자격 제도 검토보고서(Review of Vocational Qualifications in England and Wales)」(1986)에서 지적한 바와 같이, 당시 영국의 직업교육 과정과

자격체제는 "자격증의 정글(jungle of courses and qualifications)"이라 할 정도로 매우 복잡하였다. 자격의 종류만도 3,000종이 넘었으며 250개가 넘는 자격평가기관이 있어, 심지어 같은 직종에 관한 자격도 관리 주체에 따라 훈련 과정과 평가방법이 달랐기 때문에 자격의 통용력이 매우 낮았다. 이는 영국에서 자격보다는 경력을 중시하는 풍토가 생겨난 동기이기도 하다.

국가경쟁력 강화를 위한 체계적인 직업교육체제, 통일된 자격체계의 구축 필요성이 계속 제기되자 1986년 국가직업자격증위원회(NCVQ: National Council for Vocational Qualification)를 설립하여 영국 직업자격을 국가직업자격증(NVQ: National Vocational Qualifications)체제로 단일화하고, 1992년에는 직업교육을 보다 일반화하기 위하여 일반직업자격증(GNVQ: General National Vocational Qualification)이라는 새로운 자격 제도를 도입한다. 일반직업자격증은 학교교육과 분리되어 있던 직업교육체제를 학교교육 내에 통합하고 자격체제 간 연계성(GCSE, GCE-A 시험, GNVQ와 NVQ 간 상호 호환성)을 확보하였다는 특징이 있다.

당초 일반직업자격증의 도입 목적은 직업교육을 학교 교육과정에 통합하여 직업교육을 활성화하려는 것이었으나 많은 학생이 어려운 GCE-A 시험을 거치지 않고도 대학에 진학할 수 있는 방안으로 악용하는 점이 지적되기도 한다. 그러나 지나치게 세분화되고 심화된(overspecialized) GCE-A 시험 대신 일반적 직업능력과 핵심능력에 중점을 두고 운영하여 학생들에게 보다 일반적이고 보편적인 직업교육을 제공함으로써 폭넓은 교육에 기여하고 노동력의 유연성 확보에도 도움을 준다는 것이 장점이다.

많은 경제학자는 1980년대 이후 지식 · 기술의 급격한 발전과 직업의 급격한 생성 · 소멸 및 분화로 노동시장의 유연성 확보가 매우 중요해짐에 따라 노동시장에서 세분화된 숙련공에 대한 수요는 감소하고 오히려 일반적이고 노동유연성이 높은 근로자에 대한 수요가 증가하고 있음을 지적하면서, 1985년 프랑스의 직업계열 바칼로레아(Baccalaurat professionnel) 도입, 1992년 영국의 일반 직업기술자격 도입이 직업교육과 일반교육을 통합하여 노동시장의 유연성 제고, 고등교육의 확장과 다양화에 크게 기여했다고 평가한다.

〈참고 4〉 영국의 학교 시험 제도 변천 개요

1. GCE O 레벨 시험(General Certificate of Education Ordinary Level)

1951년 도입되었으며, 상위 약 20% 학생들을 대상으로 중등 과정 수료 시(15-16세) 실시하였음. 1988년 GCSE시험으로 대체됨.

2. 중등졸업 자격시험(CSE: Certificate of Secondary Education)

GCE O 레벨 시험을 보기 어려운 학생들을 위하여 1965년 처음으로 실시되었고, 1988년 중등 자격시험(GCSE: General Certificate of Secondary Education)으로 대체됨. 15-16세 학생 중 상위 약 60%에 해당하는 학생들을 위한 시험임.

3. GCE A 레벨 시험(General Certificate of Education Advanced Level)

1951년 스코틀랜드를 제외한 잉글랜드, 웨일스, 북아일랜드에 도입. 가장 학업성취가 뛰어난 학생들을 대상으로 실시함. 보통 17-18세에 대학준비 과정(Sixth Form College)이나 계속교육기관(FE: Further Education)에서 3개 정도의 GCE A 과정을 마친 후 시험을 봄. 대학진학 자격시험으로 실시됨.

4. GCE 보완시험(GCE Advanced Supplement Level)

1987년에 도입되어 1989년에 처음 시험이 실시되었으며, GCE A시험이 지나치게 어렵고 세부화된 것을 보완하고자 도입됨. 교육과정을 좀 더 광범위하게(broadening the curriculum) 다루되, GCE A 시험의 1/2에 해당하는 것으로 간주됨.

5) 교육 품질관리 기관

① 교육기준청의 설치・운영

• 개요

영국에서 장학지도는 1839년 지금의 교육기준청의 전신인 HMI (Her Majesty's Inspectors of Schools)에 의하여 시작된다. HMI의 장학지도는 필요한 경우에 한하여 비정기적으로 수행되었고, 업무의 중심은 장학지도보다는 교육정책에 대한 자문으로 점차 이동한다. 1980년대 강력한 교육개혁 추진과 장학지도 강화, 그리고 학교별 장학지도 결과 추수지도에 대한 관심이 집중되었다. 교육 수준 제고를 위한 교육의 품질관리 차원에서 모든 학교에 대한 HMI의 주기적 장학지도의 필요성이 제기됨에 따라, 1992년 보수당 정부는 기존의 HMI를 개편하여 교육기준청(Ofsted: Office for Standards in Education)을 신설한다.

교육기준청은 정부재정지원(지역교육청 포함)을 받아 운영하는 유아원, 유치원, 초중등학교 등을 대상으로 4년마다 장학지도를 할 수 있었다. 그러나 모든 학교를 대상으로 한 1차 장학지도가 마무리되던 1996년, 학교장학지도법(SIA: School Inspection Act)을 제정하여 2차 장학지도부터는 6년 주기로 변경한다. 교육기준청의 지역적 업무영역은 잉글랜드에 한정된다. 웨일스에는 웨일스 장학지도관(Her majesty's Inspectors for Wales), 스코틀랜드에는 스코틀랜드 장학지도관(Her majesty's Inspectors in Scotland)이 있어 독자적인 방식으로 해당 지역의 별도 기관이 업무를 수행한다

교육기준청의 장학지도 업무는 교육질관리청장(HMCI: Her Majesty's Chief Inspector)이 직접 지휘감독하는 장학지도관(HMIs: Her Majesty' s Inspectors, 교육기준청 소속 직원임)과 교육기준청에 등록한 장학지도관[11]에 의하여 이루어진다. 등록한 장학지도관에 의한 장학지도는 대체로 유치원과 초중등학교를 대상으로 하며, 장학지도관은 지역교육청과 교원양성기관 등 규정에 의한 모든 학교와 교육행정기관을 대상으로 직접 장학지도를 할 수 있다.

• 교육기준청의 기능

(1) 초중등교육기관에 대한 장학지도

-유치원, 초중등학교 등에 대한 장학지도

-지역교육청(LEA)에 대한 장학지도

-교원양성과 연수기관에 대한 장학지도 등

(2) 장학지도결과에 따른 교육성장관에 대한 보고와 자문

-장학지도 대상학교가 제공하는 교육의 질

-장학지도 대상학교의 교육 성취 수준

-장학지도 대상학교가 제공하는 학생의 정신, 도덕, 사회성과 문화 분야(spiritual, moral, social and cultural development) 발달과 관련된 교육과정 운영

-학교재정의 효율적 활용 등

11 교육기준청에 등록 또는 신고한 장학지도관은 교육기준청의 소속 직원이 아니며 계약에 의하여 장학지도 업무를 수행한다. 이러한 장학지도관에는 3년마다 실적에 따라 재등록 갱신 여부가 교육기준청에 의해 결정되는 등록장학지도관(RgIs: Registered Inspectors), 교육기준청에 신고 후(enrolled) 활동하는 회원장학지도관(TMs: Team Member Inspectors), 비전문장학지도관(LIs: Lay Inspectors) 등 세 종류가 있다.

② 대학 교육의 질관리: 대학질관리청(QAA)

• 개요

영국에서 대학교육 품질관리를 체계적으로 시작한 것은 1980년대 말 대학이 연합하여 만든 대학평가연합체(AAU: Academic Audit Unit)가 설치되면서부터이다. 그러나 1997년 대학질관리청이 설치되기 전까지 대학교육의 품질관리는 대학평가연합체(AAU), 정부재정지원기관 고등교육재정지원협의회(HEFC: Higher Education Funding Council), 그리고 직업자격 전문기관(BTEC/Edexcel 등) 등 크게 3개 기관에 의한 방식이 혼재되어 있었다.[12]

특히 1990년대부터 대학교육의 급격한 팽창에 따라 대학교육의 품질관리에 대한 관심이 고조되기 시작하면서, 1997년 전국고등교육실태파악위원회(National Committee of Inquiry into Higher Education)의 「디어링 보고서」는 보다 체계적인 품질관리 정책을 위하여 기존의 품질관리 방식을 통합한 대학질관리청의 설치를 권고한다. 정부는 이 권고에 따라 1997년 대학질관리청을 설치한다. 대학질관리청이 설치된

---

12 당시 대학교육 품질관리의 세 가지 방식은 다음과 같다;

(1) 대학평가연합체(AAU)에 의한 평가: 1980년대 말 대학 자체의 품질관리체제를 점검하기 위하여 각 대학이 연합하여 설치한 대학평가연합체(AAU: Academic Audit Unit)가 있었고, AAU는 후에 품질관리를 제도화하기 위하여 법인 형태의 대학질관리위원회(HEQC: Higher Education Quality Council)로 발전한다.

(2) 고등교육재정지원협의회(HEFC)에 의한 평가: 1992년 계속교육 및 대학교육법은 학위수여심사협의회(Council for National Academic Awards)의 기능 중 교육의 품질평가 기능을 재정보조 기능과 연계시키기 위하여 고등교육재정지원협의회(HEFC: Higher Education Funding Council)에 이관한다.

(3) 자격관리 전문기관에 의한 평가: 영국에서 직업자격(의사, 기사, 변호사 등)은 전통적으로 자격 관련 전문기관에서 관리한다. 이들 전문기관은 자격과 관련한 교육과정을 심사하여 일정 기준을 충족한 경우 자격증을 수여하며, 이를 보통 인증(accreditation)이라고 한다. 전문자격 수준을 일정 이상 유지하기 위하여 자격과 관련한 교육과정이 충실히 제공 · 평가되는지의 확인에 중점을 둔다. 따라서 인증 과정에서 중점을 두는 것은 학생입학자격, 교수의 자격, 교육과정과 교수방법(delivery methods), 교육기자재와 학생평가 분야이다. 대체로 자격 관련 전문기관은 자체 평가요원을 확보(주로 외부 전문가 활용)하고 있으며, 직업전문자격을 다루는 BTEC/Edexcel 등도 비슷한 평가 방식을 채택하고 있다.

이후, 대학의 부담을 줄이기 위해 자격 관련 전문기관 평가 중 일부는 대학질관리청에 의한 평가에 통합된다. 다만 대학질관리청은 정부보조금을 받는 고등교육기관에 대한 품질관리를 담당한다. 따라서 정부보조를 받지 않는 민간 사립교육기관은 대학질관리청의 의무적인 품질관리 대상이 아니다. 이들 사립교육기관들은 자체 교육의 품질관리를 위하여 영국인증위원회(BAC: British Accreditation Council)을 설립한다. 영국인증위원회는 약 70명의 소속 전문가들이 5년 주기로 회원 사립학교(우리의 학원에 해당하는 경우가 대부분임)에 대한 평가를 실시한다. 영국인증위원회에서 관리하는 대상은 사립의 대학준비 과정(sixth form college)과 대학진학준비 학원(tutorial college), 직업교육기관, 기존의 대학과 연계하여 대학 과정을 운영하는 사립학교(주로 법과 경영) 등으로, 이들 학교에 재학하는 학생은 주로 외국인이다.

• 기능

영국에서 종합대학(university) 명칭을 사용하거나 학위(BA, MA, Ph.D 등)를 수여하기 위해서는 교육성이나 관계기관의 인가(authorization)를 받아야 한다. 학위수여기관이 되려면 교육의 질과 수준을 일정 기준 이상으로 유지할 수 있는 내부 품질관리 체제를 충실히 운영하고 있음을 증명해야 한다. 아울러 종합대학이라는 명칭을 사용하기 위해서는 학위 과정 운영실적과 연구능력을 추가로 증명해야 한다.[13]

대학질관리청은 이러한 대학인증(accreditation) 과정에 있어서 정부의 결정에 전문적인 자문을 한다. 대학질관리청의 주요 업무는 대학

13 현재 잉글랜드에는 135개의 고등교육기관이 있으며, 이 중 종합대학(University)은 87개이고 나머지 48개는 단과대학(College of Higher Education) 형태이다. 단과대학은 소규모이고 주로 학사(BA degree)나 전문학사(HND 또는 HNC) 과정을 운영한다.

의 교육능력을 평가하는 것이며, 다음 일곱 가지로 나누어볼 수 있다.

(1) 대학교육의 질과 수준이 지속적으로 유지 · 발전하도록 지원

(2) 학생과 산업체 등에 대학교육의 질과 수준에 대한 정확한 정보 제공

(3) 대학이 학위나 자격의 기준을 관리하고 개발하는 것을 지원

(4) 학위수여와 종합대학 명칭 사용인가에 대한 전문적 조언

(5) 과목별 교육 수준을 벤치마킹함에 있어 필요한 정보개발 촉진

(6) 우수 사례의 발굴과 실천방안 개발 · 보급

(7) 대학이나 교육과정 수준에서의 실적 평가방법 개발

평가는 학습기회의 질, 대학 전체의 교육 수준과 품질관리에 대하여 판정하는 것과 교수의 질(TQA: Teaching Quality Assessments)에 대한 등급을 정하는 것으로 구분된다. 대학의 전체적인 교육의 수준과 품질관리에 대한 기관평가 판정은 긴급시정(Essential), 개선권고(Advisable), 바람직(Desirable)의 세 가지로 나뉜다. 긴급시정은 교육의 수준과 질이 위험 수준에 있어 즉각적인 시정조치가 요구되는 경우이며, 개선권고는 교육의 수준과 질이 위험에 처할 가능성이 커 개선 노력이 요구되나 시급하지 않은 경우이다. 교육의 수준과 품질관리 향상 노력이 잘 추진되고 있는 경우 바람직함으로 판정한다. 긴급시정을 요구받은 경우, 보고서 발간 1년 후 대학질관리청은 대학에 그간의 시정조치와 결과를 보고하도록 할 수 있다.

과목 평가는 6개 항목별로 실시하며 교육의 목적과 목표, 학생의 학습경험과 성취 수준을 고려하여 등급 기준에 따라 결정한다. 등급은 1, 2, 3, 4(이를 보통 TQA 스코어라고 하며 대학순위 결정에 활용됨)로 나뉘며, 2급 이상은 기준을 충족하는(acceptable) 수준이나, 등급 1은 기준을

충족하지 못하는 경우이다. 최종 평가는 6개 항목 모두 2등급 이상을 받은 경우와 1개 이상에서 1등급을 받은 경우로 나누어 다음과 같이 판정한다.

(1) 6개 항목에서 모두 2등급 이상을 받은 경우

-2등급이 3개 이상 되는 경우 대학질관리청은 대학에 발전계획 제출을 요구할 수 있다.

(2) 6개 항목에서 1등급이 1개 이상 포함된 경우

-"1년 이내에 재평가를 받아야 함"으로 판정하며 그 판정은 보고서에 포함하여 공개한다.

-재평가에서도 1개 이상에서 1등급이 있는 경우 "불충족(unsatisfactory)"으로 판정하며 그 결과는 공개한다.

(3) 평가척도

-등급 1: 교육의 목적과 목표가 성취되지 못하고 있으며, 개선되어야 할 중요한 문제가 있는 경우

-등급 2: 교육의 목적과 목표를 달성하고는 있으나 상당한 개선노력이 요구되는 경우

-등급 3: 개선의 여지는 있으나 교육의 목적과 목표를 상당히 달성하고 있는 경우

-등급 4: 교육의 목적과 목표를 충분히 달성하고 있는 경우

2. 영국 교육제도의 발전

1) 발전 개요

의무교육 제도가 도입된 1870년까지 영국의 학교는 대부분 교회(Church of England)에 의하여 운영되는 라틴문법학교였고 그 수는 매우 제한적이었다. 라틴문법학교는 주로 목회자 양성과 귀족 자녀 교육을 위한 것으로, 라틴어와 그리스어 위주로 가르쳤다. 이탈리아의 볼로냐 대학에 이어 유럽에서 가장 오래된 옥스퍼드 대학이 1167년, 그리고 케임브리지 대학이 1229년에 각각 설립되어 고등교육은 상당히 일찍 시작되었다.

1870년대까지 교육은 대체로 개인적인 문제로 인식되어 부유층은 자녀를 등록금을 받는 학교에 보냈고, 그렇지 못한 아이들은 자선단체 등에서 무료로 제공하는 교육 또는 기술을 배우기 위한 도제교육을 받거나 공장에 나가 돈을 벌어야 했다. 1563년에는 도제교육법(Statute of Artificers and Apprentices)이 제정되어 7년간의 도제학습기간을 마치지 않으면 거래나 생산(trade and craft)에 종사할 수 없도록 규정한다. 그러나 18세기 산업혁명이 진행되면서 기업가들은 기업의 활동을 막는 도제교육법에 반발하기 시작했고, 1814년에 의무적인 도제교육 제도가 폐지된다.

산업혁명 당시인 1780년, 레이크스(Robert Raikes)는 글로스터(Gloucester)에서 일요학교운동(Sunday School Movement)을 주도한다. 그는 범죄나 잘못은 사후 치유보다는 교육을 통하여 예방할 수 있다고 믿고 감옥에 수감된 청소년들과 어린 나이에 공장에서 일하는 빈민계층 아이들에게 성경읽기를 가르쳤다. 일요일을 택한 이유는 공장에 다니는 학생들은 일요일에만 공부를 위한 시간을 낼 수 있었기 때문이다. 이 운동은 글로스터 전 지역에 확산되어 여러 일요학교가 운영되기 시작하고, 학생 수도 꾸준히 증가하여 1803년경에는 약 125만 명의 학생이 다닐 정도로 확산된다.

19세기 말까지 대학교수나 문법학교 교사들은 대부분 성직자였고, 부인들은 비형식적인 형태의 학교(dame school, charity school, informal village schools 등)에서 읽기, 쓰기와 셈하기의 3R(reading, writing and rithmetics)을 가르쳤다. 1840년 문법학교법(Grammar School Act)은 문법학교의 교육과정에 고전적 과목(classical studies) 외에 과학과 문학을 추가하였다.

1833년 의회는 저소득층 자녀교육을 위한 학교 설립에 필요한 재정을 지원하기로 결의한다. 1837년에는 랭카셔 공립학교연합회(Lancashire Public Schools' Association)가 맨체스터에서 결성되고, 지방세에 의하여 지원되는 종교와 분리된 교육을 주장한다. 학교는 주로 자선단체 또는 종교단체에 의하여 운영되었으며, 학부모 부담에 많이 의존하여 지역에 따라 교육기회의 차이가 컸다. 특히, 중등교육은 중산층 이상이 주류를 이루어 1938년 당시 중등학교에 재학 중인 13세 학생 중 노동자계층의 자녀는 매우 적었다. 1870년에는 교육이 제공되지 못하는 지역(주로 저소득층 밀집 지역)에 사립학교[14]를 세우는 경우 정부가 재정의 일부를 지원하는 법(Forster Elementary Education Act)이 제정되어 문법학교가 많이 세워지기 시작한다.

이러한 정부의 노력에 힘입어 1870년 초등교육법(Elementary Education Act, 일명 Forster's Education Act)이 제정된다. 초등교육법은 5세에서

---

14 재정지원은 학교이사회(boards)를 구성하는 것을 조건으로 하였다.

10세 사이의 아동은 학교에 의무적으로 출석해야 하는 규정(compulsory attendance)[15]을 제정하였다는 점에서 영국 교육사에 큰 획을 긋는다. 자녀의 학교 출석을 거부하는 학부모에게는 벌금을 부과할 수 있도록 했지만 잘 지켜지지 않았다. 생활이 어려운 부모들은 자녀들을 학교에 보내기보다는 돈을 벌도록 공장에 보내는 경우가 많았기 때문이다. 이를 효율적으로 막기 위하여 13세 이하의 어린이가 취업을 하고자 하는 경우 일정 수준의 교육을 받았음을 증명하는 증명서를 제시해야 하도록 규제하고, 이를 어기는 고용주에 벌칙을 부과하였다.

이후 영국은 1944년 교육법(The Education Act, 일명 Butler Act)에 의해 현대 교육체제의 기본적인 틀을 마련한다. 교육법은 중등교육을 문법학교(Grammar Schools), 현대학교(Modern Schools)와 기술학교(Technical Schools)의 세 가지 형태로 구분하는 소위 "세 가지 형태 진학 제도(Tripartite System)"를 도입하고,[16] 11세를 기준으로 초등교육과 중등교육을 구분하는 제도를 도입하면서 학교 재학연령을 15세까지 상향시킨다. 이에 따라 중등교육도 저소득층에 대한 재정지원과 함께 보편화되기 시작한다. 이렇게 중등교육을 세 가지 형태로 나눈 이유는 당시 산업기술의 급속한 발전에 따라 지식인의 양성은 물론 고급기술자와 일반기술자 양성 필요성이 높아졌기 때문이다. 또한 모든 학생들은 자신의 출신 배경과 관계없이 개인의 능력과 필요에 따라 적합

15 1893년 초등교육법에서는 출석의무연령을 11세로, 1899년에는 12세로 상향조정한다. 그리고 1918년 피셔 교육법(Fisher Education Act)은 이를 14세로 상향조정하고, 아울러 계속교육기관을 확장하여 14-18세 사이 청소년은 일정 시간(part-time) 의무적으로 교육을 받게 하였다. 1972년에 의무교육이 16세까지 연장된다.

16 세 가지 형태 진학 제도(Tripartite System)는 1944년 잉글랜드와 웨일스에 도입되어 1970년대 말 점차 폐지된다. 북아일랜드에는 1947년 도입되어 2009년까지 유지되었다. 그러나 문법학교는 일부 지역에서 아직도 유지되고 있으며, 2007년 현재 164개교에 15만 7,000여 명의 학생이 재학 중이다.

한 교육과정에서 교육을 받아야 한다는 견해도 강했다.

문법학교는 추상적 개념을 가르치는 학문탐구 교육과정(highly academic curriculum)으로 고전학, 문학과 수학 등을 가르쳤다. 기술학교는 과학자나 고급기술자를 양성하기 과정으로 기술과 과학과목 위주로 가르쳤다. 현대학교는 일반적인 기술과목(practical skills)을 가르치는 데 중점을 두었다. 초등학교와 중등학교의 분리에 따라 중등학교 진학을 위한 선발 제도가 도입된다. 통상 11+(Eleven Puls Examination) 시험이라고 하는데, 이는 초등학교를 졸업하는 연령이 11세로, 11세 이상 학생을 대상으로 한다는 의미이다. 11+ 시험은 일종의 지능검사로 크게 세 가지로 구성되는데, 첫째는 수학능력(mathematical ability), 둘째는 일반적 주제에 대한 논술(essay), 셋째는 일반적 사고능력(general reasoning)을 검사하는 방식이다. 우수한 학생을 선발하여 가르치던 문법학교는 11+ 시험 성적에 따라 학생을 선발하고, 문법학교를 마친 학생은 대학 입학 자격시험(GCE 시험)을 거쳐 대학에 진학한다. 11+ 시험에 합격하지 못한 학생은 현대학교나 기술학교에 진학하여 기술을 배우고 취업하는 직업교육 과정을 거치게 되었다.

세 가지 형태 진학 제도와 이에 따른 11+ 시험이 도입되었을 때 노동당은 학생의 재정능력이 아니라 학업능력에 따라 선발하는 이 제도가 계층이동을 촉진시켜 계층장벽을 허물 수 있는 최상의 제도라고 보고 적극적으로 지지했다. 그러나 곧 어려움에 직면하게 된다. 이 제도를 실시하기 위해서는 많은 학교를 설립해야 했으나 제2차 세계대전 전후의 재정적 어려움 등으로 1951년에야 실시되기 시작했고, 특히 기술학교 설립은 재정 부족과 유자격 교사의 부족으로 지지부진하여, 사실상 세 가지 형태 진학 제도는 문법학교와 현대학교의 이원체제로 운영된다. 1960년대 해당 연령 학생의 약 30%는 문법학교, 나머지 70% 정도 학생은 현대학교에 다녔다. 또한 학생의 능력에 따라 적합한 교육과정을 제공한다는 원래의 취지와 달리 문법학교와 현대학교 간의 불평등은 확산된다. 학생들은 문법학교를 선호하였으나, 문법학교는 학생 정원을 30% 정도 선에서 규제하면서 11+ 시험은 합격 또는 불합격(pass or fail) 시험으로 변질된다. 또 소수 엘리트 양성 방식으로 운영되면서 점수가 높아 문법학교에 진학하면 대학을 진학하여 성공적인 삶을 살 수 있었고, 점수가 낮아 떨어진 대다수 학생은 현대학교에 진학하여 대학진학은 거의 포기해야 하는 상황이 된다.[17] 한편으로는 일반지능(reasoning)검사 자체가 중산층 이상의 자녀에게 유리하다는 반론이 제기되면서, 11+ 시험은 1965년 노동당 정부 집권을 계기로 점차 축소되기 시작하고, 시험 없이 학생을 수용하는 종합학교 제도(Comprehensive System)[18]가 도입되면서 1976년 폐지된다.

세 가지 형태 진학 제도의 문제점은 1958년에 발간된 영(Michael Young)의 『실적주의의 부흥(The Rise of Meritocracy)』에서 잘 드러난다. 영은 세 가지 형태 진학 제도가 사회의 불평등을 더욱 지속시키는 방식이라고 비판하는데, 실제로 중산층 이상의 자녀들이 문법학교에 더 많이 진학하는 것으로 나타나면서, 불평등을 없애기 위해 모든 학생을 동일한 학교에 진학시켜야 한다는 주장이 등장하기 시작한다. 1958년 노동당 당수 가이츠켈(Hugh Gaitskell)은 모든 학생을 위한 문법학교(grammar school education for all)를 주장하면서 세 가지 형태 진학 제도의 폐지를 선언했다. 이러한 분위기 속에서 65개 지역교육청은 종합학교체제를

---

17 1960년대 초 일부 현대학교에서 학업성적이 우수한 학생의 대학진학을 돕기 위하여 대학 입학 자격시험인 GCE O Level(General Certificate of Education Ordinary Level) 준비 과정을 개설하기도 했지만 매우 제한적이었다.

18 이것은 우리나라의 중학교 및 고등학교 무시험 추첨배정과 비슷한 학생배정 방식이다. 그러나 지역에 따라 지금도 문법학교를 유지하는 지역에서는 시험을 통해 학생을 선발하기도 한다.

도입하고, 55개 지역교육청은 문법학교체제를 유지한다. 1964년 집권한 노동당은 세 가지 형태 진학 제도를 폐지하고 종합학교체제로 전환함을 선언하면서 이를 수용하지 않는 지역교육청은 재정지원 축소로 위협하였고, 1968년에는 교육법을 개정하여 종합학교체제로의 전환을 강화한다. 그 결과 1970년경 23개를 제외한 115개 지역교육청이 종합학교체제로 돌아섰다. 1976년 교육법이 성적에 의한 학생 선발을 금지하면서 세 가지 형태 진학 제도는 공식적으로 폐지된다.

그러나 문법학교가 완전히 사라진 것은 아니다. 보수당의 대처(Margaret Thatcher) 수상은 문법학교의 폐지 여부를 지역 주민들이 결정하도록 자율권을 부여하였고, 지금도 일부 지역에서는 정부의 세 가지 형태 진학 제도 폐지에 반대하면서 문법학교와 현대학교체제를 유지하고 있다. 2007년 현재 잉글랜드에는 164개의 문법학교가 있으며 약 14만 명의 학생이 재학 중이다. 또한 문법학교의 폐지는 사립학교의 발전을 촉진시키는 계기가 되기도 하였다. 정부지원에 의존하던 사립 문법학교는 정부지원 없이 학생 등록금만으로 운영하는 문법학교로 전환하면서 학생 선발 방식을 유지하였고, 문법학교를 지지하던 학부모들은 기꺼이 비싼 학비를 부담하면서 자녀를 사립 문법학교에 보냈다. 현재 10% 정도의 학생이 사립학교에 다니고 있다.

종합학교 제도의 실패 이후 영국 정부는 다양한 형태의 학교 운영 방식을 도입하면서 교육의 질을 높이려 하고 있다. 블레어 노동당 정부는 선도학교(beacon schools), 특성화 학교(specialist schools) 등을 추진하였고, 현재의 캐머런 보수당 정부는 자율학교(free schools, academies)[19]

19 아카데미(Academies)는 캐머런 보수당 정부에서 학교혁신방안으로 채택한 것이다. 정부가 재정을 지원하는 사립학교 형태로 정부의 각종 규제(교육과정, 교사자격, 보수체제 등)로부터 자유롭게 운영할 수 있는 자격을 부여하여 저소득층이 밀집한 지역에서 학생 수준에 적합한 특성화된 교

등의 새로운 학교 운영 방식을 시도하고 있다.

한편 북아일랜드에서는 2008년에 이르러서야 11+ 시험이 폐지된다. 1989년 학생 선발 지역제한을 철폐(open enrollment reform)하여 북아일랜드에 소재한 모든 문법학교는 수용 가능한 범위 내에서 학생을 최대한 입학시키도록 하였다. 1989년 이전에는 약 30%의 학생만 문법학교에 입학하였으나 11+ 시험 폐지 이후인 2008년경에는 약 42% 학생이 입학허가를 받았다. 2001년 「번즈보고서」는 11+ 시험의 폐지를 주장했으나 정치권에서는 찬반논쟁이 지속되었다.[20] 폐지론자들은 학생의 절반이 사교육을 받고 있으며, 많은 학생들이 스트레스에 시달리고 있음을 강조한 반면, 유지론자들은 잉글랜드 학생들에 비하여 학업성취 수준이 높고, 저소득층 자녀의 대학진학률이 41%로 영국 전체 평균 28%보다 높다는 이유로 폐지에 반대하였다. 2004년 국민투표에서 11+ 시험의 폐지를 55:44로 찬성하였으나, 학생 선발 제도의 폐지는 31:67로 반대하였다. 결과적으로 2008년 11+ 시험을 폐지하면서 학생의 진로결정을 14세 이후로 늦추는 절충안을 채택한다. 그러나 잉글랜드에서와 마찬가지로 일부 문법학교는 학생 선발 방식을 유지하고 있다.

육을 제공하도록 한다. 2010년 9월 현재 약 216개 학교, 특히 실패학교(failing schools)들이 아카데미로의 전환을 추진하고 있다. 자율학교(Free School)는 학부모, 대학, 자선단체, 기업체 등이 연합하여 학교를 세우고 정부규제로부터 자유롭게 운영할 수 있도록 하되, 저소득층 지역에 설립을 권장하며 교육기준청(Ofsted)의 장학지도와 국가시험결과에 따라 책임을 지도록 하여 학교의 혁신을 꾀하고자 하는 학교혁신방안이다.

20 보수당인 얼스터 연합당(Ulster Unionist)과 민주연합당(Democratic Unionist)은 유지를, 진보당인 신페인 당(Sinn Fein), 사회민주노동당(Social Democratic and Labour)은 폐지를 주장했다.

2) 1988년 교육개혁법: 국가 교육과정의 도입

영국은 1944년 교육법(The Butler Act)에 의해 현대 교육체제의 기본적인 틀을 마련한다.[21] 이후 많은 교육개혁 관련 보고서[22]와 교육관계법 제 · 개정[23]으로 영국 교육제도는 많은 변화와 발전을 겪는다. 특히 1988년 교육개혁법(Education Reform Act)은 영국 교육제도를 근본적으로 크게 변화시켰으며 현재의 교육개혁도 이 교육개혁법을 바탕으로 추진되고 있기 때문에 영국 교육개혁의 방향을 이해하기 위해서는 1988년 교육개혁법의 배경과 내용을 이해할 필요가 있다. 무엇보다 1988년 교육개혁법은 국가 교육과정(National Curriculum)을 도입했다는 점에서 큰 의미를 가진다.

① 추진 배경

영국이 엘리트 양성 위주의 교육 방식에서 보편화된 교육으로 전환하게 된 큰 계기는 1968년 교육법에 의한 종합학교(comprehensive school) 제도, 1986년 도입되어 1988년 제1차 시험이 실시된 중등졸업 자격시험(GCSE: General Certificate of Secondary Education), 그리고 1988년 도입된 국가 교육과정이다. 영국의 대학진학률이 1960년대 10%, 1980년

---

21 1944년 교육법의 주요 내용은 다음과 같다.
- 중앙교육 담당기관으로 교육성 신설
- 5-15세에 대한 무료 의무교육 실시 규정
- 학교의 지역사회 교육센터로서의 기능 중시
- 사립학교의 정부보조금 지원학교로의 전환 허용
- 종교교육 의무화
- 장애아 특수교육 실시
- 모든 지방교육청(LEA)에 업무책임자(교육청장) 임명

22 이 장 〈참고 5〉 영국 교육개혁 관련 보고서 주요 내용 참조.

23 이 장 〈참고 6〉 영국 교육관계법 변천 참조.

대에는 약 15% 정도에 불과하던 것이 현재 약 30%(계속교육기관으로 분류되는 전문대(Further Education College)는 제외)으로 급증하는 배경에는 대학진학에 대한 수요의 증가도 있지만 제도적으로 이를 지원하고 촉진하는 위 세 가지 제도 도입이 가장 큰 요인으로 작용한다.

1959년에 발표된 「크로우터(Crowther) 보고서」는 16-18세 학생 중 대학에 진학하지 못하는 70% 이상의 학생에 대한 교육이 방치되고 있음을 지적하면서, 학생을 능력에 관계없이 선발하는 종합학교 제도 도입과 대학진학 자격시험(GCE: General Certificate of Education)보다 한 단계 낮은 중등졸업 자격시험(CSE: Certificate of Secondary Education, 1965년부터 도입되어 시행되다 1988년 GCSE로 대체됨) 제도의 도입을 주장한다. 「크로우터 보고서」는 영국의 국가발전을 위하여 교육의 보편적 확대를 건의하였고, 이는 1965년 CSE 시험 제도 도입과 1968년 종합학교 제도 도입에 반영된다.

당시 사회적으로도 교육개혁에 대한 욕구가 강하게 일기 시작했다. 1972년 오일쇼크 이후 중등학교를 졸업하는 청소년의 기본능력 부족이 급증하는 청소년 실업문제로 이어지면서 교육의 제도적인 측면뿐 아니라 교육의 내용까지 개선하라는 요구가 증가하기 시작한다. 통일되지 못한 교과과정도 문제였다. 영국은 전통적으로 교실 내에서 가르치는 내용이 거의 전적으로 학교의 재량이었다. 어떤 과목을 어떻게 가르칠 것인가는 전적으로 학교와 교사가 결정하는 일종의 "비밀정원(secret garden)"인 셈이었다. 따라서 교육의 내용과 질은 지역과 학교에 따라 상이할 수밖에 없었고 다른 학교로 전학하는 경우에는 학교마다 다른 교육내용과 방식으로 인해 많은 혼란을 겪어야 했다.

1970년대 영국 교육은 그간의 몇 가지 주요한 교육제도의 개선에도 불구하고 교육내용에 있어서는 개선의 영향이 미치지 못하고 있었다. 교육제도의 외형은 21세기를 대비한 모습으로 점차 변화하고 있었으나 학교 내 교육 방식이나 내용은 교육전문가의 영역이라는 미명하에 여전히 과거의 타습에 젖어 있었다. 결국 영국 교육의 문제는 1976년 당시 노동당 수상이던 캘러헌(James Callaghan)이 옥스퍼드 러스킨 칼리지(Oxford Ruskin College)에서 제기한 바와 같이, 교육내용의 계속성과 연계성 부족, 교사의 부적절한 교수법과 학교 간 격차, 그리고 교육내용에 있어서 국가의 결정권 부재 등이었다. 1987년 보수당은 총선 선거공약으로 국가 교육과정 제정을 내세웠고, 총선 승리 후 1988년 교육개혁법에 국가 교육과정을 도입한다.

국가 교육과정의 도입으로 영국의 교육제도는 외형적으로 교육의 보편화는 물론, 내적으로 교육내용과 질의 보편적 향상을 기대할 수 있게 되었다. 국가 교육과정의 주요 골자는 국가 교육과정의 도입과 시행을 위한 국가교육과정위원회(NCC: National Curriculum Council) 등의 기구 설치, 필수과목 및 기본과목 지정과 각 단계별 성취 수준(attainment target) 제시 등이다. 영국 정부는 국가 교육과정을 계속 발전시키고 있다.

〈영국 교육의 문제점에 대한 캘러헌의 주요 지적〉

- 낮은 교육 수준: 과거의 일반 교육 수준으로는 현대의 급변하는 사회에서 살아갈 수 없다.
- 기본 교육과정 부재: 유아교육부터 성인교육에 이르기까지 정부가 교육에 있어 해야 할 일은 사회를 살아가는 데 필요한 능력을 최대한으로 키워주는 것이다. 이를 위하여 공통적 · 필수적으로 요구되는 것이 있는데, 기본적인 문해 · 수리능력, 일하는 능력과 건전한 시민으로 살아가는 능력, 그리고 자신과 타인에 대한 존중 등을 배우게 하는 것이다.

• 산업사회 수요에의 무감각: 산업계는 학교가 학생에게 취업 후 일하는 데 필요한 기본적 능력도 제대로 가르치지 못하고 있다고 지적한다.

• 비교육전문가의 교육정책 결정 참여 필요: 교육이 교육 전문 집단의 이해에 의해 좌우되고 있다. 교육전문가뿐 아니라 학부모, 산업계 등이 교육의 발전과 수준 향상을 위하여 함께 노력해야 한다.

② 추진 과정

캘러헌 수상의 옥스퍼드 연설은 "대논쟁(Great Debate)"을 야기한다. 그의 지적이 바로 교육정책으로 연결되지는 않았으나 후에 보수당의 교육개혁에 반영되어 추진되었고, 특히 그가 강조한 기본 교육과정(basic curriculum)은 국가 교육과정으로 추진되었다.

1979년 보수당이 총선 승리로 집권하고 1981년 교육부장관으로 조셉(Keith Joseph)이 취임한다. 그는 교육발전에 있어 학부모 선택권의 보장이 핵심이라 보고, 한때 학교 바우처 제도(school voucher)의 도입을 추진하다 반발에 부딪혀 중단한다. 후에 보조금지원 제도(Assisted Place System)[24]라는 우회적 방식으로 학부모선택권의 확대를 추진하는 한편, 전면적인 국가 교육과정 도입보다는 기존 중등교육 졸업시험 관리위원회(GCSE Examination Board)의 주요 과목 시험출제 개요(syllabus)에 전국적인 기준(national criteria)을 수용하도록 유도하는 선에서 중등학교에 대한 교육과정의 개선을 추진한다. 1983년에는 직업교육강화계획(TVEI: Technical and Vocational Education Initiative)을 발표하여 14-18세의 학생은 학업성적이나 남녀에 관계없이 일반적인 직업교육을 받을 수

24 저소득층 자녀 중 성취 수준이 우수한 경우 정부보조금으로 사립학교에 다닐 수 있도록 한 제도였으나 블레어 정부는 이 제도를 폐지함.

있도록 한다.

1985년 보수당 정부는 "더 좋은 학교를 위하여(Better Schools)"라는 교육백서를 발표한다. 이 백서는 1988년 교육개혁법에 의한 국가 교육과정의 도입에 많은 영향을 주었다. 교육과정 관련 문제점에 대한 상세한 지적, 학교 교육과정의 방향, 목적과 내용에 대한 일반적인 원칙 제시 등이 그것이다. 동 백서가 제시한 교육과정 전반에 대한 기본원칙은 아래와 같으며, 1986년 교육법 제정 시 반영되어 교육과정의 운영책임을 지역교육청(LEA), 학교운영위원회와 학교장에게 위임하면서 교육과정의 범위와 균형을 고려하여 운영하도록 한다. 그 결과 1988년 국가 교육과정이 도입될 때에는 이미 상당수 학교가 국가 교육과정에 적합한 형태로 운영되고 있어 큰 혼란 없이 적용할 수 있었다.

〈1985년 교육백서(Better Schools) 주요 원칙〉

- 학생들에게 지식, 기술 및 경험에 있어 광범위한(broad) 접촉 기회가 주어야 함.
- 교육과정은 주요 과목을 강조하면서도 각 과목을 균형 있게(balanced) 가르쳐야 함.
- 교육과정은 학생 자신의 경험과 활용에 적합하고(relevant) 성인으로 생활하는 데에도 적합해야 함.
- 교육과정은 학생들의 다양한(differentiated) 능력과 적성을 반영해야 함.

〈교육백서에서 지적한 영국 교육의 문제점〉

- 교육 수준이 21세기를 대비하기에 적합하지 못함.
- 국가 수준의 의무 교육과정으로 보기에는 학교 간 교육내용과 질의 차이가 너무 큼.

- 초중등학교의 약 3/4가 교육과정의 기획과 운영에 취약함.
- 중등학교의 교육과정 운영에 있어 같은 학교 내에서도 학과별로 다른 사례가 많음.
- 주로 초등학교의 교육과정 운영에 있어 과학적, 심미적 분야에 대한 학습 기회가 제대로 주어지지 않음.
- 초등학교 학급의 1/2 정도는 토론 기회나 스스로 문제를 풀어볼 기회가 주어지지 않고 교사의 일방적 수업으로 운영되고 있음.
- 중등학교에서는 과도한 학습과제로 인해 토론하거나 학생 스스로 자신의 생각을 계발할 기회가 주어지지 않고 있음.
- 많은 교사가 학생의 잠재능력과 학습욕구 등에 편견을 가지고 있음.
- 대부분 초중등학교는 학생의 학업성취를 정형화된 형태로 평가하거나 기록하지 않아 학생 진로지도가 제대로 이루어지지 않음.

③ 주요 내용

1988년 교육개혁법의 주요 내용은 국가 교육과정 도입, 학교운영위원회 제도 도입, 학교선택권 부여, 중앙정부 보조금학교(GM Schools: Grant-Maintained Schools) 제도 도입 등을 통한 학교교육의 효과성(School Effectiveness) 제고이다.

국가 교육과정을 도입하면서 7세, 11세, 14세와 16세에 대한 성취목표 수준(attainment targets)을 제시하고 전국적 단위의 평가를 받아야 함을 규정하고, 국가 교육과정의 실행과 평가 과정을 감독하기 위한 국가교육과정위원회(National Curriculum Council)를 설치한다. 그리고 국가 교육과정은 공립학교와 정부보조를 받는 사립학교에 모두 적용하고, 정부보조를 받지 않는 사립학교만 적용 대상에서 제외한다.

단위학교의 자율권을 대폭 확대하고자 학교자치제(LMS: Local

Management of Schools)를 도입하고, 아울러 학교 운영에 학부모 참여를 촉진하고자 학교운영위원회(school council) 제도를 도입한다. 또 학부모에게 학교선택권을 부여하기 위하여 학교의 신입생모집 시 지역 단위(school catch-area)를 폐지하고 주거 지역에 관계없이 지원할 수 있도록 하며(open enrollment), 이와 연계하여 학교에 대한 재정보조도 학생 수를 기준으로 삼아 학부모가 많이 선택하는 학교일수록 재정지원이 많이 이뤄지도록 하여 학교 간 경쟁을 촉진하였다.

또한 중앙정부 보조금학교 제도를 도입하여 학교의 자율적 운영을 강화한다. 영국은 지방자치의 역사가 길고, 교육과 일반자치가 분리되어 있지 않아 중앙정부와 지방정부 간 갈등이 있었다. 예를 들어 보수당 대처 정부가 학부모 학교선택권을 부여하여 학교 간 경쟁을 촉진하고자 해도, 노동당이 집권하고 있는 지방정부가 이를 수용하지 않고 기존 방식을 고수하는 경우이다. 바로 이러한 문제를 극복하기 위해 중앙정부 보조금학교가 도입된 것이다. 학교의 학부모가 투표 등으로 중앙정부 보조금학교 방식을 찬성하는 경우(이를 opt-out이라고 함), 학교는 지방교육청의 감독을 받지 않고 중앙정부로부터 직접 재정지원을 받아 독자적으로 학교를 운영할 수 있도록 하여 교육의 효율성을 높이려는 제도이다.[25]

그 외 산업기술대학(polytechnics)과 일부 계속교육기관을 지방교육청의 관할에서 독립시켜 자체 운영위원회(board of governors)의 책임하에 운영되는 독립법인격(free-standing statutory corporation)을 부여함으로써 자율경영을 통한 학교 간 경쟁을 촉진한다. 이를 효율적으로 관리하고 지원하기 위하여 고등교육기관에 대한 재정지원기관을 설치하

25 중앙정부 보조금학교(GM school) 제도는 노동당이 집권한 1996년 폐지된다.

고 독립적 권한과 재정지원에 따른 조건의 이행사항을 점검 · 확인할 수 있는 권한을 부여한다.[26]

3) 영국 교육개혁의 기본 방향

영국 교육개혁의 기본 방향은 교육의 수준제고와 질의 향상을 위하여 학교 간 경쟁과 학부모의 적극적인 참여와 관심이 필요하다고 보고, 학부모에게 학교선택권을 부여하여 교육에 경쟁문화를 도입하는 것이다. 이를 보다 효과적으로 지원하고 여건을 조성하기 위하여 학교에는 자율적 운영권을 부여하고, 학부모에게 학교에 대한 충분한 정보를 제공할 수 있는 제도정비에 힘을 쏟았다.

학교운영위원회를 중심으로 학교를 자율적으로 운영할 수 있도록 학교자치제(LMS: Local Management of School)를 도입하고, 전국 단위의 학교별 학생평가를 실시하여 매년 학교별 순위(소위 "league table"이라고 함)를 학부모에게 공개한다. 또 학교가 학부모에게 매년 학교운영계획과 그 결과를 알리도록 의무화한다. 아울러 시민헌장[27]을 통해 학부모의 알권리와 학교선택권을 보장한다.

이러한 교육개혁을 보다 효과적으로 추진할 수 있도록 교육기준청(Ofsted)은 학교에 대한 주기적인 장학지도를 실시하고, 국가 교육과정에 의한 5세(baseline test), 7세, 11세, 14세, 16세 대상의 전국적인

---

26 대학재정지원을 관리하는 기관으로 대학재정보조위원회(UGC: University Grants Committee)를 설치하고, 계속교육기관(FE College)에 대한 재정지원을 관리하는 기관으로 계속교육기관재정위원회(PCFC: Polytechnics and Colleges Funding Counil)를 설치한다. 후에 UFC는 HEFC(Higher Education Funding Council)로, PCFC는 FEFC(Further Education Funding Council)로 각각 명칭이 변경된다.

27 시민헌장(the Citizen's Charter)은 1991년 7월 제정된 것으로 시민에게 알 권리를 주어 각종 행정서비스를 개선하고자 도입하였으며, 여기에 학부모헌장이 포함된다.

학력평가를 시행하며, 학교별 성취결과를 학부모에게 공개한다. 특히 장학지도는 학교의 자체적인 발전계획 수립과 품질관리체제를 중점으로 평가하여 학교 내에서 학교 발전에 대한 공감대와 협력 분위기가 형성되도록 한다. 교육의 최종 결과는 교원의 능력에 달려 있기 때문에 정부는 우수교원 양성과 확보에 많은 노력을 기울였고, 교장의 리더십을 강화하기 위한 국가 수준의 교장자격 제도(NPQH: National Professional Qualification for Headship)를 2002년부터 도입하는 내용도 포함한다.

또 개혁의 방향을 효과적으로 지원 · 관리하기 위하여 관련 기관을 통합하거나 신설한다. 1997년 자격교육과정원(QCA)을 신설함으로써 교육과 직업훈련의 연계를 보다 강화한다. 1992년 교육기준청을 신설하여 학교에 대한 장학지도를 강화하고, 1994년에는 교원양성원(TTA: Teacher Training Agency)을 신설하여 교원의 능력개발 지원업무는 물론, 교원의 수업활동에 대한 정보제공과 조언, 교원양성과 연수기관에 대한 재정지원을 수행한다.

1998년 노동당 정부는 기초학력을 향상시켜 각종 교육문제(예를 들어, 높은 무단결석률과 제적률, 지역 간 계층 간 학력격차 등)를 해결하기로 한다. 수리(Numeracy) 및 문해(Literacy)능력 향상을 위한 수리, 문해정책을 강력히 추진하는 동시에, 학교의 효과성(school effectiveness)을 높여 교육의 수준과 질을 향상시키는 교실변화에 중점을 둔 교육개혁에 박차를 가하고 있다. 2000년부터는 일반교원협의회(GTC: General Teachers Council)를 설치하여 교실변화의 핵심인 교원의 지위를 향상시키고 전문적 윤리를 강화하였다.

4) 21세기 학습의욕 고취방안

당시 교육고용성장관이었던 블런캣(David Blunkett)은 2000년 1월 학교 운영 방식을 획기적으로 전환하는 방안을 포함한 "21세기 학습의욕 고취방안"을 발표한다. 당시 공립학교 운영시간은 대체로 9:00-15:00였다. 정부개혁안은 오전 8시경 시작하여 오후 10시까지 운영하는 것이며, 여름방학 중에는 학습부진아에 대한 보충수업을 제공하여 학생의 학습성취도를 획기적으로 높이겠다는 방침이다.

이 방안의 기본 방향은 교육 방식을 보다 탄력성 있게 운영하여 학생의 필요와 수요를 적극 반영하는 방향으로 전환한다는 것이다. 이제 교육 방식이 학생 개인별 적성과 능력을 고려하여 작성된 맞춤형 학습지도계획(tailor-made learning programme)에 따라 이루어져야 하며 학생은 필요한 경우 둘 이상의 학교에 등록하여 학습을 받을 수 있도록 해야 한다고 주장한다. 또 학생 개개인마다 개인 지도교사가 배정되어 개인별 학습목표를 설정하고 이를 달성하도록 지도하게 하였다.

연장된 학교 운영 시간은 우수한 학생에게는 심화학습을 제공하고, 학습이 부진한 학생에게는 보충수업을 제공하는 한편 다양한 과목을 학습할 기회와 특별활동의 기회를 제공하여 학생들의 잠재능력을 최대한 계발하는 것을 목표로 하였다. 수업지도 방식도 21세기에 적합한 방식으로 바뀌어야 함을 강조한다. 소그룹지도, 개인별 학습지도와 탐구 중심 학습, 그리고 컴퓨터를 활용한 학습으로 전환되어야 하며, 교사는 수업을 보다 효과적이고 흥미있게(interesting) 진행하여야 한다. 이를 위하여 교사 재교육을 강화한다.

학생의 의무교육단계가 현재의 16세에서 19세까지 연장되고, 등하교 시간이 대학생처럼 학생의 개인별 시간표에 따라 달라지는 등하교

시차제(staggered school days) 도입방안도 포함된다. 영재아와 학습부진아를 위한 여름학교 운영이 적극 권장되고, 현재 초등학교에 도입 · 시행되고 있는 수리 · 문해수업이 중등단계(11-14세: 7-10학년)에도 도입된다.

1998년부터 초등학교에 도입된 수리 · 문해수업을 매일 각 1시간 이상 하도록 한 결과 학생들의 기초수업능력이 상당히 향상된 것으로 나타나, 결과에 고무된 영국 정부는 이를 중등단계까지 확대한다. 초등학교를 졸업할 때 국가 교육과정의 "수준 4(Level 4)"에 도달하는 것이 목표이나 많은 학생이 이에 미달하여 학습부진아에 대한 보충수업으로 1997년부터 여름학교를 운영하도록 권장한다. 97년 50개이던 여름학교가 2000년에는 약 2,300개(전체 학교의 약 60%)로 늘어나는데, 특히 학습미달인 채 중등학교에 진학한 학생의 경우 7학년 여름방학기간 중 영어, 수학, 과학과목에 대한 집중지도로 학습 차를 줄인다는 목표로 추진한다.

개혁안의 주요 골자는 다음과 같다.

- 19세까지 교육기간 연장: 19세까지 학생들은 학교에서든 직장에서 직업교육을 받든 교육을 받음.
- 교육과정 선택 확대: 학생은 자신이 원하는 과정을 배우기 위해 2개 이상의 학교에 등록할 수 있음.
- 맞춤교육 실시: 학생 개개인의 필요를 반영한 개인별 학습지도계획을 수립하고 그에 따라 교육함.
- 학생별 지도교사 배정: 학생의 학습을 지도하고 격려하고 조언하는 지도교사를 학생개인별로 배정함.
- 지역별 학습센터(City Learning Centers) 운영: 인터넷으로 각급 학교를

연계시키며 지역학습센터가 교수학습의 중심이 되도록 함.

- 등하교시차제 운영: 학생별 등하교시간을 탄력 있게 운영함.
- 영재 및 특수교육 강화: 방과 후 수업을 활성화하여 영재교육 및 특수아에 대한 특수교육을 강화함.
- 중등 과정에 수리 · 문해교육 강화: 중등학생(11-14세: 7-10학년)의 기초학업능력 향상을 위하여 중등 과정에 수리 · 문해교육계획을 도입 · 실시함.
- 개인별 학업목표 설정: 중등학생부터 개인별 학업목표를 설정하여 성취하도록 유도함.
- 학교별 학업성취 향상: 영어, 수학, 과학에 대한 평가에서 가능한 많은 학생이 목표 수준을 달성하도록 학교별 목표를 설정하고, 이를 성취하도록 유도함.
- 중등학생의 학업성취 향상: 7학년 말에 영어와 수학 평가를 실시하여 학생의 학업성취 정도를 평가하고, 기준에 미달인 학생에 대한 별도의 집중지도를 실시함.
- 5세아에 대한 형성평가 실시: 초등학교 1학년 신입생에 대하여 형성평가를 실시하여 학생들의 지도와 학교평가에 활용함.
- 학습부진아를 위한 여름학교 운영: 국가 교육과정상의 목표를 달성하지 못하고 중등학교에 진학한 학생들을 위하여 여름학교를 운영함으로써 학습격차를 최소화하고, 이들의 학습속도를 향상시킴.

영국이 도입한 이러한 방안은 미국, 프랑스, 독일 등에서 시범적 또는 부분적으로 시도되고 있는 방안이다. 이미 프랑스, 독일, 스페인, 벨기에와 미국 등의 국가는 대체로 학교수업을 오전 8시에 시작한다. 또 토요일에 수업하는 학교도 늘어나고 있다. 최근 많은 국가가 학생 개인의 적성과 능력을 반영하는 소위 "맞춤교육(tailer-made)" 쪽으로 교육과정 방향을 전환하고 있다. 미국의 소위 "차터 스쿨(Charter School)"은 이러한 방향전환을 반영한다. 학교교육도 학교 내에서의 형식교육(formal education)에서 벗어나 사회의 다양한 교육단체나 기관 등 소위 비형식교육(non-formal education)을 포괄해야 한다.

이제 교육은 언제, 어디서나 이루어져야 하며, 평생교육 차원에서 누구나 원하면 쉽게 교육을 받을 수 있어야 한다. 따라서 교육과정과 그 운영 방식, 그리고 교육제도와 그 운영 방식은 이러한 추세를 반영하는 방향으로 바뀌어야 한다. 이것이 선진 각국이 추진하는 교육개혁의 방향이다. 최근 급속히 발전하고 있는 정보통신기술은 이러한 추세를 더욱 가속화하고 있다. 교육 프로그램도 학습자와 교습자 쌍방향(interactive)으로 이루어지는 방향으로 바뀌기 시작한다.

5) 기타 교육개혁

① 교육과정 운영 관련 교육개혁 주요 내용

• **특성화학교**(Specialist School)

특성화학교는 중등학교에 주로 해당되며 기술, 외국어, 체육과 미술 등 네 분야로 나뉘어 해당 분야에 적성이나 관심이 있는 학생을 대상으로 7학년(중학교 1학년)부터 강화된 교육을 시키고 있다. 특성화학교가 되려면 지역사회로부터 10만 파운드의 기금을 조성해야 하며, 정부는 10만 파운드의 대응기금(matching fund)을 제공하고 매년 학생 1인당 100파운드를 추가로 지원한다. 1998년 영국에는 기술 분야 227개, 외국어 분야 58개, 체육 분야 26개, 미술 분야 19개 등 227개의 특성화학교가 있었으며, 2001년까지 500개로 증가하였다.

• 선도학교(Beacon School)

우수한 학교 중에서 선정하여 인근 학교에 우수 교수법 보급이나 정보교환, 상담 등을 선도적으로 추진하는 시범학교 형태이다. 1999년 약 250개교가 선도학교로 지정되었으며 2002년까지 1,000개교로 증가하였다.

• 수리/문해교육 강화(Numeracy and Literacy)

학생의 성취 정도는 수리/문해능력에 달려 있다는 많은 연구결과에 따라 보수당 정부가 NNP(National Numeracy Project), NLP(National Literacy Project)라는 명칭으로 실시하던 사업을 블레어 노동당 정부가 NNS(National Numeracy Strategy), NLS(National Literacy Strategy)라는 명칭으로 대체하여 1998년 신학기부터 보다 많은 투자와 강화된 지침을 더해 강력하게 실시한다. 2002년까지 11세 학생의 80%, 75%가 영어와 수학에서 각각 Level 4 수준에 도달하도록 하겠다는 노동당의 총선공약을 달성하기 위한 가장 효과적인 정책수단으로 추진된다. 강화된 지침의 주요 내용은 첫째, NNS와 NLS에 매일 각각 1시간 이상 수업을 실시해야 한다. 이를 위하여 국가 교육과정의 기본과목 지정을 폐지한다. 둘째, 수업 방식은 일제수업(whole-class teaching) 80%와 집단별 지도(group teaching) 20%로 한다는 것 등이다.

• KS 4의 교육과정 탄력 운영

국가 교육과정상의 필수과목을 줄이고 선택과목을 늘려 진로지도 차원에서 학생의 적성과 능력을 고려한 다양한 과목선택이 가능하다. 필수과목은 전체 수업일정의 60% 정도에서 이루어지도록 하고, 40%는 선택과목 운영에 활용한다.

• 진로지도의 강화

중등단계에서 진로지도교육(CEG: Careers Education and Guidance)이 강화되며, 10학년부터는 직업교육 과정을 선택할 수 있도록 하고, 모든 학생은 일주일 이내의 기간을 정하여 기업체 등에서 현장경험을 할 것을 권장한다.

• 교육과 직업교육의 통합운영

현재 영국에서 통용되는 자격증에는 일반교육자격증(GCSE, GCE A level), 일반직업기술자격증(GNVQ)과 국가기술자격증(NVQ)이 있다. GCSE와 GCE A는 일반교육 성취에 대한 자격증이고 국가기술자격은 직업기술에 대한 자격증이다. 1992년에 도입된 일반직업기술자격은 중등교육단계에서 직업교육을 보다 강화하고 일반화하기 위하여 도입되었으며, GCSE/GCE-A와 국가기술자격의 중간적 성격을 띤다. 어느 자격증을 가지고 있더라도 서로 통용되도록 하였으나, 여전히 GCSE와 GCE-A가 압도적이다. 2000년부터 시행되는 새로운 교육과정은 일반교과에서 핵심능력을 배울 수 있도록 하였고, 일반직업기술자격의 탄력적 운영으로 학생이 인문 · 직업교육의 구분 없이 자유롭게 선택하고 상급학교나 취업 시 동등하게 활용할 수 있도록 하여 일반교육과 직업교육의 통합을 추진한다.

이는 자격증 제도가 서로 분리되어 운영되어 복잡하고 일반직업기술자격의 통용성이 떨어진다는 비판을 받아들이고, 프랑스의 바칼로레아 방식 도입 주장을 반영한 것이다. 일반교육과 직업교육연계 강화를 위하여 교육과정평가원(SCAA)과 직업자격원(NCVQ)을 통합해 자격교육과정원(QCA)을 신설하고, 교육성과 노동성을 교육고용성(DfEE)으로 통합한 것도 이러한 추세를 반영하여 국가 인적 자원의 효과적인 개발을 추구하려는 것이다.

• 자격교육과정원(QCA) 설치 · 운영

국가 교육과정 운영을 위하여 1993년 설치된 교육과정평가원과 직업자격원이 1997년 통합되어 자격교육과정원으로 대체된다. 자격교육과정원은 교육과정의 지속적인 개발 · 보급, 자격 제도 관리, 교육과 직업교육 연계를 지속적으로 추진하는 전문기관이다.

• 수업 방식의 자율화

학생을 어떻게 지도할 것인가는 전적으로 학교가 결정할 사항으로, 학생의 학업능력을 고려한 수업 방식이 보편적이다. 특히 수학, 영어, 과학 등 분야에 있어 대체로 과목별 능력 반편성(setting), 능력별 반편성(banding), 집단별 수업(grouping)[28]을 활용한다. 그러나 이러한 방식의 효과는 연구마다 결과가 다른 경우가 많고, 때로는 일제수업(whole class) 방식이 더 효과적이라는 연구결과도 있어, 수리 · 문해능력 향상 수업에서는 일제수업이 선호된다. 그러나 다양한 수업 방식을 인정하여 교육의 효과성을 모색하는 것은 수업의 질 향상에 기여한다.

• 교육투자우선지역제(EAZ: Education Action Zone)

대도시의 저소득 밀집 지역 학교를 대상으로 지정한다. 지역사회가 적극적으로 학교 운영에 참여할 수 있도록 하여 대도시 학교가 안

---

28 과목별 능력 반편성(setting)은 국어, 수학 등 과목별로 학생능력에 따라 반을 편성 · 운영하는 것으로 우리의 이동식 수업에 해당하고, 능력별 반편성(banding)은 과목에 관계없이 학생성적에 따라 처음부터 반편성을 달리 하는 것으로 우리가 말하는 우열반편성에 해당된다. 집단별 수업(grouping)은 한 학급 내에서 학생능력에 따라 학생을 몇 명씩 집단화하여 가르치는 것이다. 영국에서는 초등학교에서부터 다양한 방식의 능력별 수업(ability grouping)이 이루어지고 있다.

고 있는 교육문제(청소년문제, 중퇴 및 퇴학, 학습동기 결여 등)를 학교, 학부모, 지역사회가 공동으로 대응하여 해소하는 것을 목표로 한다. 특히 교육과정 운영에 보다 많은 자율성을 주고, 예산상 우선 지원이 있으며, KS 3(10학년)부터 학생의 적성과 능력을 고려한 교육을 실시할 수 있게 한다.

• 고등 정신능력 개발 강조

지식의 단순한 암기보다는 문제해결능력의 향상에 중점을 두어 가르치도록 교육과정을 운영하고 있다. 이는 학습능력의 촉진, 학습동기 유발 등으로 효과적인 수업과 학습이 이루어지는 데 상당히 기여한다.

② 수업의 질 개선 관련 교육개혁 주요 내용

• 우수 교사제(AST: Advanced Skill Teacher)

학교 운영이나 학급운영에 우수한 교사에게 일반교사에 비하여 높은 수준의 보수표를 적용한다. 우수 교사는 우수 교수법 보급과 상담, 학교 운영 참여와 조언의 역할을 하며, 교육우선투자지역(EAZ)과 특성화학교에 먼저 배치한다.

• 국가 교원 자격 기준 제시

1998년부터 교원이 되고자 하는 모든 훈련생에게 적용되는 교원자격 기준(National Standards for Award of Qualified Teacher Status)을 발표한다. 교원으로서 갖추어야 할 지식과 기능에 대한 기준이며, 모든 교원양성기관은 이를 교원양성 과정에 반영해야 한다. 이 기준은 초등교사, 중등교사, 과목주임, 특수교육교사의 4개 분야로 나뉜다.

• 교원양성 제도 개선

교사양성 과정을 현장 중심 양성 방식으로 전환하여 중등교사양성 과정(PGCE: Postgraduate Certificate in Education) 중 약 2/3(36주 중 24주 정도)는 학교 현장에서 실습하게 한다. 또 대학이 아닌 초중등학교가 중심이 되어 운영하는 학교 중심 교원양성 과정(SCITT: School-Centered Initial Teacher Training)도 운영한다. 1년 수습교사제(induction)나 교원훈련생과 수습교사에 대한 개인별기록부(Career Entry Profile) 관리 제도 역시 실질적으로 필요한 지식과 기능을 습득하는 데 효과적인 방안으로 추진되고 있다. 정보통신의 교육적 활용능력과 문해 · 수리능력에 대한 국가 수준의 시험을 실시한다.

• 현직연수의 강화

학교 단위로 자율적 현직연수를 시행함으로써 학교가 필요로 하는 분야에 대한 실질적 능력개발연수에 집중한다. 연수 전에 해당 교원이 필요로 하는 분야를 파악하여 능력을 개발하는 데 중점을 둔다. 아울러 선도학교제, 우수교사제, 인터넷상의 가상교원대학(VTC: Virtual Teacher College)과 인적 자원 개발투자(IiP: Investor in People) 등의 사업을 통하여 우수 사례 보급, 지도조언, 정보교환, 관련 연구결과 공개 등이 효과적으로 실시되도록 유도한다.

• 조기승진 제도(Fast Track Teacher)

우수한 교사가 조기에 교장 등 관리직으로 진출할 수 있도록 하여 우수 인재를 교육으로 유인한다.

• 교원양성원(TTA: Teacher Training Agency)

교원의 양성과 연수 등을 전담하는 전문기관으로, 체계적이고 종합적인 교원정책이 유지될 수 있도록 한다.

• 일반교원협의회(GTC: General Teacher Council)

교육문제 전반에 대한 협의기구로 2000년부터 일반교원협의회를 운영한다. 협의회는 교원, 학부모, 산업계, 학계, 정부관계자 등의 대표를 중심으로 구성하여 교육정책 전반을 협의한다. 특히 교사양성과 연수, 교원자격문제는 물론 전문직으로서의 교원행동윤리 등에 대하여 교육부장관에게 자문하는 역할을 한다.

• 교원양성기관에 대한 장학지도 실시

교원양성 과정의 기준 확보와 품질관리를 위하여 교육기준청은 교원양성기관에 대한 장학지도를 실시한다.

③ 교장의 지도력 제고

• 국가 교장 자격 기준 제시 및 교장자격증제(NPQH: National Professional Qualification for Headship) 도입

교장은 지역사회, 학교운영위원회의 협조하에 학교의 비전을 제시하고, 그 목표를 달성하기 위하여 전문적인 지도력을 발휘해야 한다. 교장의 지도력을 높이기 위하여 교장자격증제를 도입하였으며, 국가수준의 교장자격 기준을 제시한다.

• **교장 지도력 향상 프로그램**(LPSH: Leadership Programme for Serving Headteachers)

1998년 시작된 현직 교장을 위한 연수 과정이다. 담당 학교의 교장으로서 필요한 사항을 연수 전에 파악한 후 이에 대해 실제적이고 구체적으로 연수를 수행하여 학교 운영 개선에 도움을 준다. 특히 산업계 전문가가 초청강사로 나오며 연수 후에도 지속적인 관계를 유지하여 지역사회와 학교의 협력이 보다 효과적으로 이루어질 수 있다.

• **교장 지도력 향상 국립대학**(NCSL: National College for School Leadership) **설립**

교장의 연수와 양성을 전담할 국립대학으로 2000년부터 설치 · 운영되고 있다.

④ 수업품질 개선 지원

• **학생지도에 평가결과 활용**

초등학교 입학 전 실시하는 기초검사(Baseline Test), 전국학력검사(SATs) 그리고 교사가 수시로 실시하는 형성평가(TA: Teacher Assessment)와 누적기록(Recording Keeping)으로 학생의 사전학습 정도, 학생의 학습진도와 학습특성 등을 수시로 파악하여 학생지도 자료로 활용한다. 이 자료는 학교별 성취비교에도 활용된다.

• **교육전산망**(NGfL: National Grid for Learning) **구축**

이미 정보통신교육을 필수과목으로 지정하였을 뿐 아니라 정보통신기술이 타 교과목의 교육에도 연계 또는 통합되어 활용되도록 국가교육과정을 개정하였다. 2002년까지 모든 학교를 교육전산망으로 연결하여 교육에 활용하고 있다. 아울러 교사의 수업준비 지원을 위한 각종 자료도 이를 통하여 제공하고 학교-기관의 보고나 문서전달 등에도 활용하여 교원의 업무 부담을 줄이고자 한다. 저소득층의 경우 한 달에 5파운드의 부담으로 임대할 수 있어 모든 국민과 학생이 컴퓨터를 이용할 수 있도록 지원하려는 정책이다. 그러나 접속료와 통신료 등의 추가 부담 때문에 저소득층의 경우 여전히 인터넷 활용에 제약이 있다는 지적이 있다.

• 학교-학부모 계약서(Home-School Contract)

1999년부터 시행되고 있는 이 방식은 학생의 교육에 학교와 학부모가 공히 책임감을 갖고 협조할 것을 계약하는 것이다. 강제성을 띤 것은 아니나 상징적인 효과를 기대하고 있다. 특히 학교숙제(homework) 등 학생지도에 학부모의 적극적인 참여를 촉구한다.

• 지역사회 자원의 적극적 활용

교육투자우선지역(EAZ), 시기술학교(CTC: City Technical College), 특성화학교(Specialist School) 등에 산업체의 재정지원이나 직접참여, 산업계 전문인력을 교사로 활용하는 교사계약제, 방과 후 교육활동이나 특별활동 시 지역사회 시설 활용, 진로지도 관련 직장체험 과정 운영 시 지역사회의 기업체 활용, 지역인사의 학교운영위원회 참여, 자원봉사 방식에 의한 보조교사제 등의 정책은 지역사회의 자원을 학교교육과 연계하거나 활용하여 교육의 효과성을 높이고자 하는 것이다.

• 종합적이고 체계적인 자료(data) 수집 · 관리

학생에 대한 적절한 정보는 학생의 지도에 효과적으로 활용할 수 있다. 또 각종 정부정책의 수립과 집행, 교육연구 등에도 학생에 대한 각종 자료는 효용가치가 매우 높다. 영국은 학생의 학업성취 정도는 물론 학생의 교육과 관련한 각종 자료를 종합적, 장기적, 체계적으로 수집 · 관리하여 활용하고 있다.

⑤ 학교의 책임성 제고 관련 교육개혁 주요 내용

• 학교 발전 계획(School Development Plan) 수립

학교는 정부가 제시하는 학생의 성취 기준을 반영하여 학교별 목표(target setting)를 벤치마킹 형태로 설정하고, 이 목표를 달성하기 위한 구체적인 학교 발전 계획을 수립해야 한다. 이 과정에는 학교장, 교원과 학교운영위원회가 공동으로 참여하며, 필요한 경우 관계기관(지역교육청, 교육기준청 등) 전문가의 자문을 구할 수 있다.

• 학교성취 평가 및 결과 공개(League Table)

학생의 성취 정도를 매년 평가하여 학교별 성취 정도를 순위에 따라 발표한다. 이때 참고하는 평가자료는 SAT, GCSE, GCE A level 시험결과이다. 학교비교의 공정성을 위하여 최근에는 부가성취(Value-added Measure)라는 개념이 도입되어 활용되고 있다. 따라서 학생의 성적이 우수하더라도 학생의 사회경제적 요인(SES: Social Economic Status) 등을 감안하여 제시된 기대 수준에 미달하면 좀 더 분발해야 하는 학교로 분류된다.

• 학교자치 제도(Local Management School) 도입

교원임용과 재정운용 등 학교 운영을 학교운영위원회 중심으로 학교가 자율적으로 결정하도록 권한과 책임을 학교에 대폭 위임한다. 학교의 특성에 맞게 창의적으로 운영하여 교육의 효과를 높이는 데 그 목적이 있다. 아울러 학부모 참여와 학교성취 비교로 교육의 전문성을 존중함과 동시에 책임지는 교육이 이루어지는 데 기여한다.

• 학부모의 학교선택권(School Choice) 도입

학교의 다양한 발전을 촉진하고, 학부모가 자녀의 적성과 능력을 고려하여 적합한 교육을 받을 수 있도록 결정하여 교육의 효과를 높이고자 하였다.

• 교육기준청(Ofsted) 설치

초중등학교 교육품질 관리를 위하여 1992년 교육법에 의거 설치된다. 모든 학교는 6년마다 교육기준청의 평가(inspection)를 받아야 한다. 교육의 성취 수준, 재정관리 실태는 물론, 교사의 수업과 학생의 사회 · 문화 · 도덕적 발달 정도 등도 평가하고 결과를 공개한다.

• 학교성취와 재정지원 연계

학교에 대한 재정지원을 학교의 성취 정도와 연계시켜 교육의 효과를 높이고자 한다. 학부모의 학교선택권과 연계하여 학교에 대한 재정지원의 80%는 학생 수에 따라 결정되도록 함으로써 학생이 많이 지원하는 학교가 재정을 더 많이 지원받는 방식이다. 실패학교로 분류되는 학교는 학생 수 감소로 심각한 재정난을 겪고 있는 것으로 나타났다. 이러한 재정지원 방식에 대한 비판과 함께, 불리한 여건에 있

는 학교나 학생에게 더 많은 재정지원이 이루어져야 한다는 지적이 계속 제기되고 있다.

• **실패학교 제도**(Failing School)

교육기준청에 의한 평가결과, 수업의 질, 학생성취 수준, 무단결석 비율 등에 문제가 심각한 경우 실패학교로 분류되며, 해당학교는 지역교육청과 공동으로 일정 기간 내에 개선대책을 마련하여 추진해야 한다. 개선책에 효과나 실효성이 없는 경우, 교육부장관은 학교를 폐쇄하거나 민간에 위탁할 수 있도록 하는 학교경영책임제의 일종이다.

3. 결어

세계대전이 끝난 후 영국은 "요람에서 무덤까지"라는 슬로건으로 유명한 「비버리지 보고서」에 따라 복지정책을 확대한다. 그러나 그로 인한 "영국병"으로 점차 여러 분야에서 국가경쟁력을 잃어간다. 1979년 집권한 보수당의 대처 수상은 복지 · 교육제도 등 전반에 걸쳐 과감한 개혁을 단행한다. 1997년 집권한 노동당의 블레어 수상은 영국 대학이 발전하는 데 국가재정만으로는 한계가 있다고 보고, 학부모와 대학생의 엄청난 반대에도 불구하고 유럽에서는 처음으로 대학수업료를 부과한다.

영국은 1944년 이후 중등학교를 문법학교, 현대학교와 기술학교의 세 가지 형태로 구분하는 소위 "세 가지 형태 진학 제도"를 도입 · 운영하면서, 11세에 시험을 보아 진로를 결정하게 한다. 조기에 학생의 진로를 결정하는 문제가 지적되면서 시험 없이 학생을 수용하는 종합학교 제도가 도입되어 11+ 시험은 1976년 폐지된다. 1988년 교육개혁법은 영국 교육제도에 중요한 변화를 가져오는데, 주요 내용은 국가 교육과정의 도입, 연령별 성취목표 수준 제시, 전국 단위 평가 도입, 학교운영위원회제 도입을 통한 학부모의 학교경영 참여, 학교선택권 부여, 단위 학교에 대폭적인 자율권을 부여하는 중앙정부 보조금학교(GM Schools) 제도 도입을 통한 학교교육의 효과성(School Effectiveness) 제고 등이다.

영국은 교육기준청, 대학질관리청, 자격교육과정개발원, 대학재정지원위원회 등의 기관 설립을 통하여 제도적으로는 교육의 질관리에 많은 관심을 갖고 제도 확립에 노력한다. 그러나 거의 모든 대학이 국가재정으로 운영되다 보니 재정투입의 한계로 인하여 대학의 연구능력 향상과 교육여건의 개선에는 큰 효과를 거두지 못한다. 또 옥스퍼드와 케임브리지 대학 출신이 다른 대학 교수직을 대거 장악하면서 대학 간 경쟁이나 교수의 자유로운 이동, 새로운 융합학문의 추구 등에 제약요인으로 작용해 영국 대학의 경쟁력은 점점 더 떨어진다. 20세기 중반까지만 하더라도 세계 제일로 간주되던 옥스퍼드 대학(1167년 설립)과 케임브리지 대학(1229년 설립)조차 이제 미국의 대학에 밀려나고 있다.

잉글랜드에는 87개의 종합대학과 48개의 단과대학이 있는데, 1개 사립대학을 제외하고는 모두 국가재정으로 운영된다. 학교는 개별적으로 이사회를 가지고 독자적으로 운영할 수 있으나 정부의 재정지원에만 의존하여 독자적인 발전을 추구하기가 쉽지 않았다. 이런 문제를 타파하고자 대학에 대학수업료를 부과할 수 있는 권한을 부여한다. 프랑스, 독일 등 유럽의 다른 나라들도 이러한 대학개혁을 도입하고자 하나 학부모, 학생들의 반대로 추진하지 못하고 있다.

유럽 다른 대학과 마찬가지로 영국은 소수 엘리트 위주의 전통적 교육 방식을 고수한 반면, 미국은 유럽에 비하여 교육 후진국이었으나 고등교육의 보편화는 물론 교수임용과 대학 간 경쟁을 유도하여 교육의 질과 수준을 끌어올림으로써 지금은 세계 100위권 대학의 40-50%를 차지하고 있다. 영국도 교육재정의 확충과 대학 간 경쟁을 통해 교육의 질과 수준 향상에 노력하는 것은 참고할만하다. 아울러 문제해결 능력 등 고등 정신능력 개발 강조, 학업미달 학생에 대한 수업지도 강화, 학교의 학업성취 기여(value-added)를 파악하기 위한 노력, 교육기준청과 대학질관리청 설립을 통한 교육의 질관리 등은 영국 교육제도의 장점이다. 특히, GCE-A, GNVQ와 NVQ 간 자격증의 호환체제 구축은 학벌 위주의 우리 사회를 능력 중심 사회로 전환시키기 위해 눈여겨보아야 할 사항이다. 직업기술자격이든 인문과학분야 자격증(GCE-A)이든 상호 동등하게 인정하는 것은 능력 중심 사회 구축에 매우 중요한 선행요소일 것이다.

〈참고 5〉 영국 교육개혁 관련 보고서 주요 내용

1. Hadow Report(1926)

15세까지 의무교육을 연장함.

2. Hadow Report(1931)

- 11세를 중심으로 초등교육(Primary)과 중등교육(Secondary)을 구분함.
- 학생들은 10세부터 능력에 따라 구분되어(streamed) 교육을 받음.
- 교육과정은 지식, 사실 암기보다는 활동과 경험을 중심으로 가르쳐야 함.

3. Spens Report(1938)

- 중등단계에서의 직업교육을 강화하고 진로 지도교사를 임용함.
- 개인교사지도제(Tutorial System)를 도입함.
- 의무교육연한을 16세로 확장함.
- 문법학교(Grammar School)의 수용율을 대상연령의 15%까지 확대함.

4. Percy Report(1945)

- 고등교육기관의 산업인력 양성 및 직업교육 기능을 강화함.
- 종전 직업전문학교(Technical Colleges)의 일부를 기술대학(Colleges of Advanced Technology)으로 전환(학위 과정과 연계)함.

5. Gurney–Dixon Report(1954)

학생의 성취 수준은 부모의 직업 수준과 밀접한 관계가 있음.

-부모의 직업 수준이 높을수록 자녀의 성취 수준이 높고 상급학교 진학률이 높음.

-직업 수준이 낮은 부모의 자녀 중 문법학교 진학률은 매우 낮음.

6. Crowther Report(1959)

- 16-18세 학생 중 대학에 진학하지 못하는 약 70%의 학생들에 대한 교육이 방치되고 있음.
  -12%의 계속교육기관 진학률을 1979년까지 50%로 끌어올리는 것을 목표로 함.
- 문법학교에 진학하지 못하는 학생을 위한 종합학교 제도의 도입을 권장함.

7. Newsom Report(1963)

- 문법학교, 현대학교와 종합학교의 세 가지 형태의 학교로 구성된 세 가지 형태 교육체제(Tripartite Educational System)를 규정함.
- 의무교육연한을 16세까지 연장함.
- 교육과정에 대한 학생의 선택의 폭을 확대함.
- 중등교육 과정 졸업자에 대하여 종합적인 학교생활기록(general school records)을 포함한 내부평가증명서를 제공함.

8. Robbins Report(1963)

- 전문직업인의 자녀는 반숙련공의 자녀보다 대학을 진학할 수 있는 확률이 20배나 높게 나타남.
- 고등교육을 대중화(mass education in the higher education)함.
  -수용확대: 216,000명(1962) → 390,000명(1972) → 560,000명(1980)
- 교사양성대학(teacher training college)을 4년제 대학과 통합함.

9. Plowden Report(1967)

- 교육적으로 불리한 여건에 위치한 학교에 더 많은 투자를 해야 함.
- 학교에서의 보건서비스 기능을 강화함.
- 신체체벌을 금지함.
- 교육에 있어서 학부모의 참여를 강조(parental involvement)함.
- 학습부진아, 신체장애자, 이민자녀를 특별히 배려함.

10. Summerfield Report(1968)

학교에서의 학생들에 대한 심리상담이나 치료 필요성을 강조함.

11. Finer Report(1974)

- 1971년 현재 10가구당 1가구가 편부나 편모 상태로 아이들을 교육시킴에 따른 교육적 문제 검토: 데이 케어(day care)와 학교의 보건서비스 기능을 강화함.
- 교육과정 선택 및 직업분야에 있어서 남녀차별을 축소함.

12. Bullock Report(1975)

- 읽기, 쓰기, 말하기에 대한 교육을 강화함.
- 언어능력교육은 유아교육단계에서부터 실시되어야 함.
- 각 교육청(LEA)마다 국어교육 자문팀을 운영하고, 학생을 초기단계에서 진단하여 파악하는 과정과 읽기 문제 예방 · 치유센터를 운영함.

13. Court Report(1976)

- 효율적인 유아보건체제를 구축하기 위하여 일반 소아과의사(GPP: General Practitioner Paediatrician) 제도를 도입함.

• 출생부터 취학 전 5세가 될 때까지 병원, 소아과, GPP가 연계하여 유아를 관리하고, 특이한 사항이 있는 경우 조기에 파악하여 치료함.

• 모든 유아는 취학 직전에 신체검사를 받아야 함.

14. Taylor Report(1977)

• 모든 학교는 자체 학교운영위원회(governing body)를 가져야 함.

• 운영위원회 위원들은 학교 운영방향을 결정하고 그 집행 과정을 점검할 책임이 있음.

15. Warnock Report(1978)

• 특수교육(special education)의 강화 필요성을 주장함.

-기존 열 가지 장애아 분류 방식을 폐지하고 "특수교육수요(SEN: Special Education Needs)"라는 개념 사용 권장

• 여러 전문가팀(multiprofessional team)에 의해 작성되는 기록(statement of SEN)은 지속적으로 이루어져야 하며, 특수교육은 가능한 한 일반 정상아와 통합된 상태에서 실시되어야 함.

16. Waddell Report(1978)

GCE O level 시험과 CSE 시험 통합 방안을 제시함.

-GCSE 과정은 1986년 처음 도입. 1988년 제1차 GCSE시험 실시

17. Keohane Report(1979)

교육과정이 산업현장과 직접 연계될 것, 전국적으로 실시할 것을 권고함.

-기본적인 의사소통능력과 수리능력 중시

18. Cockcroft Report(1982)

학생의 능력 차이를 존중하고, 다양한 교육과정을 제시할 것을 규정함.

19. Swann Report(1985)

학생의 지능(IQ)보다는 사회의 일반적 편견(stereotyped views)과 소수민족의 사회경제적 여건이 학업성취에 큰 영향을 줌을 주장함.

20. Lindop Report(1985)

- 고등교육에 있어서 학문 수준의 향상과 효율적인 관리를 위하여 고등교육기관의 학위수여 방식 다양화를 건의함.
- 교육성장관이 산업대학(Polytechnics)과 일부 계속교육기관(colleges of advanced technology)에 자체적인 학위수여 권한을 부여함.

21. Black Report(1987)

- 전국 단위 교육과정 도입과 그에 따른 평가체제 구축 방안
- 평가는 4개의 각 단계가 끝나는 시점인 7세, 11세, 14세, 16세에 실시
- 평가 방식
  - 각 과목은 나이나 학년에 관계없이 적용되는 10개의 성취 수준 평가
  - 각 단계마다 모든 학생의 성취목표 도달 정도를 평가
  - 평가는 교사평가(교실수업에서의 학생성취 정도와 기타 수업활동 등을 참고로 교사가 하는 평가)와 국가표준시험(SAT: Standard Assessment Tasks)의 두 가지 방식으로 실시
- 평가결과의 공개
  - 개인별 성적은 대외비로 하되 종합적 결과(학급별 또는 학교별, 교육청별)는 공개

22. Higginson Report(1988)

- GCE A level 시험이 교육의 수준 향상을 위하여 필요하나, 시험에 대한 보다 엄밀한 기준 제시와 현 시험 방식의 개선이 중요함을 건의함.
- GCE A level의 과목(syllabus)을 조정함.
  - 현재 3개만 선택할 수 있는 것을 5개 과목과 1개의 GCE AS level 과목을 선택할 수 있도록 확대함.
  - 현재 400개에 달하는 GCE A level 과목은 너무 세부적이고 비효율적이므로 개설과목을 줄여 자원을 효율적으로 활용하고 교육의 질을 올릴 필요가 있음.
- 채점 기준의 명확성, 통일성 확보가 필요함을 주장함.

23. Elton Report(1989)

- 학교에서의 폭력과 무질서(indiscipline)의 증가에 따른 대책을 보고함.
- 학생들의 문제행동이 심각한 만큼 이를 효과적으로 다루는 실제적인 능력이 교원양성 및 연수 과정에서 배양되어야 함.
- 효과적인 수업활동을 위하여 학교분위기는 매우 중요하며, 질서 있는 분위기 확보를 위하여 정부, LEA, 학교운영위원회, 교직원과 학부모 모두 협력해야 함.

24. Dearing Report(1993)

- 국가 교육과정의 양을 줄이면서 수준을 유지하고 국가 교육과정의 시험관리를 발전시키는 방안을 모색함.
- Key stages 1-3(5-14세)
  - 교육과정의 양을 줄여 학교 재량시간을 20%로 늘리고, 이 재량시간은 문해능력 신장과 수리능력 향상에 투입되어야 함.

-교육과정의 과목 수를 줄이거나 배워야 할 기본 내용을 변경시키는 방법에 의해서가 아니라, 각 과목별 핵심내용을 파악하고 성취목표의 수를 줄여서 재량시간을 확보함.

- Key stages 4(14-16세)
  - 학교재량시간 확대가 필요함.
  - 영어, 수학, 과학 및 체육은 필수, 제2외국어와 기술은 단기 과정, 다른 국가 교육과정 과목(미술, 지리, 역사와 음악)은 선택과목으로 함.
  - 재량시간을 활용하여 종교교육과 성교육을 실시하고, 직업교육과 심화과정운영 등은 학교재량에 맡김.
- 일반기술자격(GNVQ)과 중등졸업 자격시험(GCSE)은 서로 밀접히 연계되어야 함.

〈참고 6〉 영국 교육관계법 변천

1. 1870년 초등교육법(The Forster Act)

초등교육 제공을 위하여 지역을 학교구(school district)로 나누고, 교육위원회(school boards)를 설치하며 수업료 징수권을 부여함.

2. 1891년 교육법

초등교육의 무료제공을 규정함.

3. 1899년 교육위원회법(Board of Education Act)

중앙정부에 교육관계를 관장하는 교육위원회 설치를 규정함.

4. 1902년 교육법(The Balfour Act)

- 1870년 교육법에 의한 교육위원회를 폐지하고 현재의 지방교육청(LEA: Local Education Authority) 설치를 규정함.
- LEA에 초중등교육 지원업무를 수행하기 위한 징수권을 부여함.

5. 1918년 교육법(The Fisher Act)

- 학기 중 일하는 학생들을 위한 반일제수업(half-time system)을 폐지함.
- 5세 이하의 유아를 위한 유치원이나 유아학급을 운영하도록 권고함.
- 초등학교에 대한 모든 학비부담을 폐지함.

6. 1944년 교육법(The Butler Act)

- 중앙정부 교육 담당기관인 교육위원회를 교육성으로 대체함.
- 5-15세 학생에 대한 무료 의무교육 제도로 통일하는 교육체제를 규정함.
- 교육의 개념을 문화교육과 여가 선용 교육에 대한 지역사회 요구를 포함하는 개념으로 확장하여 LEA가 여름캠프학교, 연극활동, 지역사회센터나 여가시설 등을 지원할 수 있도록 규정함.
- 초중등학교가 제공해야 할 각종의 교육 관련 서비스를 규정함.
  -통학 교통편 제공, 무료급식, 보건치료 등
  *1980년 무료급식 폐지
- 자선단체에 의하여 운영되는 학교 중 재정적인 어려움을 겪고 있는 학교에게 voluntary-aided나 voluntary-controlled school 중 선택하여 정부보조를 받을 수 있는 길을 터줌.
- 모든 학교는 단체 예배 후 수업을 시작하고, 교육과정의 한 부분으로 종교교육을 의무적으로 실시하도록 규정함.
- 장애유형을 열 가지로 분류하고 특수교육이 필요한 아동에 대하여 적절한 교육이 일반 학교에서 제공되어야 함을 LEA가 규정함.
- 모든 LEA는 업무책임자(chief education officer)를 임명해야 함.

7. 1948년 고용훈련촉진법(Employment and Training Act)

청소년 취업안내 및 진로지도에 대해 규정함.

8. 1964년 교육법

초등학교(primary)와 중등학교(secondary)의 구분연령을 11세로 정함.

9. 1965년 중등교육에 관한 훈령 10/65호(Circular 10/65 Organisation of Secondary Education)

- 중등교육 단계에서의 11+ 선발 제도와 복선형 방식을 폐지하고자 노동당 정부에 의하여 각 지방교육청에 지시함.
- 이 훈령에 의거 각 지방교육청은 중등학교를 종합학교 형태로 전환하는 계획을 교육성장관에게 제출함.
  - 이 훈령은 1970년 훈령 10/70(보수당 정부가 학생 선발 방식이나 종합학교 형태를 선택하는 문제를 지방교육청 자율 결정에 위임하는 내용)에 의거 폐지되었다가, 1974년 훈령 4/74호에 의거 다시 적용

10. 1968년 교육법

- LEA가 종합학교를 설립할 수 있는 조항을 신설함.
- 산업대학(Polytechnics)과 지방교육청이 관리하는 다른 계속교육기관에 운영위원회(boards of governors)를 설치할 것과 운영위원들의 역할을 규정함.

11. 1970년 장애자법(Chronically Sick and Disabled Persons Act)

신축하는 학교건물은 장애자들이 쉽게 이용할 수 있도록 설계되어야 함을 규정함.

12. 1972년 의무교육연령 연장

의무교육연한 연령을 16세로 상향 조정함.

13. 1973년 고용훈련촉진법(Employment and Training Act)

지방교육청은 진로지도(career service)를 제공해야 함.

14. 1975년 성차별금지법(Sex Discrimination Act)

학생입학허가(남녀공학 경우), 교원임용, 진로지도에 있어서 성차별이 없어야 함을 규정함.

15. 1980년 교육법

- 무료급식 의무규정을 폐지하고 학교급식관련 사항을 지방교육청에 일임함.
  -다만 저소득층 자녀에 대한 식비보조는 계속 유지
- 중등학교학비보조계획(Assisted Places Scheme) 조항을 신설하여 공립학교에서 사립학교로 진학한 학생(주로 성적은 우수하나 소득이 낮은 층)들에게 지방교육청에서 학비를 보조함.
- 모든 사립학교의 등록을 의무화함.
- 학부모에게 학교선택권을 부여함.
- 학부모는 학교운영위원회의 운영위원으로 선출될 수 있는 권리를 가지며, 지방교육청과 학교운영위원회는 입학허가 기준, 시험결과, 교육과정, 학교규율과 조직 등에 관한 정보를 학부모에게 알려야 함.
- 5세 이하 교육은 지방교육청의 재량사항이며 의무조항은 아님.

16. 1981년 교육법

- 1978년 워녹(Warnock) 보고서에 따라 기존의 장애아 분류 방식 대신, 특수교육(SEN: Special Educational Needs)의 개념을 수용하여 학습부진아 등을 특수교육 대상자에 포함시킴.
- 특수교육 대상자 판별 과정과 학부모의 권리, 지방교육청의 결정에 대한 재심의 요구 등 제반 과정을 규정함.

17. 1986년 교육법

- 공립과 정부지원을 받는 학교는 모두 학교운영위원회의 설치운영을 의무화함.
- 학교운영위원회는 매년 학부모에게 학교운영계획서(annual report)를 보내야 하는 등 운영위원회의 기능과 책임을 분명하게 규정함.
- 1987년 8월부터 공립학교에서의 학생에 대한 신체적 체벌을 금지함.

18. 1988년 교육개혁법(Education Reform Act)

- 국가 교육과정(national curriculum 또는 common curriculum)을 도입함.
  - -7세, 11세, 14세와 16세에 대한 성취목표 수준(attainment targets)을 제시하고 전국적 단위의 평가를 받아야 함을 규정
  - -국가 교육과정의 실행과 평가수행을 감독하기 위한 국가교육과정위원회(National Curriculum Council) 설치
- 산업기술대학(Polytechnics)과 계속교육기관을 지방교육청의 관할에서 독립시켜 자체 운영위원회(board of governors)의 책임하에 운영되는 독립법인격을 부여함.
- 고등교육기관에 대한 재정지원을 관리하는 기구로 종전의 대학재정보조위원회(UGC: University Grants Committee)대신에 대학재정위원회(UFC: University Funding Council)를 설치함.

19. 1992년 계속교육 및 고등교육에 관한 법(Further and Higher Education Act)

- 계속교육기관을 지방교육청의 관할에서 모두 독립법인체로 독립시키고, 이들에 대한 재정지원을 관장하는 기관으로 계속교육기관재정위원회(FEFC: Further Education Funding Council)를 설치함.

• 대학과 산업기술대학 등의 재정지원을 담당하는 기관으로 종전의 대학재정위원회(UFC)와 기술대학재정위원회(PCFC: Polytechnics and Colleges Funding Council)를 통합하여 고등교육재정위원회(HEFC: Higher Education Funding Council)를 설치함.

20. 1992년 교육법

• 교육기준청(Ofsted: Office for Standards in Education) 설치를 규정함.

• 공립과 정부보조를 받는 학교(GM schools, CTCs 포함)와 사립학교(주로 특수교육을 실시하는 학교)는 모두 매 4년마다 교육기준청(Ofsted)의 정기평가를 받아야 함.

21. 1993년 교육법

• 무기정학 제도를 폐지하고 학생을 퇴학시키거나 한 학기(a term: 영국은 한 학년이 3개의 term으로 나뉘어 운영됨)에 최장 15일을 초과하지 않는 범위 내에서 정학의 징계를 할 수 있음.

-그러나 지방교육청은 퇴학당한 학생들을 위한 별도의 교육과정(예: Pupil Referral Units 등)을 운영해야 함.

• 교육과정평가원(SCAA: School Curriculum and Assessment Authority)을 설치하여 국가 교육과정을 효율적으로 실시하고 평가관리를 수행함.

-기존 국가교육과정위원회(National Curriculum Council), 학교시험위원회(School Examinations)와 평가위원회(Assessment Councils)를 통합하여 SCAA로 단일화함.

22. 1996년 교육법

- 법적으로 교육체제(system of education)를 규정함.
  - 초등학교(primary), 중등학교(secondary), 중학교(middle schools), 유아학교(nursery schools)와 특수학교(special schools)
- 교육성, 지방교육청(LEA), 학교재정지원원(FAS)의 기능을 명확화함.
- 정부지원 학교에 대한 정의와 재정보조 방식을 규정함.
- 중앙정부보조학교(GM schools)에 대한 설치와 재정보조 등을 규정함.
- 특수교육(SEN: Special Educational Needs)에 대한 개념 정의와 지방교육청의 역할범위를 규정함.
- 국가교육과정에 대한 실시와 평가 및 SCAA의 기능 등을 규정함.

23. School Standards and Framework Act(1998)

중앙정부 보조금학교(GM School)를 기초학교(Foundation School)로 변경함.

24. Academies and Free Schools 도입(2010)

- 교육과정 운영, 수업일수 등 운영 등에 있어서 지역교육청(LEA)으로부터 자유롭게 함.
- 학부모, 대학, 자선단체, 교원이나 기업 등이 협력하여 학교를 세우고 자유롭게 운영할 수 있도록 하되, 정부는 공립에 준하여 재정지원을 해야 함.
  - 영국 보수당 캐머런 수상이 집권하면서 학교교육 혁신을 위하여 주창

Ⅳ. 미국·프랑스·영국 대학의 학생 선발 방식

1. 대학의 학생 선발 방식이 왜 중요한가?

2. 미국 대학의 학생 선발 제도

3. 프랑스 학생의 진로 선택과 학생 선발 제도

4. 영국 학생의 진로 선택과 학생 선발 제도

5. 결어

○

1. 대학의 학생 선발 방식이 왜 중요한가?

미국은 세계 100위권 대학의 40-50%를 차지할 정도로 세계 고등교육 시장의 중심이다. 무엇이 미국 대학의 발전을 이끈 원동력일까? 여기에는 많은 답이 있다. 예를 들면, 제2차 세계대전을 전후하여 미국 정부가 대학에 지원한 막대한 연구비, 산 · 학 · 연 연계 활성화, 카네기나 록펠러 같은 거부들의 기부, 사립대학 발전과 대학 간 경쟁 등을 들 수 있다. 그러나 저자는 이러한 원인 외에 대학의 학생 선발 방식 차이도 교육의 발전, 특히 대학의 발전에 기여하였다고 본다.

유럽 대학은 대개 국가에 의하여 설립 · 운영된다. 영국의 경우 87개 종합대학 중 사립대학은 1개뿐이다. 전통적으로 유럽 대학은 성직자 양성과 귀족의 교양교육이 주된 설립 목적이어서, 엘리트교육 위주이고 무료로 제공되었다. 대학재정의 대부분을 국가에 의존한 까닭에 중앙정부는 대학 입학생 수를 제한할 수밖에 없었고, 유럽의 대학들은 1960년대까지만 해도 약 10% 학생만 입학을 허용했다. 프랑스는 바칼로레아, 영국은 GCE-A 시험 같은 대학 입학 자격시험을 운영하여 입학을 제한한다.

반면 초기 미국 대학들도 교회 목사양성을 위해 설립되었지만, 다양한 출신의 이민자 유입과 산업의 발달로 경제활동에 필요한 실용학문에 대한 수요가 증가한다. 이에 다양한 교육과정을 제공하는 수많은 사립대학이 설립되기 시작하고, 대학들은 설립 목적에 부합하는 방식으로 학생을 선발하게 된다. 이러한 배경으로 인하여 미국 대학들은 단순한 성적보다는 학생의 잠재력과 발전 가능성, 사회의 수요 등도 고려하여 선발하는 방식을 정착시킨다. 이처럼 학교성적뿐 아니라 학생의 잠재력과 발전 가능성 등을 고려한 선발 방식은 초중등교육의 정상화에 기여하였으며, 아울러 잠재력 있는 학생을 선발하려는 대학 간 경쟁과 우수 교육 프로그램 운영을 이끌어냄으로써 대학발전에 기여한다.

이 장에서는 미국, 영국, 프랑스의 진로 선택, 대학생 선발 방식의 주요 특징과 선발 과정을 살펴보고자 한다.

2. 미국 대학의 학생 선발 제도

1) 학제

미국 학제는 초등학교 6년(Elementary School, 6-11세), 중학교(Middle School, 12-14세)와 고등학교(High School, 15-17세) 각각 3년이며, 대학은 18세 이후를 대상으로 하며 전문대학(Community College)은 2-3년 과정이고 일반대학(University)은 4년 이상이다.

2) 전국적 학력평가

미국에서는 주별로 교육 방식이 다르다. 뉴욕 주의 경우 고등학교 졸업시험을 치르지만 전국 단위 학력평가는 시행하지 않는다. 다만 미국 대학들이 입학조건으로 전국 단위 학력평가시험인 SAT(Scholastic Aptitude Test)나 ACT(American College Test) 점수를 제출하도록 하고 있어 대학에 진학하고자 학생들은 SAT나 ACT 시험을 본다.[1]

3) 미국 대학 학생 선발 제도의 발전배경과 특징

미국 대학들은 각각의 대학 입학정책과 입학사정 기준이 있는데, 이는 대학이 학생 선발권을 가지기 때문이다. 초기에는 고등학교 교육과정이 표준화되어 있지 않아 대학들은 학생의 수학능력을 검증하기 위하여 대학별 시험을 보아 선발했다. 때문에 각 대학이 서로 다른 입학 기준을, 심지어 같은 대학 내에서도 전공별로 서로 다른 입학 기준과 시험 제도를 가지고 있었다. 그러나 미국 대학들은 사회변화와 수요에 대응하여 입학정책을 변화시켜왔다. 특히, 고등학교 졸업증에 대학 입학 자격을 부여하는 자격입학 제도와 고등학교 교육과정 운영에 대한 카네기 학점 개념의 도입은 초중등교육 발전은 물론, 미국 대학발전에 크게 기여한다.

---

1 ACT(American College Test, 미국 대학 입학시험)는 주로 영어, 수학, 읽기와 과학 교과에서의 학업 수준을 평가하는 데 중점을 두는 반면, SAT(Scholastic Aptitude Test, 학업적성검사)는 교육과정에서의 학업 수준(curricular knowledge)보다는 영어, 수학과 읽기에서 일반적 학업능력을 평가하는 데 중점을 둔다는 점이 다르다. SAT는 동부 지역 대학에서 주로 채택되었고, ACT는 중서부 대학들이 주로 채택하였으나 지금은 미국 대부분 대학이 채택하고 있다.

① 고등학교 졸업자격 입학 제도(Certificate System)

1870년 미시건 대학교는 대학으로부터 평가인증받은(accredited) 고등학교를 졸업한 학생에게는 종전 대학별 입학시험 제도를 폐지하고, 고등학교 졸업증에 의하여 입학을 허용하는 정책을 채택한다. 이는 미국 고등교육사에서 매우 획기적이고 중요한 사건이다. 이 자격입학 제도는 독일에서 1788년 시작된 아비투어(Abitur) 제도를 참고하여 도입한 것이다. 독일 대학들은 정부에서 시행한 아비투어를 통과한 학생에게 별도 시험 없이 입학을 허용하였다.

당시 미시건 대학 총장이던 헨리 프리즈(Henry Fries)는 종래 대학별 입학시험 제도는 새로운 산업사회가 필요로 하는 고급인력을 양성하는 데 충분하지 못하다고 보고 객관적인 선발 제도가 도입되어야 한다고 주장한다. 고등학교 졸업에 기초한 입학허용 방식 도입으로 대학은 사회변화를 적극 수용하고 사회발전에 적극적으로 기여하는 기관으로 자리매김한다. 이 방식은 1890년대에 이르러 미국 전역에 보급되지만, 아이비리그 대학들은[2] 이에 반대하고 대학별 개별입학시험에 의한 학생 선발 방식을 계속 유지한다.

② SAT 등 표준화된 입학시험 제도 도입

1902년 컬럼비아 대학 총장이 된 니콜라스 버틀러(Nicholas M. Butler)는 미시건 대학의 고등학교 졸업자격 입학 제도가 실패할 것이라고 예상

---

2 아이비리그 대학들은 다음 미국 동부의 8개 대학을 의미하며 대체로 17-18세기에 설립되었다: 하버드 대학(1636), 예일 대학(1701), 펜실베이니아 대학(1740), 프린스턴 대학(1746), 컬럼비아 대학(1754), 브라운 대학(1764), 다트머스 대학(1769), 코넬 대학(1865). 현재 이들 대학의 입학선발전형에서는 고등학교 내신성적(GPA) 외에 SAT나 ACT, SAT Subject Tests, 에세이(Essay)를 요구하며, 요구 기준이나 수준이 다르기 때문에 일률적으로 말할 수 없다. 특히 이들 대학은 학교성적 외에 고교시절 스포츠 등 특별활동이나 학생 클럽의 리더 활동 등을 중시하는 경향이 있다. 지원자 편의를 위하여 공통된 입학전형서식(common application form)을 채택하였다.

했다. 대학은 사회적 지도자를 양성해야 하므로 단순히 고등학교 졸업 자격만으로는 대학교육에 적합한 학생을 선발할 수 없다고 본 것이다. 그러나 이 제도가 미시건 주 등 중서부 지역(Midwest) 공립 고등학교와 대학 성장에 크게 기여하고, 등록금이 비싼 사립학교에 다니지 못하는 많은 학생에게도 대학 입학의 길을 열어주자, 컬럼비아 대학 등 미국 동부 지역 대학들은 통일된 입학시험 제도 도입을 협의한다. 버틀러는 이 제도를 컬럼비아 대학 학생 선발 방식에 도입하고자 하였다. 그러나 학문의 질과 수준이 낮아진다는 이유로 반대하는 교수진에 의해 좌절되고, 대신 영국에서 시행되고 있던 표준화된 입학시험 도입이 추진된다.

이러한 분위기 속에 1900년 동부 지역 일부 대학이 주축이 되어 대학입학시험위원회(CEEB: College Entrance Examination Board)[3]를 결성하고 표준화된 입학시험을 도입한다. 1926년 대학입학시험위원회는 학생들의 광범위한 지식을 측정하는 학업적성검사(SAT: Scholastic Aptitude Test)를 도입하여 운영하기 시작했으며, 이것이 현재 SAT의 시초이다. SAT는 대학입학시험위원회 요청에 의하여 프린스턴 대학 교수인 칼 브리검(Carl C. Brigham)이 당시 유행하던 지능검사에 기초하여 일반적 학업능력을 검사하는 학업적성검사로 개발한 것이다.

3 대학입학시험위원회(CEEB)의 시험관리능력이 인정되자 점차 가입대학이 늘어나고 1904년에는 하버드 대학이, 1910년에는 프린스턴 대학과 예일 대학이 회원으로 가입한다. 그러나 하버드 대학의 경우 대학입학시험위원회가 시행하는 시험이 자기들이 요구하는 바를 충분히 반영하지 못한다고 보고, 종래 개별 입학시험을 수정하여 계속 유지하다가 1940년에야 개별시험을 폐지한다. 당시 대학 입학 관련 시험을 서로 다르게 관리하던 미국교육위원회(American Council on Education, Achievement Test 관리), 카네기 재단(GRE 시험관리), CEEB(SAT 관리)가 대학들의 요구에 의하여 1947년 현재의 ETS(Educational Testings Service)로 통합된다.

③ 카네기 학점 단위(Carnegie Unit)의 도입

19세기 말까지 고등학교 교육과정 운영에 대한 특별한 규정이 없어 학교별로 학생들이 졸업까지 배우는 시간이나 과목들이 서로 달랐기 때문에 대학들은 학생의 수업능력을 검증하기 위하여 대학별 시험을 실시하였다. 그러나 이 시험은 주관평가인 까닭에 신뢰성과 타당성이 낮았다. 이에 하버드 대학 총장 찰스 엘리엇은 중등학교 학생의 학업성취를 표준화하는 개념을 도입하고, 1894년 국가교육위원회(National Education Associates)가 중등교육 표준화 방안을 승인한다. 그러나 이 개념이 미국 고등학교에 널리 보급되는 데는 1905년 설립된 카네기 재단이 결정적 역할을 한다. 카네기 재단은 대학 입학조건으로 카네기 학점 단위를 받아들인 대학에서 근무하다 정년퇴임한 교수에 한하여 연금을 제공하기로 결정한다. 미국의 많은 대학이 이를 수용하면서 1910년경에는 거의 모든 고등학교에 카네기 학점 단위가 보급된다. 1910년 무렵 하버드 대학은 평가인증받은 고교의 성적우수자들에게 11개 과목 대신 4개 과목만 시험을 치르도록 하고, 1940년에는 개별시험을 폐지한다. 예일 대학은 고등학교 성적을 입학사정 기준으로 참고하였다.

④ 입학사정관 제도 및 지역할당제 도입

입학사정관 제도와 지역할당제의 도입은 20세기 초 미국 내 급증하는 유대인 문제와 관련이 깊다. 1900년 초를 전후하여 많은 동부 유럽 유태인이 미국으로 이주하면서 아이비리그 대학에 당시 사회적으로 배척당하던 유태인이 대거 입학하게 되자 대학관리자들은 유태인 입학생 수를 줄이기 위한 입학정책 수립에 골몰한다. 그 과정에서 대학들은 입학 기준으로 학생의 바람직한 성격을 고려하기로 결정하고, 학생의 사진, 학교에서의 리더십 활동, 사회에서의 봉사활동, 학교추천서,

인터뷰나 에세이 등의 자료를 학생 선발에 반영한다.

하버드 대학은 유태인 학생 수의 상한선을 정하는 할당제(Quota System)를 고려하였지만 내부 협의 과정에서 채택되지 않았고, 대신 민주적이고 국가적인 대학으로서의 성격을 고려하여 입학생을 전국 지역으로 고루 분포시키는 지역분포전략(소위 지역할당제)을 채택하여 유태인 학생 수의 비율을 줄여나갔다. 이것이 당시 유명했던 '유대인 문제(Jewish Problems)'이다. 또한 컬럼비아 대학 총장 니콜라스 버틀러(Nicholas M. Butler)는 당시 유행하던 손다이크 지능검사(Intelligence Tests, 약칭 IQ 검사)를 사용하면 외국인(유대인 등)을 배척하는 정책을 채택하지 않아도 외국인 입학생 수를 줄일 수 있다고 보고, 모든 컬럼비아 대학 입학 지원자에게 지능검사를 거치거나 대학입학시험위원회의 종합시험을 보도록 요구한다. 유대인에 대한 이러한 정책은 제1차 세계대전을 전후하여 차츰 사라졌지만, 다양한 측면을 평가하는 선발 방식은 계속 발전하면서 잠재적인 발전 가능성을 고려하여 학생을 선발하는 현재의 입학사정관 제도로 정착한다.

반면 유대인 문제해결 방안으로 도입된 지역할당제방안은 다른 주의 우수학생 유치에 기여하지만, 오히려 이로 인해 해당 지역 출신 학생이 입학하지 못하는 사례가 증가한다. 1930년대 초 미시건 주의회 의원들이 미시건 주민의 세금으로 운영되는 미시건 대학이 미시건 지역 출신 학생을 일부 탈락시키면서 다른 주 출신 학생을 받아들이는 것을 비판하자, 미시건 대학 총장은 다른 주 출신 학생이 내는 높은 등록금은 미시건 주 출신 학생들에게는 실질적인 재정지원이라고 반박한다. 이후 다양한 배경의 학생이 있는 것은 교육적으로 바람직하다는 견지에서 타 주 출신 학생들에게는 높은 등록금을 부과하고, 아울러 일정 비율 이상은 자기 주 출신을 우선 선발하는 거주자할당(Residential

Quota) 제도가 주립대학뿐 아니라 일반대학에도 보편화된다.

4) 진로 선택과 고등교육 보편화

제1차 세계대전 후 지능검사, 고등학교 졸업자격(내신성적), 그리고 다른 지표(indicators)들 중 어느 것이 대학에서의 학업성취를 예측하는 데 가장 적합한 변수인가에 대한 논쟁이 지속된다.

프린스턴 대학의 칼 브리검(Carl C. Brigham)은 입학시험성적, 고등학교성적, 그리고 SAT 성적 등을 종합하여 대학 1학년 성적과 상관관계를 측정했는데 0.75라는 높은 상관관계가 나오자 많은 대학이 소위 학생의 성적과 잠재력 등을 종합적으로 고려하는 "종합 평가 방식(Princeton Bougie Grade)"을 채택한다.

고등교육의 대중화 추세, 미국의 민주주의 발전을 위한 시민양성 추세와 프린스턴 대학 연구결과에 따라 40년대를 전후하여 각 대학은 대학별고사를 폐지하고 학생의 성취도를 종합적으로 고려하여 선발하는 체제로 전환한다. 제2차 세계대전을 전후하여 미국의 주요 경제구조가 공업에서 서비스산업 중심으로 바뀌고, 기술이 급격히 발전한다. 고등교육총장협의회(Presidents Commission on Higher Education)는 이렇게 변화하는 시대는 지적 우수자뿐 아니라 그 밖에 다른 재능을 가진 사람들 또한 필요로 한다고 보고, 고등교육에 있어서 재정적, 사회적, 종교적 장애물을 제거하고자 노력하였으며 직업교육 강화를 위하여 많은 전문대학(Community College) 설립을 추진한다. 1954년 발생한 브라운 사건(Brown Case)[4]은 고등교육 기회를 모든 사람에게 개방하는 데

---

4 1954년 미국 대법원은 흑인과 백인을 분리한 교육시설은 근본적으로 동등한 대우가 아니다(un-

결정적 계기가 된다.

제1차 세계대전 후인 1930년대를 전후하여 고등교육에 대한 수요가 급증하자 공립 고등교육기관의 역할에 대한 논쟁이 벌어진다. 대학은 리더십을 갖춘 지적인 엘리트만을 양성하는 곳이라는 주장과, 민주주의는 훌륭한 리더십만을 요구하는 것이 아니며, 공립 교육기관은 국민의 돈을 지원받으므로 최소한의 자격을 갖춘 모든 학생을 수용해야 한다는 주장이 충돌한다.

이러한 논의 결과, 우수한 학생은 종합대학(University) 입학을 허용하고, 고등학교 졸업자격을 갖춘 모든 학생은 전문대학(Community College) 입학을 허가하는 타협안을 채택한다. 이것이 미국 전문대학이 잘 발달되고 고등교육이 보편화된 배경이다. 미국에서 사립 전문대학은 19세기 말부터 생겨나기 시작했지만, 정부 재정지원을 받는 전문대학은 시카고 대학이 1901년 부설로 운영한 2년제 주니어 칼리지(Junior College)가 시초인 것으로 알려진다. 2006-2007학년도 미국 대학은 모두 4,301개이며, 이 중 전문대학은 1,043개이다. 대학(전문대 포함)에 재학 중인 학생은 1748만 7,000명이며, 이 중 전문대학에 재학 중인 학생은 648만 8,000명으로 전체 학생의 약 37%이다.[5]

전문대학의 입학 기준은 조금씩 다르기는 하나, 95%의 전문대학이 고등학교 졸업학력자는 모두 수용하는 입학정책(open admission policy)을 유지하고 있다. 나머지 5%의 전문대학은 높은 고교 내신성적이나 SAT나 ACT, 대학 입학시험(College Admission Test) 등을 요구한다. 대

---

equal)라고 하면서, 흑백분리정책은 미국 수정헌법 14조의 기회보장조항에 위배한다고 판시한다. 이 사건으로 미국에서 흑인과 백인을 차별하는 정책은 점차 축소된다. 이것이 유명한 브라운 대 토피카 교육위원회(*Brown v. Board of Education of Topeka*, 347 US. 483, 1954) 사건이다.

5 National Center for Education Statistics(NCES), *Special Analysis, Community Colleges* (2008).

체로 전문대학은 취업하고자 하는 중견인력 양성이나 4년제 대학진학 준비를 목표로 한다. 2003-2004학년도에 전문대학에 등록한 학생을 조사한 자료에 의하면 약 30% 학생이 4년제 대학진학 준비, 43% 학생은 전문석사 취득 후 취업, 17% 학생은 기술자격 취득이 목적인 것으로 나타났다. 미국 교육통계청(NCES) 자료에 의하면 졸업생의 약 63%가 고등학교 졸업 후 바로 대학에 진학하며, 이를 세분하면 전문대학에 21%, 4년제 대학에 42% 진학한 것으로 나타났다.[6] 전체적으로 해당 연령의 약 73%가 대학에 등록했다.[7]

5) 위스콘신-매디슨 대학의 학생 선발 방식 사례

위스콘신-매디슨 대학(University of Wisconsin-Madison)은 고등교육은 지적인 엘리트가 아니라 교육으로부터 혜택을 얻을 수 있는 모든 시민에게 제공되어야 한다는 인식하에 1848년 위스콘신 주헌법에 의해 주립대학으로 설립된다. 1904년 당시 대학총장 찰스 반 하이스(Charles R. Van Hise, 1857-1918)가 주창한 목표는 "대학에 의한 모든 혜택은 주에 거주하는 모든 사람에게 유용해야 한다"는 것이었다.[8]

그리하여 연구 분야도 주민 생활이나 경제활동과 직결되는 데 집중되었으며, 이러한 방식으로 운영하여 유명한 대학이 된다. 1971년에는 위스콘신 대학 시스템(UW System)하에 위스콘신 주에 있는 위스콘신 주립대학(Wisconsin State University)과 매디슨 위스콘신 대학(UW-

6 NCES, *Digest of Education Statistics* (http://nces.ed.gov, 2011. 1. 24).

7 www.Nationmaster.com (2011. 1. 24).

8 "위스콘신 아이디어(Wisconsin Idea)"라고 부르는 하이스의 주장은 오랫동안 위스콘신 주 고등교육 정책의 방향으로 작용했다.

Madison)이 통합된다. 현재 위스콘신 대학 시스템하에 13개 4년제 대학과 13개 2년제 전문대학 등 총 26개 캠퍼스가 있다.[9] 통합 후 위스콘신 대학은 예산 부족과 학생 수 증가로 떨어진 교육의 질을 향상시키고자 노력하고 있으며, 그중 입학정책이 큰 비중을 차지한다.

1963년 위스콘신 대학 입학정책위원회(APC: Admission Policy Committee)는 새로운 입학정책을 발표한다. "한 학생의 실패는 다른 학생의 성공에 의해 판단되어서는 안 된다. 우리의 입학 기준이 무엇이든, 학생들이 서로 경쟁자가 되어서는 안 되며, 일단 입학 기준을 만족하면 그 학생들은 모두 입학할 수 있어야 한다"는 것이었다.[10] 그러나 1975년 교육의 품질유지를 위해 늘어나는 입학생 수를 통제할 필요가 생기자 학생 수를 일정하게 고정하는 입학정책을 도입한다. 이 정책은 매년 입학사정 기준점이 변화하는 폐단을 초래하고, 위스콘신 대학의 오랜 전통이던 '입학 기준에 합당한 모든 위스콘신 출신 학생에게 대학이 개방되어야 한다는 원칙'에 저해된다는 비판에 의해 1987년 수정된다.

위스콘신 대학의 경우 입학정책 수립은 기본적으로 교수진(Faculty)의 권한이며 교수진은 이 권한을 교수협의회(University Faculty Senate)에 위임하도록 대학 자체 규정에 정해져 있다. 교수협의회는 산하에 설치된 입학정책위원회(Committee on Admission Policy)의 권고를 바탕으로 입학정책을 수립한다. 이 입학정책위원회는 7명의 교수, 4명의 학생대표, 행정직원 1명 등으로 구성된다. 위스콘신 대학 매디슨 캠퍼스는 미국에서 상당히 인지도가 높아 선호되는 대학으로 입학경쟁률이 높다.

---

9 13개 대학 캠퍼스 중 매디슨 캠퍼스와 밀워키 캠퍼스만 박사 과정까지 운영하며, 나머지 11개 캠퍼스는 석사 과정까지만 운영한다. 그리고 2년제 칼리지는 대체로 인문과학(Liberal Arts) 분야에 한정되어 있다.

10 2011학년도 현재 UW 시스템은 입학정원 75% 이상을 위스콘신 주 출신에게 할당하고 있다.

때문에 대학당국에서는 대다수 1학년 신입생은 UW 시스템하의 대학과 전문대학에 진학하도록 유도하고, 2학년부터 우수한 학생을 선발하여 편입시키는 방식을 사용한다.[11]

UW 시스템하의 대학들은 〈표 Ⅳ-1〉과 같이 17 카네기 학점 단위 이상과 ACT나 SAT 성적을 요구하나, 일정 기준 학력 수준을 갖춘 학생은 모두 입학시킨다. 그러나 매디슨 캠퍼스만은 보다 높은 22 카네기 학점 단위 이상, GPA는 3.5-3.9 정도, 그리고 상위 85-96% 등급을 요구하며, ACT/SAT 성적 중 선택하여 1개를 제출하도록 하는데 ACT는 27-29점, SAT는 1860-2090점을 요구한다.[12] 또 과외활동과 학점이수 분포 정도의 적합성 등도 고려한다. 아울러 21세 이상의 학생과 장애아, 소수인종과 외국인 학생(이들 학생을 Non-tradition Students라고 함)에 대하여는 특별전형 제도를 병행 운영한다.

현재 위스콘신 대학을 포함한 중서부 지역 빅(Big) 10 대학[13]은 ACT 또는 SAT 성적, 학교 내신성적(GPA), 출신 고등학교의 유명도(history), 이수과목분포, 과외활동 등이 입학사정 기준으로 사용된다.

미국 내 거주자는 신학기 시작 전년도 9월 15일부터 원서접수를 시작하여 2월 1일까지 받는다. 외국인 학생은 가을학기 등록을 원하면 전년도 12월 15일까지, 봄학기 등록을 원하면 전년도 10월 1일까지 원서를 제출해야 한다.

---

11 매디슨 캠퍼스로의 편입생은 24학점 이상 취득하고 GPA가 3.0 이상인 자(4.0 만점) 중 학업성취 능력을 여러 가지로 고려하여 선발한다.

12 GPA나 SAT 점수에 범위가 있는 것은 전공 분야에 따라 요구 수준이 다르기 때문이다.

13 1896년 중서부 지역 7개 대학(시카고 대학, 일리노이 대학, 미시건 대학, 미네소타 대학, 위스콘신 대학, 퍼듀 대학, 노스웨스턴 대학) 총장이 모여 대학 간 운동경기 규칙과 운영방법을 논의한 회의에서 유래한다. 그 후 아이오와 대학, 인디애나 대학, 오하이오 대학, 펜실베이니아 대학이 가입하고 1946년 시카고 대학이 탈퇴하면서 빅(Big) 10이 되었다. 그러나 1949년 미시건 주립대학(Michigan State University)이 가입하여 현재 회원 대학은 모두 11개이다.

〈표 Ⅳ-1〉 2011-2012 입학 기준 이수 학점(단위: 학점, 카네기 학점 단위)

과목/구분	UW 시스템	위스콘신 대학 매디슨 캠퍼스
영어	4	4+
사회과학	3	4+
수학	3	4+
자연과학	3	4
상기과목, 외국어 중 선택	4	4
선택		2
합계	17	22

*카네기 학점 단위: 1학점은 주 1시간씩 3년간 이수한 경우

3. 프랑스 학생의 진로 선택과 학생 선발 제도

1) 프랑스 학생평가 방법: 유급과 바칼로레아

전국적인 학력진단평가는 1989년부터 초등학교 3학년 초, 중학교 1학년 초에 실시하며, 형성평가는 매학년 말 실시하여 상급학년 진급 결정에 활용한다. 대학 입학 자격시험인 바칼로레아는 고등학교 2학년부터 응시할 수 있으며, 과목별로 20점 만점에 10점 이상이면 합격이다. 만약 점수가 8점 이상 10점 미만인 경우 구두보완시험(oraux de rattrapage)을 보아야 하는데, 프랑스어와 성적이 좋은 다른 1개 과목을 선택하여 별도의 구두시험을 보아 10점 이상을 받으면 합격한다. 점수가 8점 미만이거나 2차 구두보완시험에 합격하지 못한 학생은 중등교육수료증(CFES: Certificat de Fin d'Etudes Secondaires)만 수여된다. 3학년 말에 바칼로레아를 취득하지 못한 경우, 유급하여 다시 시험에 응시하기도 하고 정부가 지원하는 직업훈련 과정에서 기술을 배우기도 한다.

① 유급(Repeating)

프랑스는 초등학교 때부터 학업성적이 미달되는 학생을 유급시킬 수 있다. 2005년 바칼로레아 합격자 중 초중고 전 학년을 통하여 주어진 기간보다(일반기술계 12년, 직업계 13년) 1년 이상 학교를 더 다닌 학생 비율은 57%로, 계열별로 살펴보면 일반계 학생은 약 20%, 기술계 학생은 약 66%, 직업계 학생은 약 76% 정도가 1년 이상 유급한 것으로 나타났다.

② 바칼로레아[14]

바칼로레아(Bac: Baccalaureat)는 프랑스 대학 입학 자격시험으로 영국의 GCE-A-level 시험이나 독일 아비투어와 비슷하다. 프랑스에서 대학에 진학하려면 바칼로레아 시험에 합격해야 한다. 대학진학뿐 아니라 어느 특정 분야에서 일하거나 전문기술 또는 자격을 취득하는 데도 바칼로레아가 요구되기도 한다. 바칼로레아는 크게 세 가지 유형으로 나뉘는데, 일반계 바칼로레아(Baccalaureat general), 기술계 바칼로레아(Baccalaureat technologique), 직업계 바칼로레아(Baccalaureat professionel)이다. 일반계 바칼로레아는 1808년, 기술계 바칼로레아는 1969년, 직업계 바칼로레아는 1986년 처음 실시되었다. 바칼로레아 분류 방식은 여러 번 변경되었는데, 현재의 체제는 1993년에 개선한 것이다. 일반계의 경우 1968년 도입되었던 A-E 5개 분류 방식을 1995년부터 경제사회(ES: Economique et Sociale), 문학(L: Literaire)과 과학(S: Sciences)의 3개 계열 구분 방식으로 개선하고, 기술계 바칼로레아는 기존 F, G, H 분류 방식을 1995년부터 STI, STL, STT와 SMS 등 현행 방식으로 개

---

14 바칼로레아 시험에 대한 자세한 내용은 II-6) 바칼로레아 참조.

선하였다.

프랑스 대학은 일반대학과 그랑제꼴(Grandes Ecoles)로 나뉜다. 대개 일반대학은 학생 선발권이 없고 바칼로레아 합격자 중 지역별 우선배정(sectorisation)에 따라 학생을 수용한다. 그러나 그랑제꼴은 독자적 학생 선발권이 있고 2년제 프레파(Prepas; CPGE 등)를 거친 학생 대상으로 선발한다. 때문에 과정을 마치면 고교졸업 후 5년간(Bac+5) 고등교육을 받는 것으로 간주하여 대개 석사학위가 수여된다. 그랑제꼴 중에는 경영대학과 공과대학(Grandes Ecoles d'Ingenieurs)이 많고, 공과대학과 경영대학 입학을 준비하는 프레파는 매우 인기가 있다. 다만 그랑제꼴로 분류되는 학교 중 정경대학(IEP: Instituts d'Etudes Politiques),[15] 국립예술대학(Ecole Nationale Superieur des Beaux-Arts) 등은 바칼로레아 합격자를 대상으로 바로 선발한다. 그리고 그랑제꼴로 분류되는 학교 중에는 사립학교도 상당수 있는데, 특히 경영대학(Grandes Ecoles de Commerce) 중에는 학비가 연 1만 유로 이상인 사립학교가 많다.

2) 프랑스 대학의 학생 선발 방식

① 개요

프랑스에서는 1984년 통상 새바리 법으로 불리는 고등교육법(Loi sur l' enseignement superieur)이 교육의 공공성을 강조하면서 도입한 지역별 우선배정(sectorisation) 원칙에 따라 일반대학의 학생 선발권을 폐지한다. 이에 따라 대학은 해당 지역 바칼로레아 합격자들이 지원하는 경우 모

15 IEP는 파리, 보르도 등 10개 지역에 캠퍼스를 가지고 있다. 파리 캠퍼스(IEP-Paris)를 통상 "시앙스 포(Science-Po)"라고 부르는데, 정치학, 경제학, 사회학 분야에서 매우 유명하다.

두 수용해야 한다. 그러나 건축계통이나 예술계통 대학 등 일부 대학이나 정부와 계약을 맺지 않은 사립대학 등은 대학별로 학생을 선발할 수 있다.

지원자의 전공희망 분야를 고려하여 거주지에 소재하는 일반대학을 우선배정하는 지역별 우선배정(l'object d'une sectorisation)을 하되, 대학선발 지역에 따라 적용 대상 대학의 범위가 다를 수 있다. 반면 지역선발 적용 대상이 아닌 경우는 "지역별 우선배정 제외(Licences non sectorises)"라고 하며, 건축, 치의학, 이공계 분야, 영어 · 스페인어 외 외국어 분야, 예술과 복합학문 분야 등이고, 대체로 학교성적과 바칼로레아 성적을 기본으로 한 서류전형이나 인터뷰, 예비시험 등으로 선발한다. 그러나 지역에 따라 지역별 우선배정 전공 분야가 다를 수 있고, 지원 방식이 다르기 때문에 일반화하여 설명하기 매우 어려우므로 사례를 통하여 살펴보도록 한다.

② 2008학년도 대학 입학생 선발 사례

2008학년도 9월부터 대학에 등록하고자 하는 학생(주로 고등학교 3년에 해당)은 〈표 Ⅳ-2〉와 같이 2008년 1월 20일부터 3월 25일 사이에 대학 입학 등록 사이트(www.admission-postbac.fr)를 통하여 후보등록을 해야 한다. 그리고 4월 4일까지 해당 지역별로 운영되는 포털 사이트[16]를 통하여 지원서류를 제출하는데, 지원서류에는 학생이 재학 중인 학교 코드, 학생 개인 코드(바칼로레아 등록번호), 성명과 생년월일, 그리고

16 예를 들어, 파리 및 파리 근교(Ile de France) 지역은 'RAVEL(www.ravel2008.fr)', 그르노블(Grenoble) 지역은 'SAIO(www.ac-grenoble.fr)'를 통하여 접수한다. 파리 지역을 관장하는 RAVEL은 930개 고등학교에 재학 중인 약 12만 8,000명 학생을 대상으로 운영하며, 여기에 속한 고등교육기관은 16개 일반대학(지역선발 적용 대상 대학), 18개 IUT, 350개 기타 고등교육기관(CPGE, STS, Paris-Dauphine 등) 등 384개이다.

지원을 희망하는 학교와 전공 분야를 희망순서에 따라 기재한다.

학교나 학과의 지원방법과 수는 지역에 따라 다를 수 있다. 예를 들면, 파리 지역(Ile de France)은 학생의 학교성적과 바칼로레아 성적 등을 고려하여 선발하는 과정〔예: 기술대학(IUT)〕, 고급기술 과정(STS), 파리-도핀 대학(Universite Paris- Dauphine), 건축학교, 프레파(CPGE), 치의학, 이공계 분야, 사회복지사 양성 과정(FCIL)[17] 등은 15개까지, 학생의 주거지를 중심으로 배정하는 일반대학의 지역별 우선배정 전공 분야(사회학, 심리학, 역사, 외국어 분야, 법학, 경제와 경영, 체육 등)는 3개까지 각각 우선순위를 정하여 제출할 수 있다. 그러나 그르노블(Grenoble) 지역의 경우, 대학을 6개 그룹[18]으로 나누어 각 그룹에 속하는 대학이나 전공 과정을 12개까지, 그리고 합계 36개까지 신청할 수 있다.

1월부터 5월 말까지 각 대학은 지원을 희망한 학생들을 자체 기준에 따라 선발하여 통보한다. 학생의 진학 희망순위는 대학 측에 알리지 않기 때문에 대학은 학생의 진학 희망 우선순위를 모르는 상태에서 학생을 선발하게 된다. 지역별 우선배정 전공 분야가 아닌 경우, 지원자는 대체로 3월 말 전에 대학으로부터 입학허가 제안을 받는데, 지원자는 RAVEL 지원서의 일반대학 순위 기재란에 제1순위로 기재하면 된다. 만약 지원자가 입학제안을 거절하면 4월 3일까지 대학에 통보해야 한다.

지역별 우선배정의 경우, 6월 3일부터 학생에게 제1차 입학제안서를 보내는데, 학생은 가부를 결정하여 즉시 대학에 통보하여야 한다.

---

17 FCIL(Preparation aux concours des ecoles de sante ou du secteur social)은 진료보조원 및 사회복지 양성대학 입학시험 준비반 과정을 의미한다.

18 (1) 프레파(CPGE) (2) 일반대학(일반 학사 과정, 치의학 등) (3) 고급기술 과정(STS) (4) 기술대학(IUT) (5) 호텔 등 (6) 이공계 대학 등.

이러한 과정이 세 차례에 걸쳐 이루어진다. 1단계에서 입학제안을 받아들이면 다음 단계로 넘어가지 않고 종료되나, 더 좋은 자리를 위하여 다음 2단계 입학제안을 계속하여 신청할 수도 있다. 입학제안을 수용한 학생은 대학별 일정에 따라 등록을 하면 된다. 그러나 세 차례에 걸친 입학제안 단계에서 대학으로부터 입학제안을 받지 못하거나 본인이 거절한 경우에는, 6월 17일부터 시작되는 결원보충 과정에서 대학이나 전공 분야를 결정해야 한다.

〈표 Ⅳ-2〉 2008학년도 프랑스 대학의 학생 선발 일정

일정	내용
2008. 1. 20	인터넷 홈페이지(admission-postbac.fr)에 후보 등록
2008. 3. 25	후보 등록 마감
2008. 4. 4	지원서류 제출 마감
2008. 4. 2-5. 24	오리엔테이션
2008. 5. 8-5. 12	지원서류 등록 확인
2008. 1. 20-5. 31	지망학과 등에 대한 희망순서 분류 마감
2008. 6. 3-6. 6	1단계 입학제안에 대한 수용 여부 결정
2008. 6. 10-6. 13	2단계
2008. 6. 17-6. 20	3단계
대학별 일정에 따라	대학 입학 등록
2008. 6. 17-	결원이 있는 경우에 보충선발 시작
2008. 6. 24-7. 29	5년제 이공계 대학 결원보충 선발

*상기 날짜는 매년 조금씩 바뀔 수 있다.

3) 진로 선택

2004-2005학년도 고등학교 3학년에 재학 중인 학생의 계열별 구성을 살펴보면, 일반계 52%, 기술계 30%, 직업계 18%인 것으로 나타났다. 일반계 학생의 42%(전체 고등학교 3학년 학생 대비 26%)는 과학 분야를 선택하였는데, 과학 분야는 그랑제꼴 준비반(CPGE)이나 의 · 치대, 공대 진학률이 높아 선호된다. 경제사회 분야는 그 다음으로 선호되는데 그랑제꼴 준비반 진학도 가능하고 법대, 경영대 등의 진학률이 높기 때문이다.

고등학교까지는 의무교육이며, 고등교육기관 진학률은 1960년대 10%에서 최근 55%로 급증하고 있다. 1989년 교육진로지도법(la loi d'orientation sur l'Education de 1989)에 의하여 응시생 80%가 바칼로레아를 취득하도록 조정한다고 선언한 이후, 2005년 바칼로레아 합격자 비율이 80%에 도달한다.[19] 전체적으로 보면 해당연령의 약 55%가 대학 등 고등교육 과정에 진학했는데, 구체적으로 보면, 일반대학에 26%, 그랑제꼴 준비반에 5.2%, 전문대 과정에 19% 등이다.

19 2005년 바칼로레아 시험 전체 응시자 61만 1,907명 중 49만 639명이 합격하여 합격률은 약 80%였고, 2012년은 84.5% 합격률을 보였다.

4. 영국 학생의 진로 선택과 학생 선발 제도

1) 전국 단위 학력평가

전국 학력평가시험에는 이미 Ⅲ장에서 살펴본 바와 같이 SATs, GCSE, GCE-A 시험이 있다.

〈표 Ⅳ-3〉 전국 단위 학력평가 비교

평가 종류	평가 대상	평가 과목	평가 등급 (국가 교육과정)
기초(Baseline) 검사	5세(1학년)	쓰기, 계산, 창의력	A–C
SAT	KS 1(7세)	읽기, 쓰기, 수학	Level 1–4
SAT	KS 2(11세)	영어, 수학, 과학	Level 2–6
SAT	KS 3(14세)	영어, 수학, 과학	Level 3–8
GCSE	KS 4(16세)	영어, 수학, 과학 등	Level A*–G
GCE–A	(18세)		Level A*–G

∗SAT: 전국 학력시험(Standard Assessment Tests)
∗KS(Key Stage): KS 1(1-2학년), KS 2(3-6학년), KS 3(7-9학년), KS 4(10-11학년)

2) 영국 대학의 학생 선발 방식

① 대학입학처(UCAS)

영국은 대학진학과 관련하여 독특한 제도를 운영하고 있는데, 하나는 GCE-A 시험이고, 둘째는 대학입학처(UCAS: Universities and Colleges Admission Service)의 운영이다. 대학에 진학하기 위해 GCE-A 시험에서 일정 이상 등급(grade)을 받아야 하고, 대학 입학전형 절차를 총괄하는 대학입학처를 통하여 입학전형 신청을 해야 한다.[20] 영국에서는 전공 관련 분야 과목 2개 내지 3개의 GCE-A 시험 성적이나 이에 상응하는 자격[21]을 취득해야만 대학진학 자격이 부여된다. 이러한 수준에 도달하지 못한 학생은 대학 입학 준비반(Sixth Form College)이나 계속교육기관(Further Education Colleges) 또는 개인운영 교습소 등에서 시간제나 전일제 학생으로 학업을 계속하여 GCE-A 시험을 다시 준비한다. 이는 일종의 재수 과정이다. 대학입학처 지원서에는 학생이 다니고 있거나 다녔던 교육기관을 모두 기록하도록 되어 있다.

대학입학처는 영국 내 260여 개 고등교육기관〔87개의 대학[22]과 기타 고등교육기관(colleges of higher education, the associated institutions)〕[23]에 대한 학생배정(주로 전일제 학생)을 담당하는 기관이다. 1999년 12월 대학입학처는 약 30년간 운영하던 점수환산 방식(UCAS Tarriffs)[24]을 개선하여 2002년 대학 신입생 선발부터 적용할 새로운 점수환산 방식을 발표한다(표 Ⅳ-4). 이는 노동당 정부가 국가 교육과정을 개정하면서까지 도입하고자 하는 핵심능력(Key Skills)[25] 자격을 가능한 모든 학생이 취득

20 영국 대학에 진학하고자 하는 외국인 학생도 반드시 UCAS를 통하여 학교배정을 신청하여야 하며, 필요한 자료나 정보는 UCAS의 인터넷 사이트(www.ucas.ac.uk), 영국대사관, 영국문화원에서 구할 수 있다.

21 예를 들면, Advanced GNVQ(General National Vocational Qualification, 2개의 GCE-A 성적과 동등) 또는 GCE-AS(1개 GCE-A 성적의 1/2에 해당) 등이다.

22 영국 종합대학 중 사립대학은 버킹엄 대학(University of Buckingham, 1976년 설립)이 유일하며 학생 수는 약 1,000명이다.

23 기타 고등교육기관은 학사 과정(BA), 전문학사(DHE: Diploma of Higher Education), HND(Higher National Diploma) 과정을 운영하는 기관이다. DHE는 회계 같은 인문 · 사회과학 분야 전문학사이며, HND는 컴퓨터 등의 직업 분야 전문학사이다.

24 더 자세한 점수환산 방식(UCAS Tariff)에 대하여는 UCAS 인터넷 사이트(www.ucas.com/students/ucas_tariff/tarifftable) 참조.

25 핵심능력(Key Skills)은 현재는 기초능력(Foundation Skills)으로 불리며 UCAS 점수환산 방식으로는 10점을 부여한다. 핵심능력은 의사소통능력, 수의 응용능력, 정보통신 활용능력, 다른 사람과 협력하며 일하는 능력, 자기주도적 학습능력과 문제해결능력 등을 말하며, 일반교과에 통합되어 배우되 이러한 능력을 검증하기 위한 별도 시험을 운영하고, 학생의 응시를 촉진하기 위하여 대

하도록 유도하기 위함이며, 30여 년 전 만들어진 점수환산 방식이 학생의 학업성취도를 제대로 반영하지 못하고, 스코틀랜드 자격을 포함하지 않은 불완전한 방식이라는 지적이 있었기 때문이다.[26] 아울러 상하위 간 점수차가 너무 크다는 지적에 따라 현재 GCE-A 시험의 상하위 간 점수 비율이 5:1(A:E=10:2)에서 이를 3:1(A:E=120:40)로 축소한다. 영국 정부가 추구하는 것은 GNVQ와 핵심능력 자격 등 직업 관련 자격이 보다 많은 학생과 대학이 선호하여 직업교육이 기존의 GCE-A 시험과 대등해지는 것이다.

1999년 대학입학처 개정안의 특징은 6단위 고급 GNVQ 과정 및 핵심능력 자격 도입과 스코틀랜드 자격을 환산표에 처음으로 적용하여 영국 전역을 포괄하게 된 것이다. 현재의 고급 GNVQ 과정은 12학점으로 구성되어 2개의 GCE-A 과목과 동등하게 취급될 정도로 비중이 크다. 때문에 직업교육 과정을 신청하는 학생에게 너무 부담을 주고 선택의 폭을 줄인다는 비판이 계속 제기되었다. 아울러 직업교육 과정을 보다 일반화시켜 많은 학생이 수강하도록 유도하기 위해 과목의 비중을 줄여 학생들의 부담을 덜었다. 또 직업교육을 보다 일반화하기 위하여 소위 핵심능력 자격 제도를 2000년부터 개정된 국가 교육과정에 적용함에 따라 대학입학처 점수에 반영하도록 한다.

학 입학에 필요한 점수를 반영한다.

26 초기 대학입학처는 학생 선발 과정에서 GCE-A 시험성적이 "A"인 경우 10점이고 "E"인 경우 2점을 주는 방식으로 점수를 환산한다. GCE-A 시험성적은 현재 A, B, C, D, E의 5개 등급으로 나뉘어 있다.

〈표 Ⅳ-4〉 UCAS 새로운 점수환산표(1999년)

핵심능력 (Key Skills)	GCE-A/AS와 고급(advanced) GNVQ			점수	스코틀랜드 자격	
	3단위(AS)	6단위(A)	12단위 (GNVQ-A)		고급 Higher	Higher
			A	240		
			B	200		
			C	160		
		A	D	120	A	
		B		100	B	
		C	E	80	C	
				72		A
	A	D		60		B
	B			50		
				48		C
				42		
	C	E		40		
				38		
				35		
수준 4	D			30		
				28		
수준 3	E			20		
				17		
				13		
수준 2				10		
				7		

종전에는 학생들이 GCE-A 성적 중 우수한 3개 성적만 제출하도록 하였으나 2002년부터는 이러한 성적 상한선도 폐지되어, 학생들은 더 많은 점수를 확보하기 위해 더 많은 과목을 수강하고 자격을 취득하기 위하여 노력해야만 한다. 많은 대학이 전공 분야와 관련하여 특정과목에서 일정 수준 이상의 성취를 할 것을 지원자에게 요구한다. 예를 들면, 런던 대학교 정경대학(LSE: University of London, London School of Economics and Political Science) 경제학과의 지원 자격으로 GCE-A 시험과목에서 3개 이상의 A등급 이상 성적을 요구하고, 회계학과는 GCE-A 시험성적을 3개 이상 제출하되 2개 과목에서 A등급 이상과 1개 과목에서 B등급 이상의 성적을 요구한다.[27]

〈표 Ⅳ-4〉와 같이 서로 다른 자격시험 간 점수환산 방식이 무리 없이 통용되는 이유는 교육 질관리에 대한 신뢰가 형성되어 있기 때문이다. 교육과정은 주어진 기준에 따라 철저하게 평가되기 때문에 학교 간 학생성적 비교에 잡음이 거의 없다. 또 대학질관리청(QAA: Quality Assurance Authority) 등을 중심으로 대학교육의 질을 철저하게 관리하여 대학을 졸업하는 것이 입학보다 더 어렵다. 그렇기 때문에 대학졸업자격증은 상당한 공신력을 갖고 통용된다. 이렇게 철저한 교육의 질관리로 교육 수준을 높이고 아울러 입시병목현상을 완화하며 궁극적으로는 학교교육의 정상화를 추구하는 것이 영국 고등교육 제도의 특징이다.

27 반면에 서리 대학(Univeristy of Surrey)의 경우 일반적으로 2개의 GCE-A 성적을 요구하나, 전공에 따라 3개의 GCE-A 성적제출을 요구하기도 한다. 예를 들면, 경제학과의 경우 3개의 GCE-A 성적을 요구하며, 최저 기준으로 BBB 이상(Tariff points 300 이상)을 요구한다.

② 대학의 학생 선발절차

영국 대학진학 절차는 다음과 같다. 대학에 진학하려는 학생은 지원서에 5개 전공 분야를 선택하여 매년 1월 15일까지 신청서를 대학입학처에 제출하여야 한다. 한 학생은 모두 5개 과정(전공 분야)까지 선택이 허용되며, 원하면 한 대학에서 2개 이상 과정을 선택할 수도 있다. 옥스퍼드 대학과 케임브리지 대학, 각 대학의 의과대학 지원자는 10월 15일까지 대학입학처에 지원서를 제출해야 한다. 옥스퍼드와 케임브리지 대학은 동시에 지원할 수 없으며, 의과대학은 4개 과정까지만 지원이 허용된다.

대학입학처가 운영하는 방식 중 특이한 것은 학생이 자신이 입학하고자 하는 해를 선택할 수 있는 점이다. 성적이 불리한 경우는 입학 희망 연도를 늦추어 학교배정을 받을 수도 있으며, 학생이 1-2년 정도의 사회생활이나 직장생활 후 학업을 계속하려는 경우에도 이용할 수 있는 방식이다. 조건부 입학인 경우 조건 충족도 입학 전까지 연기할 수 있다. 현재 입학허가를 받은 학생 중 약 20%가 1년 정도 입학 시기를 늦추는 것으로 나타났다.

대학입학처는 학생이 제출한 지원서 사본을 해당 대학에 보내며, 대학은 학생의 학업성적과 활동 등을 참고하여 입학 여부를 결정한다. 대체로 대학은 학생이 앞으로 보게 될 GCE-A 시험성적이 어느 이상일 조건으로 입학허가를 한다. 대학은 3월 말까지 학생에게 입학 여부를 통보하며, 2개 이상 입학허가를 받은 학생은 그중 1개나 2개를 선택하여 6월 말까지 대학에 통보하여야 한다. 조건부 입학허가를 받은 학생은 8월 중순에 발표하는 GCE-A 시험에서 조건을 만족해야 한다. 조건을 충족하지 못해 대학을 배정받지 못한 학생과 처음부터 입학허가를 받지 못한 학생은 마지막 기회인 클리어링 스테이지(Clearing

Stage)[28]를 활용하게 되며, 대학입학처와 각종 언론 매체가 각 대학별로 결원인 과정을 알려주는데, 이를 참고하여 자신의 성적에 맞는 대학을 고른 후 해당 대학에 직접 신청한다. 1999학년도 대학의 입학인원은 32만 9,788명이었으나, 2009년에는 48만 1,854명이 입학허가를 받았는데, 지원자의 약 75%이다. 학부 과정 학생 중 약 13%, 석박사 과정 전일제(full time) 학생 중 약 68%가 외국인이다.

3) 진로 선택

5년제 중등교육 과정을 마치면 대입준비 과정인 대학 입학 준비반(Sixth Form)에 진학하기 위하여 GCSE시험 5과목 이상에서 등급 C 이상을 취득해야 하는데, 1996년 합격률은 46%였으나 영국 정부의 합격률 제고 정책에 따라 2006년에는 59%로 증가하였다. 나머지 41% 학생들은 계속교육기관(Further Education Institutions)에 진학하여 직업기술을 배우거나 대학 입학시험을 준비하고, 일부는 바로 취업을 하여 직장을 다니며 기술을 배우기도 한다. 대학 입학 준비반에 진학한 학생들은 대학 입학시험인 GCE-A 시험을 준비하는데, 대학에 따라 다르기는 하나 2과목 이상의 GCE-A 시험에서 일정 등급 이상을 요구한다. GCE-A 시험에서 대학이 요구하는 일정 등급 이상을 획득한 학생의 비율은 〈표 Ⅳ-5〉에서 알 수 있듯 1996년 해당 연령 학생의 30%에서 2006년에는 37%로 크게 증가한다. 이는 10년 동안 대학진학률이 7% 정도 증가했음을 보여준다. 대학 입학 준비반 학생들의 GCE-A 시험 합격률은 평균 70% 정

28 클리어링 스테이지(Clearing Stage) 단계는 8월 20일경부터 9월 20일까지이며, 대체로 약 15%의 학생들이 이 단계에서 입학허가를 받는다.

도이다.

1년 졸업생이 약 70만 명이고 대학 신입생 중 유럽 국가를 포함한 외국인 학생 비중이 약 13%인 점을 감안하면 영국의 대학 진학률은 약 60%이다. 고등교육기관이 아닌 계속교육기관(Further Education College)이 2008년 현재 약 444개〔95개의 대학 입학 준비반(Sixth Form College) 포함〕이며, 여기에 재학 중인 학생은 약 360만 명(시간제 포함)이다.[29] 고등직업교육 과정(HND 등의 과정)에 재학 중인 학생을 고려하면 영국의 고등교육기관 진학률은 2008년 현재 약 60%(시간제 등록 포함)이다.[30]

〈표 Ⅳ-5〉 전국 단위 학력평가 비교

	1995/96	2005/06
GCE-A 2개 이상	30% (남 27%, 여 33%)	37% (남 33%, 여 42%)
학생 수	67만 2,000명	80만 7,000명

5. 결어

미국 대학은 19세기 말까지는 대학별로 시험을 보아 선발하였고, 평가 과목은 고전학문 위주였다. 1870년 미시건 대학교가 평가인증받은 고등학교를 졸업한 학생에게 고등학교 졸업증에 의한 입학을 허용하는 정책을 채택하면서 고등교육 기회의 문이 활짝 열리기 시작한다. 아울러 산업의 발달로 경제활동에 필요한 실용학문(회계, 지리 등)에 대한 수

29 www.education.gov.uk/rsgateway (2011. 1. 25).

30 www.nationmaster.com; www.hesa.ac.uk (2011. 1. 25).

요가 증가하는데, 이러한 동향을 대학이 적극 수용함으로써 우수한 인재를 유치하기 위한 대학 간 경쟁이 치열해지기 시작한다.

반면, 프랑스, 영국은 표준화된 학력시험(바칼로레아, GCE-A 시험)을 통하여 성적 위주의 선발과 고전학문 위주의 전통을 고수하였다. 미국 대학은 학생의 성취도(학교 내신성적, SAT나 ACT 성적, 학교 내외 다양한 학생활동 등)와 잠재력을 종합적으로 고려하여 선발하는 체제로 전환한 반면, 프랑스와 영국 대학은 성적 위주의 선발과 소수 엘리트 위주 교육을 고수하면서 대학이 사회발전 속도를 따라가지 못하게 된다.

미국은 대학교육을 누구나 원하면 받을 수 있게 개방하는 정책을 추진하여 고교 졸업증에 의한 입학 학력 인증과 다양한 과목의 개설로 다양한 분야에서의 인재양성을 꾀하고, 아울러 전문대학(community college)을 확대하여 직업교육을 강화한다. 전반적으로 미국의 우수 인재 집단(pool)을 확장한 것이 미국 경제성장의 큰 원동력이었다고 볼 수 있다. 반면, 프랑스와 영국은 소수 엘리트 위주 양성정책으로 우수한 소수를 양성하는 데는 탁월한 제도였으나 산업의 발전과 사회의 다원화에는 부응하지 못하였다. 1970년대 이후부터 고등교육기회 확대를 추진하고 있으나, 국가재정의 한계로 어려움을 겪고 있다. 21세기 지식기반사회는 더욱 많은 우수 인재를 필요로 한다. 다양한 분야의 인재를 길러내고, 계속 능력을 개발하도록 촉진 · 지원하는 데에 대학경쟁력은 물론 국가경쟁력이 달려 있다.

대학이 학생을 선발하면서 객관적 성적 위주 평가를 실시한다면, 학생은 시험에서 좋은 성적을 받기 위하여 암기 위주의 공부를 할 수밖에 없다. 학생평가 방식과 대학선발 방식이 바뀌어야 21세기가 필요로 하는 인재를 키울 수 있다. 미국 대학들은 19세기 말까지 라틴어 등 고전학문 중심의 대학별 개별 시험을 통하여 학생을 선발하였다. 그러나 어떤 방식으로 학생을 선발하는 것이 대학은 물론 초중등교육과 사회의 건전한 발전에도 기여하는지에 대한 심도 있는 논의와 연구결과를 바탕으로 혁신적인 방식(innovative ways)을 도입하여 문제를 해결한다. 고등학교 졸업자의 증가와 실용학문에 대한 수요 증가 등을 반영하여 대학별 개별 입학시험의 폐지와 고등학교 졸업자격에 기초한 입학 허가, 실용과목을 포함한 선택과목의 범위 확대, 전문대학 육성을 통한 증가하는 고등교육 수요 해결 등은 당시에는 혁신적인 방안이었다.

학생의 잠재능력을 제대로 평가하려면 다양한 평가방법이 균형 있게 사용되어야 한다. 우리의 경우 학교에서의 학생평가와 대학의 학생선발에 대학 신뢰가 약하여 객관적 점수나 수치(학교 내신 등급과 수학능력시험 성적 등) 위주로 평가하고 선발함으로써 창의력 신장이나 문제해결 능력 향상보다는 객관식 평가와 학생 간의 경쟁을 조장하는 경향이 강하다. 사교육비 감소에 중점을 둔 단기적 방안보다는 초중등교육의 정상화와 대학의 발전 그리고 사회적 수요를 고려한 종합적이고 혁신적인 방식으로 해결방안을 모색해야 한다. 평가와 학생 선발 방식의 변화 없이는 교육의 변화를 기대할 수 없다. 결국 모든 교육의 혁신은 평가 제도 개선을 수반해야 하며, 동시에 중장기적 비전을 통해 교육에 대한 학부모의 신뢰확보를 위한 노력과 협력이 동시에 이루어져야만 교육의 변화를 기대할 수 있다.

V. 효과적인 학교만들기와 학교발전운동

1. 효과적인 학교만들기

2. 학교발전운동

3. 효과적인 학교만들기와 학교발전운동의 접목

o

1966년 미 의회에 제출된 소위 「콜먼 보고서(Coleman's Report)」[1]이후 학교교육의 효과성에 대한 논쟁이 계속되고 있다. 콜먼(J. S. Coleman) 등은 보고서에서 학생 학업성취도의 대부분은 학교교육보다는 학부모의 사회경제적 지위(SES: Social Economic Status)에 의하여 결정된다고 주장하였으며, 이후 1972년 젠크스(C. Jencks)와 긴티스(H. Gintis) 등도 『불평등성』에서 비슷한 연구결과[2]를 발표한다.

이후 많은 교육학자에 의하여 학교교육의 효과성 내지는 교육투자의 효과성을 찾기 위한 노력이 시작된다. 대다수 연구결과는 콜먼과 젠크스가 주장한 것처럼 학부모의 사회경제적 지위에 의하여 학생의 학업성취가 크게 좌우되는 것은 사실이지만, 여전히 학교교육은 학생의 학업성취도에 가장 큰 영향을 준다는 것이다. 교육학자들은 학교교육이 더 많은 성과를 내는 방안을 찾고자 끊임없이 노력했고, 이러한 노력의 일환으로 1980년대 이후 학교발전운동(SI: School Improvement)과 효

---

1 보고서의 정식 명칭은 "교육의 기회균등(Equality of Educational Opportunity)"이며 보고자는 콜먼 외에 캠벨(E. Campbell), 홉슨(C. Hobson), 맥패틀랜드(J. McPartland), 무드(A. Mood), 와인필드(F. Weinfield)와 요크(R. York) 등이다. 당시 미국 의회는 소련의 스푸트니크 호 발사 이후 미국 과학기술의 낙후원인을 진단하고자 전문가들에게 교육의 성과를 파악하도록 연구를 의뢰하였다.

2 C. Jencks, et al, "Inequality: A Reassessment of the Effect of Family and Schooling in America", *American Journal of Sociology*, 78(6), pp. 1523-1544.

과적인 학교(SE: School Effectiveness)연구가 진행되고 있다.

효과적인 학교연구는 주로 학생의 성취도가 높은 학교를 대상으로 어떤 요인이 좋은 성과를 가져왔는지 파악하는 데 중점을 두는 반면, 학교발전운동은 어떻게 하면 효과적인 학교를 만들 수 있는지 파악하고 실행하는 데 중점을 둔다는 면에서 차이가 있지만, 교육의 성과를 높이고자 하는 기본 방향은 같다. 최근 나타나는 효과적인 학교연구와 학교발전운동을 연계시키고자 하는 움직임은 이 두 가지가 상호보완적 관계임을 반영하고 있다.

1. 효과적인 학교만들기

1) 배경

효과적인 학교와 관련한 영국의 대표적 연구로는 러터(M. Rutter) 등이 1979년에 발표한 『1만 5,000시간(Fifteen Thousand Hours: Secondary Schools and their Effects on Children)』[3]이 있으며, 1995년 영국 교육기준청(Ofsted: Office for Standards in Education)이 효과적인 학교에 대한 연구성과를 일선 학교에 확산시키고자 그동안의 연구에 대한 종합적인 검토연구를 의뢰한 바 있다. 크리머스(B. Creemers)는 학생 학업성취 중 10% 내지 20% 정도만 학교교육에 의해 영향을 받은 것이라는 연구결

3 이 책의 제목 "1만 5,000시간"은 학생들이 초중등학교에서 보내는 시간을 상징적으로 보여주며, 런던 시내 중등학교를 대상으로 4년간 연구하여 학교가 학생들에게 많은 영향을 준다는 결과를 도출하였다. 학교교육의 중요성을 논할 때 많이 인용되는 책이다.

과를 발표한 반면,[4] 미국의 하누섹(E. Hanushek) 교수는 교육에 대한 투자 증가가 교육의 성과 증대에 기여하지 못했다고 지적하였다.

그러나 대다수 교육학자는 이러한 연구가 대개 단기적이며 측정 가능한 학업성적 내지 무단결석률만을 주요한 학교성과로 분류하여 비교하기 때문에 학교교육의 목적을 오히려 왜곡시키고 있다고 비난한다. 교육의 주요 목적은 건전한 시민양성, 창의성 개발, 협동정신 함양과 인격 개발, 그리고 직업세계에 대한 준비와 자기학습법의 터득이며, 이러한 교육의 목적은 단기간 내 준비 · 성취될 수 없고 측정이 곤란하다. 때문에 대부분 연구자는 단기간에 준비성과가 나타나고 쉽게 측정이 가능한 학업성적 위주로 학교교육의 성취를 연구하는 경향이 있다.[5] 또 학업성적은 상급학교 진학과 취직 시 중요한 척도로 활용되는 주요 관심사이기도 하다. 이러한 이유로 교육의 본질적인 문제를 다루기보다는 학생 학업성적 중심의 연구가 언론에 자주 등장하고 정치적 관심사에도 중요한 비중을 차지해왔다.

정책적으로도 교육투자의 효과성을 높이기 위한 노력은 교육의 목적 실현 못지않게 중요하기 때문에 대다수 교육정책자는 효과적인 학교 만들기나 학교발전운동에 관심을 갖지 않을 수 없다. 바람직한 것은 교육투자의 효과성 제고와 교육의 목적 실현이라는 두 마리 토끼를 동시에 잡을 수 있는 연구방법 모색과, 그러한 방향에서의 정책수립 및 추진이다. 지난 20년에 걸쳐 학업성적 비교 위주로 진행했던 효과

4 M. Creemers, P. Bert, and G. Reezigt, "School Level Conditions Affecting the Effectiveness of Instruction", *School Effectiveness and School Improvement*, 7(3), 1996, pp. 197-228.

5 예를 들면 교육을 많이 받을수록 범죄율이 떨어지고, 이로 인하여 사회는 안전이라는 측면에서 많은 혜택을 볼 수 있다. 어느 연구자료에 의하면 1년의 교육을 더 받을수록 체포율이 11% 정도 떨어지는 것으로 나타났다. L. Lochner, *Education and Crime* (2007). http://economics.uwo.ca/faculty/lochner/papers/educationandcrime.pdf (2012. 7. 17).

적인 학교에 대한 연구는 최근 이러한 문제점을 보완하고자 학업성적 외 학교교육 성취에 대한 연구를 병행하는 방법을 모색 중이다.

2) 주요 내용

효과적인 학교연구에서는 어떤 요인이 학교를 효과적으로 만드는지에 대한 연구가 주류였다. 연구 대상 학교에 따라 조금씩 다르나 대체로 비슷한 연구결과를 내놓고 있다. 효과적인 학교에 대한 정의도 조금씩 다르나 모티모어(P. Mortimore) 교수의 "효과적인 학교란 해당 학교에 다니는 학생들의 요인을 고려하여 학생들이 성취할 것으로 기대되는 것보다 더 많이 성취시키는 학교"라는 주장이 대표적으로 인용된다. 학생의 성취도에 있어 가장 영향을 많이 주는 것이 부모의 사회경제적 요인이다. 아울러 주위 동료관계 또한 학생의 성취도에 큰 영향을 준다. 학교마다 학생의 특징이 다르기 때문에 이들 요인을 고려한 후 순수하게 학교교육이 학생성취에 미친 영향의 정도를 찾아내어—이를 부가적 성취평가(value added assessment)라고 함—학교교육의 효과성을 파악하는 데 중점을 두고 있다. 그러나 이러한 연구는 최근의 연구방법론의 발전으로 가능해진 것이며, 종전에는 비슷해 보이는 학교간 성취도와 특징을 비교한 후 성취도가 아주 높은 학교의 특징을 찾아내는 데 중점을 두었다.

초기 연구 중 1979년 에드먼즈(R. Edmonds)의 유명한 다섯 가지 요인〔소위 다섯 가지 요인 모델(five factors model)이라고 함〕이 효과적인 학교연구 모델로 활용되었으며, 1979년 『1만 5,000시간』은 효과적인 요인과 비효과적인 요인을 파악하고자 한 대표적인 초기 연구이다. 1989년 로젠홀츠(S. Rosenholtz)는 학교를 일종의 사회적 조직체로 보고 학교를 학습적인 학교(learning enriched school)와 비학습적인 학교(learning impoverished school)로 구분한 후 학습적인 학교의 특징을 찾아내고자 하였다. 1995년 모티모어 등은 기존 효과적인 학교연구를 검토한 후 효과적인 학교의 특징을 아래와 같이 열한 가지로 정리하여 제시했다.[6]

(1) 전문가적 지도력

- 뚜렷한 방향과 확고한 의지, 외부 영향과 충격을 적절하게 처리하는 능력, 엄정한 교직원 선발
- 중간관리자에 대한 책임과 권한의 적절한 배분
- 교육과정, 교수학습방법과 학생평가 등 교실 내에서 일어나는 상황에 대한 전문가적 이해와 관심 속에서 이를 적절하게 지원하고 이끌어가는 지도력

(2) 비전과 목표에 대한 공감대 형성

- 단결성: 학교의 교육목표와 방향에 대한 확고한 공감대 형성
- 일관성: 학교 운영에 있어 일관성 확보, 특히 학생평가와 상벌에 일관성 유지
- 동료의식과 협동정신: 정책 결정에 교사 참여, 학교 발전에 대한 주인의식(ownership), 학생과 교사 간 상호 존중하고 돕는 공동체 의식 형성

(3) 학습환경의 조성

- 학교 풍토: 학업 지향적이고 질서 잡힌 학교 환경[7]

---

6 P. Mortimore, et al, *Key Characteristics of Effective Schools: A Review of School Effective Research* (1995. 3).

7 학교에서의 안전문제나 최근 심각해지고 있는 왕따 현상 등도 여기 해당한다. 학습환경의 조성은

• 학교 시설: 쾌적한 학습환경 및 근무여건 조성

(4) 교수와 학습(teaching and learning) 강조

• 학습시간의 최대 확보: 학생과 상호작용 및 대화에 적절한 시간배분, 교사의 관심은 개인적 관계가 아닌 지적 분야에 집중, 시간 엄수
• 학업성취의 중요성 인식: 교사와 학생 모두 학업성취 중요성 인식,[8] 교육과정의 수준별 운영과 완전습득 학습법(mastery learning) 강조
• 학업성적의 강조: 수업일수 등 시간의 효과적 사용, 과제의 양, 과목 간 균형적인 시간 배분

(5) 잘 조직화된 교수(purposeful teaching)

• 수업의 효율적인 조직: 사전 학습지도 준비, 적절한 학습진도 유지
• 수업 목표의 명확화: 수업목표의 명확한 제시. 학생의 사전 학습 정도, 학생의 개인적 관심사와 연계되어 학습동기를 유발하는 수업목표 설정
• 구조화된 학습지도: 학생의 주의를 끄는 효과적인 질문, 질의응답식의 체계적인 학습지도 방식, 학년에 따른 적절한 교수법 사용(예: 학년이 올라갈수록 학생들은 자기 방식으로 혼자 공부하는 방식을 선호)
• 학생적응적인 지도(adaptive practice): 학생의 학습 방식 차이를 고려한 수업지도

일종의 필요조건이지 충분조건은 아니다. 즉, 학습환경이 조성되었다고 무조건 학생의 학업성취가 올라가는 것은 아니다. 그러나 학습환경의 조성 없이 효과적인 학교를 만들 수 없다는 데는 대부분 전문가가 동의한다.

8 최근 영국 중등학생 중 여학생이 남학생보다 우수한 학업성취를 보이는 현상을 분석한 결과는, 여학생은 학업지향적인 데 반하여 남학생 사이에서는 공부를 잘 하는 것을 여성적이라고 치부하는 경향이 있다는 것이다.

(6) 높은 기대감(high expectation)

• 지적 호기심 유발과 연계된 속에서의 높은 기대감: 단순한 높은 기대감만으로는 효과가 나타나지 않으며, 그것이 학업성취 등의 요인과 연계될 때 효과가 나타남.
• 태도와 대화 속에서 나타나는 기대감: 학생에 대한 기대감이 교사의 태도와 대화 속에서 자연스럽게 나타나야 학생의 자긍심 형성으로 이어짐. 칭찬으로 학생의 성취의욕을 강화하는 것이 중요함.
• 지적 호기심 자극: 높은 기대감이 있을 때 지적 호기심을 자극하는 수업이 가능함.

(7) 적극적인 강화(positive reinforcement)

• 명확하고 공평한 규율: 규율이나 외부적인 통제보다는 소속감과 참여의식에서 나오는 질서 있는 풍토조성이 더 효과적임.
• 즉시적인 환류(feedback): 상벌은 즉시적이고, 학업성취보다는 학생의 행동에 대한 것일수록 더 효과적임.

(8) 성취 정도의 지속적 점검 · 평가

• 학생 성취도 평가: 성취에 대한 빈번한 평가가 성취도 향상에 미치는 영향은 적다는 연구결과가 나오고 있지만, 지속적이고 체계적인 평가를 통해 교육목표를 분명히 하고, 학습방법과 수업 방식의 문제점을 파악 · 개선할 수 있음. 그러나 더 효과적인 것은 학업성적뿐 아니라 학생의 장단점을 체계적이고 지속적으로 기록(recording-keeping)하는 것임.
• 학교성취 점검 · 평가: 학교 발전 계획 평가, 수업과 학생지도 등 교육활동 전반에 걸친 교사 점검 · 평가 수행, 의사결정 과정 및 교사능력개발에 점검평가 결과를 반영함.

(9) 학생 권리와 책임 제고

- 학생 자긍심의 고취: 학생의 자긍심이 고취되고 자기 학업에 대한 책임 의식을 공유할 때 학생은 학교생활을 긍정적이고 적극적으로 함. 학생의 자긍심은 교사가 학생 개개인의 요구를 적절하게 이해하고 대응하여 교사-학생의 관계가 긍정적일 때 고취됨.
- 책임의식 고취: 학생의 능력을 믿고 책임을 부여할 때 학업 태도와 성취 등에 있어 효과성이 증대됨.
- 자기관리 기회 부여: 학생들에게 교사의 지도 · 감독 없이 스스로 할 수 있는 기회를 부여함.

(10) 가정과 학교의 협조

학생지도에 학부모 참여: 교사, 학생과 학부모는 적극적인 협조관계여야 하며, 교사와 학부모 간 학생지도에 대한 견해가 다를 때에는 부정적인 효과를 가져올 수 있음. 형식화된 학부모-학교관계 또한 부정적인 결과를 야기할 수 있음.

(11) 학교의 학습조직화(learning organization)

학교 중심 교사 능력개발 촉진: 교사의 능력개발은 학교에서 필요로 하는 분야인 동시에 교사 개개인이 원하는 분야여야 함. 특히 능력개발은 교수법과 학생지도에 중점을 두어야 함. 교직원의 자기능력개발은 일상화되어야 함.

그러나 이러한 특징을 모든 학교에 그대로 적용한다고 같은 결과를 기대하는 것은 곤란하다. 대부분 특징은 다른 특징과 상호작용을 하기 때문에 효과는 학교에 따라 다를 수 있다. 교육의 효과성에 대한 국제 비교 연구결과도 한 국가에서 효과적인 방법이 다른 국가에서는 효과적이지 못함을 지적하면서 연구의 일반화가 가진 한계점을 지적한다. 학교 상황과 특수성의 정확한 진단, 그에 대한 적절한 방법 선택, 그리고 상황에 능동적으로 대응할 수 있는 교직원 확보가 성공의 열쇠이다. 또 다른 문제는 연구방법이 주로 학교교육 분야 중 학업성취 위주의 비교평가이며, 학교교육에서 매우 중요한 건전한 시민육성, 창의력 신장, 문제해결능력 함양 등의 분야는 측정이 곤란하다는 이유로 학교성취 연구 시 제외되고 있다는 점이다. 그럼에도 교육의 효과성연구에 관심이 집중되는 이유는 한정된 자원의 효율적 활용에 대한 관심이 점증하기 때문이며, 또한 학교교육이 가지고 있는 무한한 발전 가능성 때문이다.

2. 학교발전운동

1) 배경

학교발전운동은 1957년 이른바 소련의 스푸트니크 쇼크 이후 등장한다. 듀이(John Dewey)의 아동 중심 교육과정에 맞서 미국과학재단(NSF: National Science Foundation)은 새로운 과학 분야 교재개발〔물리학연구위원회(PSSC: Physical Science Study Committee)의 물리교재 등〕을 추진한다. 교육과정 관련 자료의 개발보급을 통하여 학생의 학업성적을 올리고자 하였던 것이다. 그러나 우수한 학자가 대거 참여하여 개발된 교육과정 자료는 학생의 성취도 향상에 크게 기여하지 못했다. 자료개발에 현직 교사들이 참여하지 못했고, 교사의 준비 부족으로 자료가 제대로 활용되지 못했기 때문이다. 하향식(top-down) 개혁의 한계를 인식하고, 교사의 충분한 이해와 참여 없이 성공하기 어렵다는 그동안의 경험을 바탕으로 1970년대 후반 이후 학교발전운동은 학교 내 상호작용 과정의 역동성(dynamics)에 관심을 갖게 된다. 연구자들은 효과적인 학교를 만드는 요인 제시나 단순한 변화 시도만으로 학교발전운동이 성공할 수 없으며, 학교 내 각종 요인의 상호작용을 인식하는 것이 성공의 열쇠임을 알게 된다. 이에 따라 대부분 연구자와 정책담당자는 학교별 특성과 차이점을 고려한 연구수행과 현장에서 즉시 활용 가능한 현장지향적 정책수립에 중점을 두고 있다.

학교의 자율적 발전운동을 촉진하고 중앙정부 주도의 교육정책에 따른 중앙과 지방의 갈등문제를 해결하고자 1970년대부터 학교의 자율성 확대방침이 추진된다. 중앙에서 효과적으로 수행하지 못한 기능은 지방이나 학교로 위임하고, 중앙정부는 일반적인 지침 제시와 점검 및 지원에 중점을 두었다. 자율성이 높은 학교를 창조적인 학교(creative schools), 문제해결학교(problem solving schools) 또는 자율학교(autonomous schools)라고 구분하다가, 1980년 중반 이후 학교 중심 운영정책이 본격화되면서 미국에서는 현장 중심 관리(SBM: Site Based Management) 또는 재구조화(restructuring)라는 용어로, 영국에서는 학교 중심 관리(LMS: Local Management of Schools), 그리고 호주에서는 자율관리학교(SMS: Self Management Schools)라는 명칭을 사용하기 시작한다.

학교 발전에 대한 많은 연구결과에 따르면, 단순히 예산집행의 권한을 위임하거나 학교의 자체 결정권한을 확대한다고 해서 그것이 학교 발전을 보장하는 것은 아니라는 것을 알 수 있다. 첫째, 교수-학습(teaching-learning)에 변화를 주어야 하고, 둘째, 학교 조직 등 근무여건과 형태가 바뀌어야 하며, 셋째, 학교와 교사, 학부모, 학생 간 권한과 책임, 역할과 관계에 있어서 적절한 변화가 있어야 한다는 것이다. 무엇보다 그러한 변화가 동시에 일어나야만 재구조화가 성공할 수 있다. 하향식 정책추진으로는 이러한 변화를 동시에 일으키기 어렵기 때문에 학교 발전이 대부분 실패한다. 학교발전운동이 학교를 발전시키기 위한 변화의 과정을 중시하고 어떻게 하면 발전할 수 있는가를 보여주기는 하나, 효과적인 학교를 만들기 위한 요인이 어떤 것인지와 효과적인 학교란 어떤 모습인지는 제시하지는 못한다는 것이 문제이다. 학교별, 학생별 다양한 특징을 고려하기보다는 전체 학교를 일률적인 방식으로 바꾸려는 것도 문제점으로 지적된다.

그 동안 여러 정책의 집행 과정을 분석한 맥로린(M. McLaughlin)은 다음 세 가지 원칙이 매우 중요한 요인으로 작용했음을 주장한다.[9] 첫째, 정책은 무엇이 일어날지 강제하지 못한다. 둘째, 집행 과정이 결과를 결정한다. 셋째, 획일적인 것은 예외적인 것이어야 하며, 지역의 다양성이 일반적이어야 한다. 그는 이러한 원칙하에 정책이 효과적으로 추진되기 위해 다음과 같은 것들이 동시에 추진되어야 함을 강조한다.

(1) 일반적 연수가 아닌 교사의 업무와 연계된 구체적인 교사연수

(2) 지역 전문가의 교사 지원

(3) 비슷한 과제를 추진 중인 학급, 학교, 학교구 방문 · 관찰

(4) 추진과제와 관련한 실제적인 문제를 협의하기 위한 정기적인 모임

(5) 교사의 추진과제 결정 참여

(6) 지역 중심 추진과제의 관련 자료 개발

9 M. McLaughlin and M. Talbert, *Professional Communities and the Work of High School Teaching* (2001).

(7) 교장의 교사연수 참여 등

2) 주요 내용

학교발전운동이란 학교가 자체적으로 혁신해가는 이상적인 형태를 갖도록 하는 것이다. 많은 연구에서 대부분 정책이 과정(process)의 개선보다는 결과(outcomes)만을 중시하기 때문에 변화가 제도화(institutionalization)되지 못하고 일과성 행사(event)로 끝나는 경향이 많다고 보고한다. 학교 발전(SI)이란 용어는 이제 보편화되어 있으나 교육변화가 일어나는 과정 자체가 너무 복잡하기 때문에 여전히 연구해야 할 것이 많다. 발전과 변화의 중심은 학교여야 하며, 변화 추구가 교사들의 행태에 내재되도록 여건을 조성하고 능력을 개발하는 것이 무엇보다 중요하다.

홉킨스(D. Hopkins)는 학교발전운동의 성공조건으로 다음 일곱 가지를 강조한다.[10]

(1) 학교가 변화의 중심: 정책은 학교별 특성을 반영할 수 있어야 한다.

(2) 체계적이고 장기적인 변화 추진: 잘 짜여진 계획하에 여러 해에 걸쳐 과정(process)의 변화를 추진해야 한다.

(3) 학교 내부조건이 변화의 관건: 학교 업무처리 과정, 역할분담과 자원 활용 등이 교수-학습활동 과정을 중점 지원하는 방향으로 변화해야 한다.

(4) 교육의 목표: 단순한 성적의 향상보다는 학생의 균형적인 발전욕구,

---

10 D. Hopkins, "Towards Effective School Improvement", *School Effectiveness and School Improvement*, 6(3), 1995, pp. 265-274.

교사의 전문성 신장욕구와 지역사회의 요구 등을 추구하는 보편적 교육목표가 필요하다.

(5) 다양한 시각 수용: 학교가 변화의 중심이어야 하지만 학부모, 지역사회, 관련 기관 및 단체 등의 협조 없이 학교 단독으로 성취할 수는 없다.

(6) 하향식과 상향식 통합: 하향식 정책은 주로 정책목표, 전반적인 추진전략과 운영계획을 일선 기관에 제시하며, 상향식 정책은 현장의 문제진단, 목표 우선순위 결정과 집행방법에 관한 것이다. 이 두 방식이 적절하게 조화를 이룰 때 하향식 정책은 정책 기본방향, 자원과 다양한 정책수단을 제공하고, 학교는 적절한 집행계획을 수립하고 적극적으로 추진할 수 있다.

(7) 제도화: 변화가 교사들의 행태에 자연스럽게 내재되어야 한다.

학교 발전과 관련된 요인은 매우 많으나 학교구조, 학교문화, 교육과정 운영 방식, 학교정책, 학생과 교사 특성, 학교 운영 방식(리더십), 국가교육 방향과 목표, 재정과 학교의 성취 등 아홉 가지로 나누어볼 수 있다. 학교별로 각 요소 간 내용과 정도가 다르기 때문에 학교를 학습조직화(learning organization)하여 스스로 발전전략을 수립하는 풍토가 일상화되도록 유도하는 것이 가장 바람직하다. 가장 일반적으로 활용되는 자율적인 학교 발전 방안은 학교 자율 평가(school self evaluation), 학교 발전 계획(school development planning) 수립과 직원연수(staff development)로 구성된다.

학교 자율 평가는 교사가 체계적 · 주기적으로 학교 교육과정 운영과 학교조직 운영 재평가, 의견조사 등을 수행하여 학교 자체적으로 학교운영능력을 확보해나가는 것이다. 학교 발전 계획 수립은 현재 많은 국가에서 보편화된 것으로, 학교 자율 평가결과를 바탕으로 학교의 장점과 단점을 파악한 후 장점의 강화와 단점의 보완에 중점을 두어 추진한다. 결과보다는 과정의 변화와 개선에 중점을 두며, 자체적으로 추진 과정을 확인 · 점검하는 질관리(Quality Assurance)체제를 구축하여 외부통제보다는 내부통제에 의한 발전을 추구한다는 점, 그리고 학교 발전전략은 교수-학습의 개선에 중점을 두며 이를 위하여 교직원의 능력개발을 강조한다는 점이 특징이다.

아무리 좋은 계획이라도 그것이 교육과정 운영과 교수-학습에 통합되지 않으면 효과를 기대하기 어렵다. 자율평가와 발전계획의 수립은 학교 발전을 위한 필요조건이지 충분조건은 아니다. 따라서 성공의 충분조건은 교사의 준비 정도에 달려 있다고 볼 수 있다. 학교의 학습조직화(learning organization)나 효과적인 교원연수는 특히 중요하다. 교원연수와 관련한 많은 연구에서 단순한 지식의 전달이 아니라 바로 교실에서 활용할 수 있는 구체적이고 실제적인 능력과 기술에 중점을 두어야 효과가 있으며, 이를 위하여 동료교사의 협조와 지도조언이 수반되는 연습기회 제공이 필요하다고 지적하고 있다.

성공적인 학교일수록 자체적으로 교사 중심의 연수기회를 적극 제공함은 물론, 이러한 풍토나 여건을 조성하고 유지하는 데 많은 관심을 기울인다. 전문가들은 대부분 학교 발전 정책이 어떻게 학교에 적합한 조직풍토를 조성하고 유지하느냐보다는 개별 정책이나 교사의 변화를 강조하기 때문에 실패할 확률이 높다고 지적한다.

홉킨스는(D. Hopkins)는 학교 발전을 위한 정책이 성공하기 위한 조건을 다음 여섯 가지로 요약 제시한다.

(1) 학교 내부, 특히 교실의 변화에 중점: 교육과정 운영, 교수법, 학생지도 방식과 평가방법 등 학생지도와 직접 연계되는 요인의 변화에 중점을

두어야 한다. 교실에서의 변화가 학생의 변화로 이어지기 때문이다.

(2) 변화와 안정의 균형적 유지: 변화는 기존 상태에 긴장을 야기한다. 때문에 변화할 것과 유지할 것을 분명히 나누어 불필요한 긴장을 해소함은 물론, 안정과 변화를 적절하게 균형을 유지하면서 발전을 유도해야 한다. 성공적인 학교는 대체로 수시 의견수렴, 태스크그룹(task group) 운영, 중간계층 특별연수, 학교 발전 계획 수립 및 협동적인 수업활동 등의 방법으로 상호 협조관계 속에서 발전을 모색함으로써 학교조직 내에 변화를 추구하는 풍토가 균형 있게 내재되도록 한다.

(3) 외부변화에의 능동적인 적응과 활용: 학교 외부의 변화는 학교운영에 직 · 간접적으로 영향을 준다. 학교 발전은 외부의 자원과 변화를 잘 활용할 때 효과적으로 성취할 수 있다.

(4) 학교 단위, 교사 중심 변화: 발전을 위한 변화는 개별 학교 단위로 추진되어야 하며 특히 교사의 변화에 중점을 두어야 한다. 교사의 변화를 위해 효과적인 연수가 이루어져야 한다.

(5) 체계적인 학교성취 정도의 점검평가: 학교의 성취와 관련한 각종 통계자료 등을 정기적, 체계적으로 수집 · 분석하여 학교 발전의 동기와 자료로 활용한다.

(6) 변화여건 조성: 학교 발전의 궁극적 목표는 학생의 변화이며, 이를 위하여 교실의 변화가 선행되어야 한다. 정책의 우선순위는 교사의 변화와 교사의 적극적 변화를 유도하는 여건 조성 및 효과적인 연수의 제공이다.

교사의 발전 없이 교육의 발전을 기대하기 어렵다는 것이 대부분 연구자의 의견이다. 교실에서 바로 활용할 수 있는 정도의 구체적이고 현실적인 연수를 제공하고, 학교의 조직과 풍토도 교사의 발전을 촉진하는 여건을 유지함으로써 교사의 발전을 유도해야 한다. 또한 결과보다는 과정을 중시하고, 사후 실적평가보다는 초기 정책집행 단계에서의 주기적인 점검평가를 통하여 현장의 참여를 촉진하며, 자율 발전체제의 구축에 중점을 두어야 한다.

3. 효과적인 학교만들기와 학교발전운동의 접목

1980년대 말까지 효과적인 학교만들기 연구와 학교발전운동 연구는 상호 추구하는 목표가 같음에도 서로 연계되어 연구되거나 추진되지 못했다. 1990년대 초부터 미국을 중심으로 효과적인 학교 연구결과에 기초한 학교발전운동이 시작된다. 효과적인 학교연구는 이미 효과적인 학교로 알려진 학교의 특징을 찾아내고 모델화하는 데 중점을 두는 반면, 학교발전운동은 어떻게 하면 효과적인 학교를 만들 수 있는가에 중점을 둔다. 두 연구의 차이점을 비교하면 〈표 V-1〉과 같다.

효과적인 학교만들기는 일정한 시점에 나타난 효과적인 학교의 모습을 보여줄 뿐 어떻게 학교가 발전해왔는지 또는 발전하고 있는지에 대한 움직이는 모습을 보여주지는 못한다. 반면에 학교발전운동은 어떻게 하면 학교가 발전할 수 있는지 보여주기는 하나 효과적인 학교의 모습과 요인를 제시하지는 못한다. 학교발전운동은 학교를 변화시키는 과정(process)에 중점을 두는 반면, 효과적인 학교만들기는 변화의 요인을 찾아내는 데 중점을 둔다. 따라서 효과적인 학교만들기 또는 학교 발전을 모색하는 교육정책가나 교육관계자는 이 둘을 접목하여 접근할 필요가 있다. 또 학교 여건이 비슷함에도 학생의 성취도가 다르고, 심지어 같은 학교 내에서도 과목에 따라 성취 정도가 다르게 나타나, 효과적인 요인의 단순 열거가 아니라 이들 요인 간 상호작용 관계를 파악하는 것이 중요하다는 인식이 최근 일반화되고 있다.

〈표 V-1〉 효과적인 학교만들기와 학교발전운동 비교

효과적인 학교만들기	학교발전운동
학교 자체에 관심	교사 개인과 집단에 관심
학교조직에 중점	학교 운영 과정에 중점
양적 방법 중시	질적 방법 중시
변화를 어떻게 구체적으로 실행할 것인가에 대한 연구는 미흡	학교 변화 추진 중시
학생의 학업성취도 향상 강조	학교 발전 목표보다는 발전 과정에 관심
연구결과의 전문지식 중시	현장경험 중시
주로 학업성적 고려	다양한 교육성취 고려
효과적인 학교의 현재 상태 파악에 관심	효과적인 학교를 만드는 과정에 관심
정적 관점, 효과적인 학교의 묘사에 관심	동적 관점, 변화의 동인과 과정에 관심

VI. 볼로나 프로세스와 유럽 대학의 발전

1. 볼로나 프로세스

2. 유럽 대학의 발전 과정과 발전 방향

3. 향후 대학발전 방향

1. 볼로냐 프로세스

1) 추진 배경

유럽 내 국가들이 경제시장의 통합을 통한 발전을 추구하며 결성한 유럽공동체(EC: European Community)가 역내 단일시장 형성을 위한 쉔겐 협약(Schengen Agreement: 1985. 6. 14)에 의하여 1986년 1월 1일부터 참여국 상호 간의 국경을 점진적으로 폐쇄하기로 합의하였다.[1] 이어서 참여국들은 1986년 단일유럽의정서(SEA: Single European Act)를 체결하여 1992년 12월 31일을 마감일(deadline)로 잡고 인적 · 물적 자원 및 자본과 서비스의 자유로운 이동을 제한하는 각종 관세 및 비관세 규제들을 철폐하기 시작하였다. 그 결과 1993년 1월 1일부터 단일시장이 성립되었다. 당시 유럽공동체는 이를 보다 가속화시키고 유럽공동체 국가를 하나의 단일 국가 형태(Union)로 발전시키기 위하여 1992년 2월 네덜란드 마스트리히트(Maastricht)에서 유럽연합조약(Treaty on Eu-

---

1 쉔겐 협약은 1985년 체결 당시 벨기에, 룩셈부르크, 네덜란드, 프랑스와 독일 5개국이 참여하였으나 1990년 이탈리아, 1991년 스페인 등이 참여하면서 EU 국가 내 국경의 철폐가 확대되기 시작하였다.

ropean Union)을 체결하였다. 소위 마스트리히트 조약이라고 불리는 이 조약의 주요 내용은 유럽공동체(EC)를 유럽연합(European Union)으로의 개칭, EU 정부조직의 설치,[2] EU 내 시민들에게 EU 시민권 부여, 단일 통화체제 도입과 유럽중앙은행(CEB) 설치, 물적 · 인적 자원 및 자본과 서비스의 자유로운 이동을 저해하는 장벽의 철폐를 통한 자유경쟁시장 경제체제 구축, 교육과 직업훈련의 질 향상 등이다.[3] 2002년 1월 1일부터 유로화(Euro)가 지폐와 주화 형태로 시장에서 통용되면서 사실상 EU는 단일 경제체제로 통합되었다.[4]

EU의 탄생은 유럽 교육 분야에도 상당한 변화를 가져왔다. 경제 분야에서 EU는 매우 급속한 속도로 통합되어갔으나, 교육 분야에 있어서는 각국마다 서로 다른 학제와 자격체제를 운영하여 EU 내 학생 교류뿐만 아니라 졸업 후 취업 등에 장애요인으로 작용하고 있었다. EU의 자료(European Commission, 2006. 5)에 의하면,[5] 유럽 내 고등교육기관은 서로의 연계가 미흡하고, 정부규제는 지나칠 정도로 과도하여 대학이 사회나 기업의 요구에 제대로 대응하지 못하고 있으며, 이로 인하여 대학은 자신들이 창출한 지식을 제대로 사용하지 못하고 있다.

---

2 유럽연합(EU)의 활동목표와 사업을 지속적으로 일관되게 추진하기 위하여 이를 지원할 EU 정부조직의 틀(framework)을 채택하였는데, 국회에 해당하는 유럽의회(European Parliament), 회원국 정부수반으로 구성된 유럽연합이사회(European Council), EU의 일반 행정업무를 지원할 유럽연합위원회(European Commission), 유럽사법재판소(Court of Justice of European Union), 유럽중앙은행(Central European Bank: CEB) 등의 설치에 관한 것이다.

3 *Official Journal C 191*, Treaty on European Union (1992. 7. 29).

4 1998년 12월 31일 각국 재무부장관이 유로화(Euro)에 대한 자국의 화폐 환율을 결정하여 각국의 화폐와 유로화의 교환 비율을 영구히 고정하였다. 1999년 1월 1일부터 모든 경제주체는 서류상의 화폐인 유로화로 결제하였으며, 준비기간을 거쳐 2002년 1월 1일부터 지폐와 주화 형태로 시중에 통용되기 시작했고, 자국 화폐는 2002년 6월 말까지만 통용이 허용되었다. 2012년 말 현재 유로화는 EU권 27개국 중 17개국에서만 통용되고, 특히 영국, 덴마크, 스웨덴과 소련연방체제 붕괴 후 2004년에 가입한 동유럽 8개국 중 슬로베니아를 제외한 국가들은 사용하고 있지 않다.

5 European Commission, *Why European Higher Education System Must Be Modernized?* (2006. 5). http://europa.eu.

유럽 지역의 대학 수는 약 4,000개이고, 학생 수는 약 1700만 명으로 추정되나, 고등교육 진학률은 유럽(약 50% 내외)이 미국(81%) 등과 비교해 낮은 것으로 나타났다. 또한 유럽 대학들은 자국의 교육체제하에서 보통 수준으로 획일화(uniformity)되어 우수한 학생과 연구자를 유치하기 위한 노력이 미흡하고, 정부의 재정지원도 부족하여 세계적 수준의 연구를 수행하지 못하고 있다고 보았다.

지식기반경제사회구조에서 소위 경제성장의 동력이라 불리는 지식의 삼각틀(knowledge triangle), 즉 지식의 창출, 확산 및 응용에 있어서 대학이 선도적 역할을 수행해야 한다는 요구가 높아지면서, 유럽의 고등교육권 통합을 통한 유럽 대학의 발전을 추구하게 되었다.

2) 추진 과정

EU의 경제 분야에서의 급속한 통합은 보다 원활한 인적교류의 촉진을 위한 교육 분야의 통합 요구로 이어졌다. 1997년 4월, 유럽평의회(Council of Europe)[6]는 포르투갈 리스본에서 고등교육 분야의 학위자격 상호인증 협력사항에 대하여 협의하고, 유명한 "리스본 상호인증협약

6 유럽평의회(Council of Europe)는 1949년 유럽 국가의 인권보호를 위한 범유럽기구로 발족되었으며 현재 47개 국가가 회원국으로 참여하고 있다. 유럽평의회는 유럽 국가들이 참여하고 있지만 경제적 측면에서의 유럽 통합을 추진하는 유럽연합(EU)과는 설립 목적과 활동 사항이 다르다. 그러나 유럽평의회는 회원국의 외무부장관이 회원국을 대표하여 참여하기 때문에 유럽평의회도 정부간 조직이며, 여기서 협의된 사항에 대하여 회원국은 준수할 의무를 진다는 점에서는 유사하다. 다만 유럽평의회는 유럽 시민의 인권보호에 중점을 두어 설립되었고, 유럽연합은 경제적 교류의 확산 차원에서 설립되었다는 점에서 차이가 있다. 때문에 회원국의 자격 기준도 달라 유럽평의회는 47개국이 회원국이지만, 유럽연합 가입은 소위 코펜하겐 기준(Copenhagen Criteria, 1993)의 세 가지 기준을 충족해야 하기 때문에 보다 까다롭고, 2012년 말 현재 27개국만이 회원국이다. 유럽평의회는 프랑스 스트라스부르에 위치하고, 유럽연합은 벨기에 브뤼셀에 위치하고 있다. 아울러 유사한 명칭으로 유럽이사회(European Council)가 있는데, 이는 유럽연합 조직으로 유럽연합 회원국의 정부수반(대통령이나 수상)으로 구성된 회의를 의미한다.

(Lisbon Recognition Convention)"을 체결하였다.[7] 47개 유럽평의회 회원국 중 38개국이 비준한 이 협약은 다른 나라 출신 학생이 취득한 교육 관련 자격은 본질적인 차이가 없는 한, 대학의 입학 · 진학에서 차별하지 않는다는 것으로, 유럽 고등교육 시장 단일화의 초석을 놓았다. 이어서 프랑스, 영국, 독일, 이탈리아 교육부장관이 1998년 5월 25일 파리 소르본 대학에 모여 교육 분야의 EU 통합방안을 협의하였다. 이들은 유럽이 경제적 통합을 뛰어 넘어 문화, 사회, 지식기술의 통합을 통한 유럽의 발전이 긴요함을 주장하면서, 유럽이 하나의 유럽 지식 네트워크(a Europe of Knowledge)로 연결되어야 함을 강조했다. 특히 EU 내 인적교류의 촉진을 위해 대학생들이 적어도 1학기 이상은 다른 나라에서 공부할 수 있도록 하기 위한 유럽고등교육권(European Higher Education Area)의 형성을 선언했다. 이를 위한 방안으로 학점제와 학기제 운영에 국가 간 통용성(international comparison and equivalence)을 높일 것을 강조하면서 EU회원국 및 대학의 참여를 권고했다.[8]

소르본 공동선언에 이어 약 1년 뒤인 1999년 6월 19일, 유럽 29개국 교육부장관들이[9] 유럽 최초의 대학이 설립된 유서 깊은 이탈리아 볼로냐에 모여 소위 볼로냐 선언(The Bologna Declaration)이라고 불리는 공동선언문을 채택하였다. 볼로냐 선언은 소르본 공동선언을 이어받아 유럽연합에 있어서 대학이 그 중심적 역할을 해야 함을 강조하면서, 2010년까지 유럽고등교육권(EHEA: European Higher Education Area)

---

7 정식 명칭은 "Convention on the Recognition of Qualifications concerning Higher Education in the European Region"(1997. 4. 11, Lisbon)이다.

8 Sorbonne Joint Declaration: Joint Declaration on Harmonization of the Architecture of the European Higher Education System (1998. 5. 25).

9 EU 회원국 27개국 중 키프러스가 빠지고, 비회원국인 노르웨이, 스위스와 아이슬란드가 참여하여 총 29개국이 되었다.

형성을 위한 다음 여섯 가지 목표를 채택하였다.

(1) EU 시민의 취업 가능성과 유럽 대학의 경쟁력을 높이기 위하여 읽기 쉽고 비교가 가능한 표준화된 학사기록 방식(easily readable and comparable degrees)을 채택한다.

(2) 기본적으로 학부 과정(undergraduate: first cycle)과 대학원 과정(graduate: second cycle)의 2개의 기본 운영주기(two main cycles)로 구분된 학위 과정 운영을 채택한다. 대학원 과정(second cycle)은 최소한 3년의 학부 과정(first cycle)을 성공적으로 마친 자에 한하여 입학을 허용해야 하며, 학사학위는 자격증으로서 유럽 노동시장에서 통용될 수 있어야 한다. 대학원 과정(second cycle)은 석사와 박사 과정으로 구성된다.

(3) 국가 간 학생교류를 촉진하기 위한 방식으로 유럽 학점 통용 방식(ECTS: European Credit Transfer and Accumulation System)을 채택한다. 학점은 정규 대학 과정이 아닌 평생교육기관에서 받은 것도 인정받을 수 있도록 해야 한다.

(4) 학생, 교사 및 교수, 연구자와 행정가들이 자유롭게 배우고, 가르치고, 연구하고 훈련받을 수 있도록 장애요인을 제거하여 인적교류(mobility)를 촉진한다.

(5) 교육의 질관리와 관련하여 비교 가능한 기준과 방법론 개발에 있어서 상호협력을 강화한다.

(6) 고등교육 분야 교육과정의 개발과 산학연 기관 간 협력 및 교류 강화 등에 있어서 EU 차원의 필요한 지원을 강화한다.

3) 주요 내용

볼로냐 프로세스(Bologna Process)라는 명칭은 볼로냐 선언(1999)에서 유래하며, 2010년까지 유럽고등교육권(EHEA) 형성을 달성하기 위하여 채택된 여섯 가지 목표 성취를 위한 일련의 유럽 정부 간 혁신 과정(Intergovernmental European Reform Process)을 의미한다. 참여국 교육부장관 협의회는 격년으로 개최되며, 차기 개최지를 미리 정하는 방식을 채택한다.[10] 볼로냐 프로세스는 학점교류를 촉진하기 위한 유럽 학점 통용 방식(ECTS) 도입과 유로패스(EUROPASS) 제도 도입, 고등교육 질관리를 위한 기준(Standards and Guidelines for Quality Assurance in EHEA)제시와 질관리 등록기관(European Register of Quality Assurance Agencies)의 설치, 유럽 통합 자격(European Qualification Framework) 제도 운영, 소크라테스 프로그램(Socrates Programme)으로 불리는 학생 · 교원 등의 교류사업 추진 등 일련의 조치를 총칭한다. 또한 2003년 베를린 회의에서 교육부장관회의를 지속적으로 지원하는 실무조직으로 볼로냐 지원그룹(BFUG: Bologna Follow-Up Group)을 설치할 것을 결정했다. BFUG는 참여국 및 유럽대학협회(EUA: European University Association) 등 관련 기관의 대표로 구성되고, 1년에 최소한 두 번 이상 회의를 하기로 하였다. 그리고 일반 행정업무는 다음 회의 개최국에서 2년 단위로 담당하는 것으로 정하면서 볼로냐 프로세스 추진은 보다 체계적으로 운영되기 시작한다. 1999년 볼로냐 회의 시 29개국이 참여하였으나 관심이 증대되면서 2012년 말 현재 49개국으로 늘어난다.

볼로냐 프로세스에 의한 일련의 주요 사업 내용 중 유럽 학점 통용

10 2001년 프라하, 2003년 베를린, 2005년 베르겐, 2007년 런던, 2009년 루뱅.

방식(ECTS)의 도입, 인적교류의 촉진을 위해 각종 서식의 표준화를 추진하는 유로패스, 고등교육 질관리 분야를 위한 기준의 제시와 기관의 설치, 학생 등의 교류 프로그램인 소크라테스 프로그램, 유럽 통합 모델인 LMD 개혁의 프랑스 사례와 직업훈련 분야에서의 볼로냐 프로세스에 해당하는 코펜하겐 프로세스(Copenhagen Process)에 대하여 살펴보면 다음과 같다.

① 유럽 학점 통용 방식(ECTS)

유럽 학점 통용 방식은 학생이 획득해야 할 학업목표(learning outcomes and competences)를 성취하기 위한 구체화된 프로그램에 따른 학업량(workload)에 기초하여 통용 가능한 학점(credits)을 산정하는 방식이다. ECTS(European Credit Transfer and Accumulation System)는 1989년 유럽권 학생 · 교원교류 프로그램인 소크라테스 프로그램[11]의 일환으로 도입되었다. 당초 ECTS는 학점교류(credit transfer) 차원에서 도입되었지만, 학생교류의 폭을 확대하기 위하여 학점누적(credit accumulation) 방식으로 발전한다. ECTS는 학생교류는 물론 학위의 사회적 통용력(academic recognition)을 높이기 위하여 누구나 쉽게 읽고 비교할 수 있는 형태의 표준화된 형태로 제시된다. 예를 들면, 학생의 출신 대학과 전공, 수강한 과목과 학점, 그리고 대학의 학점부여 방식 등을 표준화된 형식에 맞추어 자국어와 영어(공용어) 등으로 작성하게 되어 있다.[12] ECTS에서는 1년에 전일제 학생(full-time student)이 배워야 할 기본 학업량을 60학점으로 정했다. 이 경우 1년 수업시간을 약 1,500-1,800시간으로

---

11 소크라테스 프로그램의 자세한 내용은 다음 ④ 소크라테스 프로그램 등 참조.

12 이것을 학위설명자료(diploma supplement)라고 부르며 http://ec.europa.eu/education에서 확인할 수 있다.

보고, 1학점당 수업시수는 25-30시간으로 정하였다. ECTS에서 정한 학업량의 범위에는 수업, 세미나, 개인학습(independent study), 과제(projections) 등이 포함되고, 프로그램의 형태는 과목(courses), 모듈(modules), 현장실습(placement), 논문연구(dissertation work) 등이 포함된다. 성적평가와 학점표시 방식은 기존의 해당 국가나 기관의 방식이 그대로 사용될 수 있으나 ECTS 방식에 의한 평가와 표시를 권장하고 있다. 특히 학생 성적평가에 있어서 다음의 상대평가 방식을 제시하고 있다.[13]

- 학점부여 시(Pass grade): A(10%), B(25%), C(30%), D(25%), E(10%)
- 학점부여 곤란 시(Fail)

  FX: fail이지만 조금 더 노력하면 학점 취득이 가능한 경우

  F: fail: 학점 취득을 위하여 상대한 정도의 노력이 필요한 경우

② 유로패스

학생교류 및 EU 시민의 타국에서의 취업 가능성 등 인적교류를 촉진하기 위하여 유럽연합은 유로패스라는 제도를 도입하였다. 목적은 EU 시민이 취득한 자격과 기술을 누구나 쉽게 이해할 수 있는 표준화된 형태(form)로 보여주어 인적교류를 촉진시키고자 하는 데 있다. 유로패스는 다음 5개의 서류로 구성되어 있다.[14]

(1) 유럽 통용 이력서(EUROPASS Curriculum Vitae)

---

13 ECTS(European Credit Transfer and Accumulation System). http://ec.europa.eu/education/programmes.

14 Opening Doors to Learning and Working in Europe. http://europass.cedefop.europa.eu/europass.

(2) 언어능력 증명서(EUROPASS Language Passport)

(3) 기술자격증명 보충서(EUROPASS Certificate Supplement)

(4) 학위증명 보충서(EUROPASS Diploma Supplement)

(5) 외국 현장실습기록 증명서(EUROPASS Mobility)

③ 고등교육 질관리 기준의 제시 및 기관설치

참여국 교육부장관들이 2003년 9월 독일 베를린에 모여 유럽고등교육질관리기관협의회(ENQA: European Association for Quality Assurance in Higher Education)로 하여금 유럽대학협의회(EUA: European University Association), 유럽고등교육기관협의회(EURASHE: European Association of Institutions in Higher Education), 유럽학생연맹(ESU: European Studnets' Union)의 3개 협의회와 협력하여[15] 유럽고등교육권 형성에 필요한 고등교육 질관리 기준과 절차 등에 대한 보고서 작성을 요청하였다. ENQA는 2005년 2월 노르웨이 베르겐 회의에 동 보고서를 제출하였다. 소위 ESG라고 불리는 동 보고서[16]는 각 고등교육기관별 내부 질

15 이 4개 기관을 묶어서 편의상 E4라고 부르며, ENQA는 유럽 지역에 있는 외부 질관리평가기관의 협의회로 "European Network for Quality Assurance in Higher Education(ENQA)"라는 명칭으로 2000년에 설립되었으나 2004년 11월 현재의 명칭 "European Association for Quality Assurance in Higher Education"으로 바뀐다. 그러나 약어는 여전히 그대로 ENQA를 사용하며, 2007년 말 현재 22개국의 35개 외부 질관리기관이 회원으로 참여하고 있다. 유럽학생연맹은 1982년 결성되었으며 ESIB(European Students Information Bureau)라고 불렸으나 2007년 5월부터 ESU(European Students' Union)으로 개칭하였다. 특히 ESIB는 2005년 베르겐 회의에 제출한 "Bologna with Student Eyes"(2005. 5)는 학생들의 입장에서 그 동안 추진되어 온 볼로냐 프로세스에 대한 문제점을 여러 각도에서 제시하였고, EC는 볼로냐 프로세스의 가장 큰 고객인 학생들의 의견을 수용하고자 이들의 대표성을 인정하고 거의 모든 협의회에 참여시키고 있다. EUA는 주로 일반대학(university) 위주로 구성되어 있으며, 2001년 설립되어 46개국, 약 800여 개의 대학이 참여하고 있다. 반면에 EURASHE는 1990년 설립되었으며 일반대학을 제외한 직업기술교육 관련 고등교육기관이 주류를 이루고 있다. ENQA 사무국은 핀란드 헬싱키에 소재하고, 나머지 E3의 사무국은 벨기에 브뤼셀에 있다.

16 European Association for Quality Assurance in Higher Education(ENQA), Standards and Guidelines for Quality Assurance in the European Higher Education Area(ESG)(2005. 2).

관리 기준과 절차, 그리고 이러한 각 고등교육기관별 내부 질관리가 정해진 기준과 절차에 따라 충실히 이루어지고 있는지 평가하는 외부 질관리 기관(Quality Assurance Agencies)의 질관리 평가 기준과 절차 등에 대하여 기술하고, 마지막으로 이러한 각국의 외부 질관리기관에 대한 유럽 전체 차원에서의 질관리기관 설치 필요성과 등록 기준 등을 기술하였다. 베르겐회의에서 참여국은 ENQA의 ESG 보고서를 채택하고 관련된 4개 협의회(소위 "E4"라고 불림)가 협력하여 유럽질관리 등록기관(European Register of Quality Assurance Agencies)의 조직 및 운영절차 등에 대한 보고서를 제출하도록 요청하였다.

ENQA는 2007년 5월 영국 런던에서 열린 회의에 유럽 질관리 등록기관 설치운영에 관한 보고서를 제출하였다. 동 보고서는 향후 설치된 기관 명칭을 유럽고등교육기관 질관리기관등록청(REHEQA: Register of European Higher Education Quality Assurance and Accreditation Agencies)으로 할 것을 권고했고, 그 설치 목적으로 등록한 외부 질관리 기관이 "유럽고등교육권 질관리 기준(ESG: Standards and Guidelines for Quality Assurance in EHEA)"에 따라 충실히 질관리 평가를 수행하는지에 대한 신뢰할만한 정보를 제공할 것을 제안하였다. 이 기관을 운영할 운영위원회 구성은 E4에서 각 2명씩 8명과 산업계 등에서 2명 등 10명으로 할 것을 제안했다. 또 회원의 회비와 수수료 등으로 충당하는 비영리 독립운영기관으로 운영할 것을 제안했다.[17] 동 회의에서 교육부장관들은 E4가 공동으로 설립·운영하되 비영리 독립책임 운영기관으로 하

http://www.enqa.eu.

17 ENQA, *Report to the London Conference of Ministers on a European Register of Quality Assurance Agencies* (2007. 2). http://www.enqa.eu.

는 REHEQA의 설립에 대한 E4의 제안을 받아들였다.[18]

④ 소크라테스 프로그램 등

소크라테스 프로그램은 유럽 각국의 언어와 문화 등을 서로 배우고 공유하기 위한 사업으로 1995년 처음 도입된다. 소크라테스 사업은 초중등대학생은 물론, 교원과 행정가, 기업체 직원 등을 대상으로 한 국제교류 교육 프로그램이다. 초중등학생을 대상으로 한 코메니우스(Comenius), 성인교육 프로그램인 그룬트비(Grundtvig), 교육 분야 정보통신기술 활용(ICT) 관련 미네르바(Minerva), 대학생 및 교원교류 프로그램인 에라스무스(Erasmus) 등 8개 프로그램이 운영되었다. Socrates I은 5년간(1995. 3. 14-1999. 12. 31) 운영되었고 성과가 좋아 Socrates II(2000. 1. 1-2006. 12. 31)가 후속사업으로 추진되었다. 이 중 에라스무스 프로그램은 1987년 EU권 내 대학생 및 교원의 교류를 촉진하기 위하여 도입된 것이나 소크라테스 사업에 포함되었고, 특히 볼로냐 프로세스와 연계되어 주요한 사업으로 자리를 잡았다. 에라스무스 프로그램은 2007년 말까지 약 150만 명의 학생이 참가하였으며, 2012년까지 약 300만 명 달성을 목표로 추진하였다. 2005-2006학년도의 경우 15만 4,421명의 학생과 2만 3,449명의 교원이 참가하고 있다.

2006년 11월, Socrates II 사업이 끝날 무렵 EU는 지식기반사회에 있어서 가장 필요한 것은 계속적인 자기능력의 개발이라고 보고, Socrates II를 평생능력개발 프로그램(LLP: Lifelong Learning Programme) 2007-2013이란 명칭으로 대체하였다.[19] 기존의 소크라테스 프로그램

---

18 London Communique (2007. 5. 18). www.dfes.gov.uk/londonbologna.

19 Official Journal of the European Union, Decision No. 1720/2006/EC of the European Parliament and of the Council of 15 November, 2006: Establishing an Action Programme in the Field

중 코메니우스, 에라스무스, 그룬트비 프로그램은 계속 추진하고, 기존의 다른 프로그램들은 연계 프로그램(transversal programme)이란 명칭하에 통합되었다. 1995년부터 직업교육훈련 분야 교류 프로그램으로 도입되어 운영되었던 레오나르도 다빈치(LdV: Leonardo da Vinci) 프로그램이 코펜하겐 프로세스와 연계하여 LLP 사업에 추가되었고, 유럽 통합과 연계된 사업이나 연구를 수행하는 기관이나 단체를 지원하는 사업으로 장 모네 프로그램(Jean Monnet Programme)이 추가되었다. 소크라테스 프로그램이나 평생능력개발 프로그램(LLP), 볼로냐 프로세스 및 코펜하겐 프로세스의 주요 사업으로 자리매김하고 있다. 그리고 이에 대한 정보와 자료를 공유하기 위한 정보사이트로 PLOTEUS(Portal on Learning Opportunities throughout the European Space)[20]를 개설하여 유럽 내 학생 · 교원 등의 교류에 관한 정보를 인터넷을 통하여 제공하고 있다.

⑤ 유럽 통합 모델 LMD 개혁: 프랑스 사례

프랑스 정부는 볼로냐 프로세스에 따라 2002년부터 유럽 통합 모델인 LMD(학사 3년, 석사 2년, 박사 3년) 방식으로 학제를 변경한다(표 Ⅵ-1). 프랑스 학제는 5-4-3제이며, 고등교육체제는 3기 과정(3 cycles)이라 불리는 학위수여 방식으로, 다른 유럽 국가와 다른 방식으로 운영되어왔다. 일단 고등학교를 졸업하고 대학입학 자격시험인 바칼로레아(Baccalaureat)에 합격하면, 우수한 학생들은 2년제 과정인 그랑제꼴 준비반(CPGE)에 진학하여 그랑제꼴 진학시험을 준비하거나 일반대학(university)에 진학하였다. 일반대학은 3기 과정(3 cycles)으로 운영되었는데, 1기 과정

of Lifelong Learning (2006. 11. 24).

20 http://ec.europa.eu/ploteus/portal/home.jsp.

(first cycle)은 학부 2년 과정에 해당하는 것으로 DEUG(Diplome d'Etudes Universitaires Generales)라고 불리는 학위가 수여되었다.

〈표 Ⅵ-1〉 ISCED에 따른 프랑스 학제 개편 방향 비교

구분	종전	볼로냐 프로세스	ISCED[21]
초등학교	5년	좌동	Level 1
중학교(College)	4년	좌동	Level 2
고등학교(Lycee)	3년	좌동	Level 3
직업계 고등학교	2년(CAP, BEP), 4년(Bac Pro)	좌동	Level 4
고등교육	1st Cycle: DEUG(2년)	Licence(학사: 3년)	Level 5
	2nd Cycle -Licence(1년: 학사) -Maitrise(2년: 준석사)	Master(석사: 2년)	Level 6
	3rd Cycle -DESS(1년: 석사): 취업 -DEA(1년: 석사): Ph.D(3년)	Doctor(박사: 3년)	

이어서 2기 과정(second cycle)에서 1년을 더 하면 학사(Licence)가 수여되었고, 2년 과정을 마치면 준석사(Maitrise)가 수여되었다. 2기 과정에 이어서 3기 과정(third cycle)에 진학하면 취업을 하고자 하는 경우에는 실무 중심의 석사 과정(DESS: Diplome d'Etudes Professionnelles Superieures Specialisees)을 택하고, 박사 과정으로 진학하려는 경우에는

21 ISCED는 국제표준교육분류(International Standard Classification of Education)를 말하며, 1997년 유네스코가 각국의 교육 분야 통계를 수집, 관리함에 있어서 서로 다른 학제로 인하여 상호비교가 곤란하자 국제표준을 정하였다. 단계는 ISCED Level 0-6까지 7단계로 나누었다. 단순하게 표현하면, Level 0은 유아교육 과정, Level 1은 초등교육 과정, Level 2는 중학교 과정, Level 3은 고등학교 과정, Level 4는 고등학교 과정 이후나 상급학교(대학교 등)의 진학과 연계가 미흡한 경우(예: 직업훈련원, 전문대 과정 등 주로 실무 중심의 직업교육기관), Level 5는 학사 과정, Level 6은 석박사 과정에 해당된다. 유네스코와 OECD는 2013년부터 교육통계와 관련하여 새로운 ISCED를 적용한다.

연구 중심 석사 과정(DEA: Diplome d'Etudes Approfondies)을 택하였다. DEA를 취득해야만 박사 과정에 진학할 수 있었다. 기존의 프랑스 학위 제도에서는 국제적으로 통용되는 석사(Master)란 용어가 쓰이지 않았고, 대신 "Maitrise", "DESS"나 "DEA" 등의 자격증이 수여되었다. LMD 개혁은 프랑스 특유의 3기 과정 제도 대신에 유럽 통합 모델인 LMD 방식을 도입하면서, "DEA"를 "Master"로 대체하였고, 학점운영 방식에 ECTS 방식을 도입한 것이라고 볼 수 있다. 다만 단기 고등교육 기관은 LMD 개혁과 별개로 계속 유지되고 있다.

⑥ 코펜하겐 프로세스

볼로냐 프로세스에 자극받은 직업기술교육 분야 관계자들은 2001년 벨기에 브뤼헤에서 모임을 갖고, EU 시민의 취업 가능성을 높이고 인적교류도 높이는 것이 EU 발전에 긴요함을 강조하면서, 직업기술교육 프로그램과 자격의 투명성 및 통용력을 높이는 방안을 추진할 것을 건의하였다. 이에 2002년 12월 회원국의 직업기술교육 담당 장관들이 덴마크의 코펜하겐에 모여 직업기술교육 분야도 볼로냐 프로세스에 준하는 방식으로 2010년까지 학위와 자격의 투명성과 통용력을 높이고, 효과적인 질관리 체제를 구축할 것을 선언하였다. 특히 인적교류를 높이는 방안으로 볼로냐 프로세스에 의한 유로패스를 활용하고, 직업기술교육 분야에서의 ECTS와 같은 학점교류 제도의 개발, 단일화된 자격호환틀(A Single Transparency Framework: European Qualification Framework, EQF) 개발, 평생학습 차원에서 비형식기관 등에서 취득한 지식과 기술을 인정하는 방안의 모색 등을 주요 사업으로 제시하였다.[22] 이를 코

22 The Copenhagen Declaration (2002. 11. 30). http://ec.europa.eu.

펜하겐 프로세스라고 지칭한다.

볼로냐 프로세스가 일반대학 위주로 운영된다면, 코펜하겐 프로세스는 직업기술교육 분야에 해당되는 것이다. 둘다 EU권 내 인적교류를 증진시키기 위하여 교육훈련 운영 방식과 학점, 질관리 등에 있어서 표준화된 방식으로 투명성을 높여 취득한 자격과 기술의 통용력과 신뢰도를 높이는 데 목표를 두고 있다. 다만, 코펜하겐 프로세스는 계속적인 능력개발을 촉진하는 의미에서 평생교육(Lifelong Learning, LLL)을 통한 능력개발성취를 정규 교육과정의 학점 취득 인정 등으로 연계하고, 자격상호연계 틀(EQF: European Qualification Framework)[23] 개발을 특히 강조하고 있다. 2010년 국가별 자격틀(NQF: National Qualification Framework)과 단일화된 자격호환틀(EQF) 간 비교를 마치고, 2012년부터는 모든 참여국들의 국가자격틀은 단일화된 자격호환틀(EQF)의 8등급과 연계하여 운영되도록 추진하고 있다.[24]

4) 전망

유럽학생연맹이 베르겐 회의에 제출한 보고서에 의하면(ESIB, 2005. 5), 북유럽과 북해 연안 국가들은 볼로냐 프로세스를 주도적으로 이끌며 많은 진전을 보이고 있지만 상대적으로 동구권 국가들은 진행속도가

23 EQF는 국제표준교육분류(ISCED) 방식과 같이 유럽표준분류 기준을 만들어 국가 간 서로 다른 직업기술자격 등을 상호비교가 가능하도록 함으로써 유럽 내 노동시장에서의 통용력을 높여 인적교류를 확산시키려는 데 있다.

24 2012년 말 현재 참여국과 단일화된 자격호환틀(EQF)의 자격등급을 연계하여 보여주는 아래 홈페이지에 영국, 프랑스 등 8개국이 제시되어 비교 가능하다. EQF 8등급은 국가별 자격체제가 워낙 복잡하여 단순 비교가 어렵지만 대략 다음과 같다: level 8(박사), level 7(석사), level 6(학사), level 5(전문학사), level 4(고졸), level 3(고졸과 중졸 중간 정도), level 2(중졸), level 1(초졸). http://ec.europa.eu/eqf/compare/fr/uk-eni_en.htm#comparison.

느리며, 특히 볼로냐 프로세스의 가장 핵심사업인 유럽 학점 통용 방식(ECTS)의 경우 국가에 따라 평가 수준이 과소하거나 과다하여 신뢰성이 떨어지고, 과다한 국가의 학생들은 중간에 포기하는 사례도 나오고 있음이 지적된다. 볼로냐 프로세스의 새로운 학위 제도(two main cycle) 도입으로 여학생들이 석박사 과정(second cycle) 진학 시 탈락률이 높아 상대적으로 불이익을 받는 것으로 나타나고 있음도 지적되었다.[25] 아울러 학생교류를 촉진하기 위하여 도입된 유로패스 중 학위증명 보충서(EUROPASS Diploma Supplement)는 많은 대학이 제공하지 않고 있으며 일부 국가는 다른 형식을 사용하고 있다고 지적하였다.

대부분의 나라가 서로 다른 학제를 운영하고 있음은 물론, 학생 선발, 교육과정 및 학점관리, 평가 방식 등 여러 가지 면에서도 오랫동안 각자 고유한 형태로 발전시켜왔기 때문에 짧은 시간 내에 통합한다는 것이 매우 어려운 과제인 것은 사실이다. 볼로냐 프로세스는 유럽학생연맹(ESU)에서 지적하는 바와 같이 몇 가지 문제점이 나타나고 있지만, EU 국가들은 유럽고등교육권(EHEA) 형성을 EU의 실질적 통합을 위하여 반드시 달성해야 할 목표로 설정하고 그동안 상당한 진전을 했기 때문에 목표의 달성을 낙관적으로 보고 있다.

EU 자체에서도 볼로냐 프로세스는 2010년으로 완성되는 것이 아니라 계속적으로 협력하여 발전시켜나갈 사항이라고 강조하고 있다. 특히 지식기반 경제사회구조에서 경제성장의 동력은 소위 지식의 삼각틀(knowledge triangle)이라고 불리는 지식의 창출, 확산 및 응용인데, EU는 유럽의 대학이 지식의 삼각틀을 제대로 지원하지 못하고 있다

25 유럽학생연맹 보고서는 여학생의 탈락률이 높은 원인 중 하나로 유리천장 효과(glass ceiling effect)를 꼽고 있다.

고 자체 진단했다.[26] EU는 대학이 지식의 삼각틀을 충실히 수행하기 위해서는 교육, 연구 및 혁신 관련 프로그램 개발 등에 있어서 보다 많은 자율과 책임이 대학에 부여되어야 함을 강조한다. 특히 대학이 획일화에서 벗어나 노동시장에서 요구하는 능력과 기술을 갖춘 인력을 제공하기 위하여 규제와 재정지원 방식에 차별화(differentiated regulatory and funding system)가 필요함을 강조하고 있다. 또한 고등교육에 대한 재정지원을 최소한 GDP의 2% 이상으로 할 것을 권고하는 등, EU 국가들은 경제 성장 동력 창출기관으로서의 대학의 역할과 국제교류를 통한 계속적인 능력개발을 중시하고 있다. 이를 위하여 유럽고등교육권(EHEA) 형성과 평생교육 프로그램의 확대를 강력히 추진하기 때문에, 2010년 이후에는 유럽 대학들이 자율과 경쟁을 바탕으로 상당한 발전을 할 것이 예상된다.

유럽 대학들이 고등교육시장의 통합을 통하여 지식기반 경제성장 동력의 창출기관으로 발전을 추구하는 반면, 아시아권 대학들은 취약한 지식 네트워크로 인하여 대체로 미국이나 선진국 대학들이 창출한 지식이나 기술을 활용하는 수준에 만족하고 있다. WTO체제나 자유무역협정(FTA) 등의 확대로 그동안 높았던 무역의 장벽들이 서서히 낮아지고 있고 인적교류도 확산되고 있다. 경제교류가 보다 확대되기 위해서는 교육 분야에서의 인적교류가 병행되어야 한다. 교육 분야에서의 인적교류는 단순히 지식기술의 공유만이 아니라 상대 국가에 대한 문화 이해를 수반하기 때문에 국제사회의 평화로운 공존과 발전을 위해 더욱 확대되어야 할 것이다. 현재 이루어지고 있는 교육 분야 교

---

26 European Commission, *Why European Higher Education System Must Be Modernized?* (2006. 5). http://europa.eu.

류사업을 확대하고, 이것이 다자 간 협력을 통하여 보다 체계적으로 추진될 수 있도록 아시아에 적합한 방식의 볼로냐 프로세스 도입을 검토할 필요가 있다.

2. 유럽 대학의 발전 과정과 발전 방향[27]

1) 유럽 대학의 역사적 의미

대학의 임무는 "대학과 사회의 연결"로 정의할 수 있으며, 이는 광범위한 의미로 문화계뿐 아니라 사회 · 경제계 전반에 걸친 현 상황과 미래의 발전상을 연구하는 사회와 대학 간의 계약이기도 하다. 역사적으로 대학과 사회 간의 이 같은 계약은 앞으로 일어날 일에 대한 이해를 증대시키고, 사회변화에 대한 예측을 가능하게 한다. 실제로 대학을 의미하는 "University"라는 단어는 공동체를 의미하는 라틴 법률 언어 "universitas"와 전체를 의미하는 라틴어 "universus"에서 유래한다.

중세의 대학은 수도원 학교들의 통합으로 탄생하였으며, 중급과 고급 교육과정으로 나뉘어 있었다. 볼로냐 대학(1088년)과 파리 대학(1150)에 이어 유럽의 많은 도시에서 탄생한 대학들은 왕실과 교황청으로부터 부여된 특권을 누렸으며, 갈수록 명성과 특권이 강화되었다. 1257년 프랑스 생 루이(Saint Loius) 왕과 교황의 지지 속에 로베르 드 소르본(Robert de Sorbonne)은 파리에 왕립학교를 건설하였다. 후에 소

27 이 글은 유네스코 고등교육국장 하다드(Georges Haddad) 등이 『프랑스어 문화백과사전(Dictionnaire Culturel en Langue Francaise)』(2005)에 기고한 「유럽의 대학들(Europe des Universites)」, pp. 1679-1685를 중심으로 정리한 것임.

르본 대학이라 불리게 된 이 신학대학은 역사상 최초로 왕권과 교수와의 협의 및 계약에 의해 설립된 새로운 형태의 대학이었다. 교육 목적은 신학교육이었으며, 왕권을 지지하는 엘리트 집단의 양성과 교리연구가 주를 이루었다. 그러나 당시 대학 최고의 특권이라 할 수 있던 학문의 자유와 운영의 자율권은 부여되지 않았다. 왕권과 종교권의 감독이 거의 절대적이었으며, 이 시기 파리 대학은 왕의 시녀 또는 교회의 시녀로 불렸다.

그러나 르네상스 이래 자연과 그 창조자인 신 앞에서 인간은 점점 대담해지고 신과 경쟁하려는 경향이 강해졌다. 더 이상 자연에 순응하길 거부하고 자연을 바꾸기 시작했다. 이 대담성과 자만심으로 유럽인들은 종교적 금기사항을 거부하고, 새로운 개념을 발달시켜 결국 지리적, 문화적 한계를 극복하기 시작했다. 또한 여러 발명으로 인하여 종교적 교리와 상관없는 새로운 사상이 생기기 시작하였다.

오늘날 지식은 한 나라의 경제적, 정치적 국경 내에 제한되어 있을 수 없다. 지식을 공유하는 것이 인류의 균형적인 발전의 한 요소가 되었다. 특히 과학적 지식이란 계속적인 질문, 기존 개념의 거부, 반론의 인정을 의미하게 되었고, 대학 공동체가 만들어내는 것들은 모든 문명사회가 갈망하는 관용과 과학의 기초 위에 건설되어야 한다는 것을 인식하게 되었다. 현대과학의 발전과 학문의 자유, 학문의 교류 등의 성취는 유럽 대학들의 피나는 투쟁의 성취물이라고 볼 수 있다. 또한 유럽의 대학은 오늘날의 미국, 아시아, 아프리카의 대학설립과 발전에 많은 영향을 주었다. 그런 의미에서 유럽의 대학발전을 살펴보는 것은 향후 대학발전의 방향을 모색하는 데 도움을 줄 것이다.

2) 유럽 대학의 태동

기록에 의하면 425년 2월 27일의 법에 의거하여 로마 황제 테오도시우스 2세(Theodosius II: 408-450)가 처음으로 콘스탄티노플(현재의 이스탄불)에 국립대학을 설립하였다. 이 대학이 당시 고등교육을 독점하였으며 라틴어, 수사학 및 철학, 법학을 강의하였다. 이후 유럽의 대부분 대학이 침략기를 거치며 파괴된 반면, 콘스탄티노플의 대학은 몇 차례 위기에도 불구하고 1453년까지 고전적 강의를 고수한 대학으로 생존하였다.

12세기부터는 종교적 영향으로 주교의 지휘를 받는 수도원 내의 대학만이 존속하게 된다. 이와 같은 수도원 학교들은 스페인 톨레도(Toledo), 프랑스의 남부 프로방스 지방에 위치한 몽 까생(Mont-Cassin), 스위스 국경지대 알사스 지역에 위치한 뤽세이유(Luxeuil), 이탈리아 제노바 북쪽에 위치한 봅비오(Bobbio) 등에 있었다. 프랑스에서는 샤를마뉴 대제(Charlemagne: 741-814)를 비롯한 캐롤랑지엔(Carolingiens: 751-967년에 걸쳐 프랑스를 지배한 왕조) 왕조의 왕들이 여러 차례에 걸쳐 학교들을 직접 감독하거나 새로운 학교를 설립하였다.

유럽 지역에서는 대부분 대학이 주교의 영향력하에 있었다. 주교는 그 역할과 필요에 따라 대학총장, 수도 참사원, 학자 등을 임명하여 감독을 위임하거나 장학사를 임명하여 교과 과정을 감독하게 하였다. 특히 교수로서 학생을 가르칠 수 있는 교수자격증(licentia docendi; teaching licence)의 수여는 주교가 직접 관장하였다. 이와 같이 대학에서 주교가 절대 권력을 보유하며 교수, 학생, 교과 등 전반에 걸쳐 막강한 영향력을 발휘하였다. 교과 과정은 5세기경 마르시아누스 카펠라(Marcianus

Capella)가 발전시킨 고대 7 자유학과[28]의 교육이 모든 학문의 기본으로 간주되었고, 인문학 교수로서의 지위가 신학, 법학, 의학 등 다른 고등 학문을 강의할 수 있는 자격이 되었다.

그러나 10세기 말, 이탈리아 볼로냐에서 일반인, 학자, 학생들로 구성된 일련의 집단이 보관을 목적으로 서적을 모아들이면서 도서관에 해당하는 스타디움(Stadium)을 설립하였고, 마침내 1088년 볼로냐 대학을 설립하기에 이른다. 11세기 말에는 파리 노트르담 성당 부속학교 교장이며, 종교에 있어서 보편논쟁으로 유명하던 기욤 드 샹뽀(Guillaume de Champeaux: 1070–1121)의 자유로운 학문추구 정신이 알려지면서 유럽 각지에서 학생들이 모여들어 파리 대학이 유럽 최고 대학으로 군림하게 된다. 그는 보다 교육적이고 주교의 감독으로부터 벗어나 자유로운 학문연구를 하기 위하여 1113년 파리 센 강 왼편에 생 빅토르(Saint victor) 수도원을 건립하여 학생들을 받아들였다. 또한 12세기 최고의 스콜라 철학자로 알려진 아벨라 피에르(Abelard Pierre: 1079-1142)도 파리 성 주느비에브(St. Genevievre)[29] 언덕에 유사한 형태의 학교를 개설한다. 이에 센 강 왼편은 학교들이 들어서는 교육 지역으로 각광받게 된다.

13세기 초 단과대학의 개념이 도입되는데, 인문대학에서는 자유학과 교육을, 신학대학에서는 성직자 양성교육을 담당하게 되었으며, 이후 법대와 의대가 발달하게 되었다. 파리에서 강의하기도 한 이탈리아 볼로냐의 교수 앙리 드 슈즈(Henri de Suse)의 정의에 의하여, 여러

---

28 통상 7 자유학과라고 불리는 것으로 3학(문법, 수사학, 논리학)과 4과(수학, 기하학, 천문학, 음악)로 구성됨.

29 성 주느비에브(St. Genevievre): 5세기 훈족의 침입으로부터 파리를 수호한 여인으로 후일 파리의 수호 성녀로 불린다. 성 주느비에브 언덕은 현재 소르본 대학이 있는 언덕 일대를 지칭한다.

단과대학의 집합체가 후일 대학이라 불리게 되는 스투디움 제네랄레(stadium generale)를 형성한다. 볼로냐에서 이런 발전이 가장 활발히 이루어져 볼로냐 대학의 학위규정(Alma Master studiorum)이 공인되었다.

1207년 파리 주교인 유드 드 실리(Eude de Silly)가 파리 대학들의 대학연합체(communitas scolarium) 개념을 도입하였고, 이후 교황 인노센티우스 3세(Innocentius III: 1198~1216)가 대학연합체(universitas scolarium)를 인정한다. 이러한 방식의 학교 설립이 가장 적합한 방식으로 각광받게 되고, 마침내 종합대학의 개념이 탄생하게 된다. 파리에서는 유사한 학문기관에까지 대학의 개념이 확대되었다. 먼저 대학 스스로 규칙을 정하게 되었고, 후일 대학은 학문의 자유를 추구하게 된다. 1215년에는 대학을 보다 조직적으로 운영하고 지원하기를 희망했던 교황 인노센티우스 3세의 특사인 로베르 드 쿠르송(Robert de Courcon) 추기경이 파리에 파견되어 당시 교수, 급여, 학과, 비종교적 학생과 종교단체의 학생들에 관련된 모든 보고서를 정리하여 최적의 조합을 이루는 학칙을 만들었다. 이 학칙은 각종 정관, 법령, 교수와 학생의 특전 및 의무, 석사 과정으로의 등록조건 등을 정리하고, 신학대학과 인문대학의 교육체제를 정리하였으며, 아울러 문제해결을 교수와 학생이 외부 도움 없이 독자적으로 추구할 수 있는 자유와 독자적 법정을 운영할 수 있는 권리를 인정하였다. 또한 대학이 자율적으로 교수를 선발할 수 있는 자격을 부여하였다. 특히 파리에서는 1529년 국왕 프랑수와 1세(Francois I)가 왕립 강사를 임명할 때까지 교수 선발이 자유로웠으며, 강사가 강사를 추천하는 제도가 전면적으로 인정되었다.

더 나아가 대학은 자율적인 학위 수여의 권리와 자유를 요구하였다. 이는 학위 수여가 증가함에 따라 점점 엄격해지는 주교구 총장의 감독으로부터 벗어나고자 했기 때문이다. 1194년부터 교황 셀레스틴

3세(Celestin III)는 파리 학생들과 교수들이 세속 재판장으로부터 벗어나는 대책을 마련해주었고, 1246년 대학의 교구 특권의 수호자라 불리는 프랑스의 생 루이 왕(카페 왕조에서 가장 국민들의 신망이 두터웠던 프랑스의 왕. 1226-1270 재위)은 임시 즉결재판소를 대학 내에 설치하여 교수, 학생들의 항변 권리 보장을 추진하였다.

이러한 자율과 중세사회의 특권들은 1231년 4월 13일 교황 그레고리 9세(1227-1247)가 선포한 대학의 권리장전으로 알려진 칙령(Parens scientirum)[30]에 의해 재정리되었다. 대학 제도의 권리장전이라 불리는 이 칙령에서는 특히 교수의 강의 중지권을 인정하였다.[31]

3) 중세 대학의 발전

1150년에 설립된 파리 대학은 볼로냐 대학(1088년) 다음으로 오래된 대학이기도 하지만, 그 투쟁의 역사 또한 대단하다고 볼 수 있다. 다른 대학들도 비슷한 과정을 거치며 자율과 학문의 자유에 대한 많은 고민을 했는데, 이는 대학의 자유 없이는 학문의 자유가 존재할 수 없다는 인식이 깔려 있었기 때문이다. 대학의 자유에 대한 요구는 당시 거의 모든 대학이 교육언어로 라틴어를 사용하고 있었으며, 동일한 교육과

---

30 파리와 볼로냐에서 공부했던 교황 그레고리 9세(재위 1227-1241)는 파리 대학이 대학의 자주성 확보를 요구하며 교황에게 충성을 맹세하자, 1231년 소위 대학의 권리장전이라고 불리는 "Parens Scientiarum(학문의 아버지들)"을 파리 대학에 주었다. 여기에는 (1) 수업과 강의 개설에 대한 자주권의 인정 (2) 일반 종교재판소와 분리된 대학의 종교재판소 설치 허용 (3) 소위 "cessatio"로 알려진 수업을 중지할 수 있는 권리 등이 포함되어 있었고, (4) 학생 기숙비용의 적정 요구권, 부상 시 보상요구권 등도 포함되어 있었다. 이것은 후에 다른 대학에도 적용되어 대학의 발전에 크게 기여하는 계기가 된다. 특히 수업 중지의 권리는 대학의 자유를 확보하는 데 중요한 수단으로 인식되었다.

31 이 강의파업의 권리는 가톨릭의 영향을 받지 않는 자유로운 사상의 교수들 사이에서 이미 1229년부터 자의적으로 행하던 것이다.

목, 같은 참고도서를 사용하고 있었기 때문에 더욱 촉진되었다. 모든 대학에서의 유사한 교육과 공통적 학위인정 등의 환경적 요소에 의해 학자들의 단합이 쉽게 이루어질 수 있었던 것이다. 볼로냐 대학에 이어 파리 대학이 1292년 교황 니콜라스 4세(1288-1292)에 의하여 종합대학으로 인정받은 후, 파리 대학의 학위는 유럽의 모든 대학에서 강의할 수 있는 국제적인 교수자격증(jus ubique docendi)으로 인정받게 된다. 이후 많은 대학이 이러한 자격을 획득하게 되었다.

이로 인하여 대학 사이 교류가 활발히 일어나게 되었고, 대학의 인적 교류에는 국경이 사라진다. 12세기부터 란프랑(Lanfranc), 안셀(Anselme) 등의 이탈리아 교수들, 존 드 살리버리(Jean de Salibury) 등의 영국 교수들이 프랑스에서 강의하였다. 해를 거듭할수록 파리 대학은 여러 나라에서 온 교수들에 의하여 비약적인 발전을 하게 되었고, 볼로냐 대학의 교수들은 유럽 여러 나라 대학에서 법학을 강의했다. 16세기의 왕실 강사들 중에는 프랑스 교수들뿐 아니라 이탈리아나 그리스의 교수들도 많았다. 중세 법학을 완성한 이탈리아 밀라노의 알시아(Alciat)는 교황청 유수가 있었던 남프랑스의 아비뇽과 벨기에의 브뤼셀에서 강의하였으며, 네덜란드 교수인 에라스무스(Erasmus: 1466-1536)는 스위스의 바젤(Basel)에서 강의하였다. 지역별로도 대학이 특성화되어 파리에는 철학자와 신학자들이, 볼로냐에는 법학자들이, 남부 프랑스의 살렌(Salene)과 몽펠리에(Montpellier) 같은 도시에는 의학자들이 집결했다. 학생들도 국내로 또는 국외로 교수의 명성이나 대학의 명성에 따라 이동했다. 14세기 몽펠리에 의대 학생들의 1/3만이 프랑스 학생들이었고, 나머지는 독일, 네델란드, 스위스, 스페인에서 온 학생들이었다. 16세기에는 바젤의 학생들이 몽펠리에로 초청되어 의학 강의를 청강하기도 하였다. 당시 학생, 교수들의 이러한 이동은 아주 일반적인 현상이었다.

볼로냐 대학의 경우 다양한 언어권 학생들이 수학하고 있었는데, 학생들은 대학 내에서 동일 언어권 학생들을 중심으로 모임을 만들기도 하였다. 반면 파리 대학은 언어권을 4개 언어로 제한하였고, 학생들은 단과대학별로 모임을 만들었다. 일부 너그러운 사람들이 그들의 집을 학생들이 기거할 수 있는 공간으로 제공하기도 하였다.

파리에서 가장 유명한 단과대학은 프랑스 생 루이 왕의 전속 신부이자 대학총장이던 로베르 드 소르본(Robert de Sorbonne)이 1257년 설립한 신학대학이며, 오늘날 소르본 대학의 전신이다. 이 신학대학은 학생의 출신에 상관없이 신학을 공부하기 원하는 학생들은 모두 받아들이는 개방정책을 썼다. 이러한 개방정책으로 파리 신학대학의 명성이 전 유럽에 빠르게 알려져 유럽의 많은 학생이 모여들게 되었다. 이로써 소르본(Sorbonne)이란 이름이 신학대학을 일컫는 상징이 되었고, 소르본(Sorbonne) 박사학위는 파리 대학 신학박사학위를 일컫는 말이 되었다.

이탈리아의 볼로냐(Bologna, 1088년), 프랑스의 파리(Paris, 1150년), 영국의 옥스퍼드(Oxford, 1167년), 케임브리지(Cambridge, 1229년), 독일의 하이델베르그(Heidelberg, 1385년)[32] 등의 대학들은 학문적 명성과 지명도를 얻었으나 대부분의 대학은 소모적인 교리논쟁의 과열로 사멸했다.

---

32 볼로냐, 파리, 옥스퍼드, 케임브리지에서 대학이 언제 시작되었는지 정확히 알기는 힘들다. 당시 교육은 학생들이 모여서 교수를 초청하여 강의를 듣는 방식(볼로냐 대학)이나 교수들이 모여서 강의를 하는 방식(파리 대학) 등이 있었고, 이러한 과정에서 대학이 자연스럽게 탄생하게 되었다. 그러나 당시 대학들은 교황이나 왕의 동의 없이는 학위를 수여할 수 없었고, 승인을 받은 학위소지자는 다른 대학에서 강의할 수 있는 권한(일종의 교수자격면허)이 주어졌다. 여기에서의 대학 설립 연대는 일반적으로 알려진 것을 인용한 것이다.

4) 르네상스와 대학의 발전

중세시대 유명 대학에서 학문연구는 왕권과 교리에 어떠한 형태의 이의도 제기하지 않는다는 조건에서만 일부 허용되었다. 특히 기술교육은 대학 내에서 이루어지지 않았고, 대학 외부에서 현장실습과 개인교습을 통해서만 이루어졌다. 결국 대학의 연구기능은 거의 전무하였고, 일부 교육활동이 기존 교리에 위협이 된다고 의심될 경우 전면 금지되었다. 당시 대학은 왕권과 종교권력에 의하여 공식적으로 인정된 학문만을 전파하고 연구하는 기관으로 전락했고, 교육은 수세기에 걸쳐 사회문화의 발전을 저해하는 방향으로 운영되었다. 중세에는 고대부터 전해오는 문헌을 기본 내용의 변화 없이 보존 · 전파하고 더욱 발전시키는 것이 큰 과제였다. 인간이 새로운 이념이나 이상을 발달시킨다면, 그것은 단순히 약간 신기하고 궁금한 것에 지나지 않는 것으로 치부되었다. 이러한 새로운 개념이 만일 신의 창조영역에 속한 것이라면, 인간은 단순히 재발견과 알림, 그리고 새로운 해석을 시도하는 데 만족해야만 했다.

고대 그리스 시대부터 르네상스 시대까지 과학적 발견은 단지 이상적인 모델의 모방이나 가능한 최대의 모방 정도로 취급되었다. 만일 누군가가 신의 영역에 대한 새로운 해석을 전파하려고 했다면 그는 자신의 이름을 숨겨야만 했다. 그러나 모든 대학에서 교육 공용어로 라틴어를 사용하였으므로 상호 교류가 쉽게 이루어졌다. 학생과 교수들의 이주가 빈번히 일어났고, 이들은 상황이 힘들어도 대학의 강의와 그 졸업장에 매료되어 장거리 이동을 마다하지 않았다. 이렇게 "학문의 이동성"에 관한 개념이 생기게 되었고, 르네상스 시대부터 교육과 학위의 교환, 그리고 상호 협력이 활발히 일어나기 시작했다.

특히, 1450년경 구텐베르그(Johannes Gutenberg: 1398-1468)의 금속인쇄술 발명[33]으로 시작된 인쇄술의 발전은 새로운 사상과 학문의 전파를 촉발하여 사회 전체적으로 혁신적인 결과를 초래하였다. 소수가 향유하던 엘리트 계급의 지위가 일반인의 공익을 대변하는 위치로 떨어질 위기에 처하게 되었다. 이를 계기로 학문의 전파를 막기 위한 탄압이 시작되어 왕권과 종교권력에 의하여 많은 서적들이 불살라지고, 책의 저자나 인쇄사 역시 신성모독 또는 반란 죄목을 쓰고 단두대로 보내지거나 화형에 처해진다. 1546년 8월 3일, 파리의 모베르 광장(Place Maubert, 노트르담 성당 인근의 센 강 왼편에 위치)에서 프랑스 인문학자로서 라틴어의 해설로 라틴어 발달에 크게 공헌한 에띠엔 돌레(Etienne Dolet), 프랑스 르네상스 시대의 가장 위대한 시인 가운데 한 사람인 클레멍 마로(Clement Marot), 16세기 프랑스 작가 프랑소와 라벨레(Francois Rabelais) 등이 소르본 신학대학의 위원이던 노엘 베다(Noel Beda)에 의해 처형되었다.

인쇄술의 발달로 성경과 복음서만이 더 이상 유일한 책이 아니게 되었고, 프랑스 왕 샤를 4세(Charle IV: 재위 1322-1329)의 보호를 받은 프랑스의 수학자 니콜라스 오렘(Nicolas Oresme: 1323-1382)에 의하여 다른 그리스·라틴 문학작품들이 프랑스어로 번역되어 소개되자 사회 전반에 걸쳐 기존 질서에 대한 의심과 호기심이 생겨나기 시작한다. 새로운 시각으로 세상을 보는 경향이 나타나고, 이러한 사회적 반향은 교회 내 개혁으로 이어져 기존의 교리해석과는 다른 비판적 교리해

---

33 1999년 말 타임(Times) 지는 지난 천 년간 인류역사에 가장 영향을 미친 발명으로 구텐베르그의 금속활자 인쇄술을 선정하였다. 그러나 「직지심경」(1377)이 발견되면서 우리나라의 금속활자 인쇄술이 구텐베르그(1450)보다 약 70년 앞선 것으로 밝혀졌고, 세계 최초인 것으로 공인되어 유네스코 세계기록유산으로 2001년 등재되었다.

석이 시도되었다. 북유럽에서는 교황과 교회의 감독권을 벗어난 자유주의적 교리연구가 시작되었으며, 점점 더 많은 교수들이 교회 밖에서 선출되었고, 처음 의도했던 것보다 더 광범위한 자치를 누리게 된다.

이제 인간은 창조에 관하여, 그리고 자연에 대하여 의문을 갖고 질문을 하는 것만으로 만족하지 않고, 스스로 창조하려는 시도를 시작하였다. 설명, 이해, 분석, 합성 등은 더 이상 호기심의 산물이 아니었고, 탐험은 오락이 아닌 사회적으로 유용한 일로 간주되었다. 이 시기에 과학이 모든 감시부터 벗어나게 되었고, 고대의 진실을 밝히는 데 모든 노력이 집중되었다. 사회에서의 귀족계급과 같이 선임학자들에 대한 학문적 계급이 인정되기 시작했으며, 과학에는 신성한 문구가 인정되지 않게 되었고, 오로지 실험에만 근거하려는 경향이 강하게 나타났다. 인본주의의 이러한 발전이 대학의 본질에 큰 변화를 초래한다.

갈릴레오가 자신의 과학적 발견을 발표하기가 얼마나 어려웠는지 잘 알려져 있다. 그는 1633년의 종교재판에서 자신의 발견을 취소하도록 선고받았다. 가톨릭은 종교재판이 있은지 360년이 지난 1992년에서야 갈릴레오를 복권한다. 당시의 대학들은 그 특권을 계속 누리기 위하여 갈릴레오에 반대되는 입장을 견지했다. 화형장의 위협에도 불구하고 인간들은 그 모험 속에 자신을 던지기 시작한다.

때론 신학적, 사상적, 철학적 논쟁이 아주 격렬하고 과격해졌고, 철저히 고수해야 하는 교리나 논증은 더 이상 실험으로 증명할 수 없는 것이 되고 말았다. 과학의 이름으로는 사람을 죽이지 않았으나 믿음과 신앙의 이름으로 사람을 박해하고 고문하고 화형하는 일들이 일어났다. 아마도 갈릴레오는 보다 더 과학적이어서 그 저서들만 불살라지는 것으로 끝났을지도 모른다. 그러나 이탈리아의 철학자 · 천문학자 · 수학자 · 신비주의자인 지오바니 브루노(Giodano Bruno)는 수학자들의 지원 없이 코페르니쿠스의 형이상학적 발견을 발전 해석하다 1600년 2월 17일 이탈리아 로마의 피오리 광장(Campo del Fiori)에서 쉰두 살의 나이에 산채로 화형당했다. 1619년 프랑스 툴르즈의 살린(Salin) 광장에서는 무신론자[34] 회원인 바니니(Guilio Cesare Vanini)가 서른네 살의 나이에 화형당했다. 그는 너무 이르게 인간이 원숭이의 후예라고 주장하여 신성모독죄로 처형당한 것이다.

그럼에도 많은 학자들이 신에게 도전과 그 동안 삼가던 질문을 과감히 던지기 시작한다. 이 중 바니니(Vanini) 같은 몇몇은 신의 존재 자체를 부인하였다. 또한 다양한 학문적 고백과 다양한 이유에 의한 순교가 만연하였다. 새로운 상상을 추구하는 풍토는 고대에 신격화되었던 존재인 태양이 거대한 돌덩어리에 불과하다는 학설로 아테네에서 추방당한 아낙사고라스(Anaxagore, 그리스의 자연철학자: BC 500-428) 이래로 새로운 학설로 박해받은 학문의 선구자들을 인정하고 연구하기 시작한다.

이러한 변화는 유럽에서 15세기와 16세기에 걸쳐 문학, 예술, 과학 및 경제 전반에서 일어나 자본주의가 발달하는 계기가 되었다. 또한 대학의 의무에 뿌리 깊은 변화를 가져와 이전 시대에서는 받아들일 수 없었던 새로운 학문들이 탄생하게 되었다. 발전과 발견이라는 개념은 종교권력의 반대에도 불구하고 대학 공식언어에 조심스럽게 나타나기 시작한다. 또한 라틴어의 영향력이 자국 언어의 영향력에 위축되기 시

34 창조론을 믿지 않는 무신론자회는 이미 1세기 전인 16세기 이탈리아에서 생긴 것으로 알려져 있다. 진화론으로 유명한 다윈(Charles R. Darwin: 1809-1882)은 바니니가 화형당한 후 약 240년이 지난 1859년 유명한 『종의 기원(On the Origin of Species)』을 발표한다. 다윈이 『종의 기원』을 발표할 당시 코페르니쿠스(Nicolaus Copernicus: 1473-1543)의 지동설만큼이나 세상을 놀라게 한다. 사실 다윈은 그의 책에서 동물의 진화를 주장했지만, 인간의 기원에 대한 내용은 책에서 거의 언급하지 않았다. 260년이 지난 후에도 다윈이 인간창조론에 대해서만은 언급하지 않은 것은, 19세기 중엽에도 사회적으로는 창조론이 주류를 이루고 있었음을 보여준다.

작한다. 이 지식적, 도덕적 비평의 개방시기에 역설적으로 국가주의가 발달해 대학 간의 이동이 위축된다. 그러나 기술교육은 여전히 대학의 임무와 책임이 아니었고, 과학적 발견은 대학 밖에서 이루어졌다.

5) 현대적 개념의 대학 등장

18세기, 19세기에 걸쳐 사회경제학 분야가 급속히 발전하고 새로운 이념이 등장함으로써 현대 대학의 개념이 도입된다. 특히 독일의 언어학자이며 당시 교육부장관이던 훔볼트(Wilhelm von Humboldt)가 1810년 베를린 대학을 설립함으로써 모든 학문을 망라하고, 기술교육, 순수연구를 목적으로 하는 연구소, 실험실 등을 포함하는 최초의 현대적 개념의 대학이 탄생한다. 그리하여 과학이 처음으로 대학의 기능 및 책임으로 받아들여지게 되었다. 당시 대학들은 학문적 명성과 지명도를 얻었으나 대부분 대학의 교육목적은 신학교육이었으며, 왕권을 지지하는 엘리트 집단의 양성과 교리연구였다. 따라서 대학 최고의 특권이라 할 수 있는 학문의 자유와 운영의 자율권은 부여되지 않았다.

당시 훔볼트가 독일(당시 프로이센)의 교육부장관으로서 추진한 독일 교육모델은 학문의 자유를 기본으로 한 연구중심대학 설립, 초등교육 의무화, 교사의 국가양성과 자격 제도 도입, 모든 학생을 대상으로 한 국가 수준의 시험실시, 국가 수준의 교육과정 운영 등이다. 베를린 대학이 추구한 학문의 자유에 기초한 연구중심대학 모델은 유럽 대학발전에 큰 영향을 주었으며, 특히 미국 존스 홉킨스 대학의 모델이 되었고, 존스 홉킨스 대학은 후에 미국 연구중심대학의 모범이 된다.

이 시기부터 과학적 발견과 연구가 대학의 주 활동으로 자리 잡았고, 그 전파는 대학의 교수나 연구원의 업무가 되었다. 이러한 새로운 개념이 19세기에 태동함으로써 대학은 다가올 미래사회를 준비하는 과학적 연구가 진행되는 선택받은 곳이며, 이 자격으로 대학은 정부의 지원을 받을 수 있다는 인식이 확산되었다. 발전이라는 개념은 이제 대학의 실험실과 연구실에도 아주 밀접하게 적용되게 되었다.

대학 덕분에 과학자와 연구가들이 사회적으로 인정받고, 대학은 이들이 만들어내는 지식의 자유, 보존, 전파 및 교류 등을 보증하게 된다. 생산기술의 발달, 산업기술의 혁명 등은 새로운 직업과 새로운 직업교육의 출현을 촉진하여 유럽 대부분의 나라와 북미에서 많은 대학이 생겨났으며, 이들 중 유구한 역사와 명성을 자랑하는 대학도 나타난다.

3. 향후 대학발전 방향

과학적 발전과 사회적 발전은 매우 밀접한 관계가 있어 분리할 수 없으며, 대학은 이 두 가지 임무를 다 완수해야 하는 사명이 있다고 볼 수 있다. 그러나 지난 세기에 일어난 경제적, 정치적, 사회적 변화는 대학 제도에 모순되는 결과를 초래하였다. 국가주의, 전쟁, 사상 간 갈등이 대학 간 교류를 저해하였다. 교수들은 상호 정보와 자료를 교환하였고 강의도 유럽의 이곳저곳에서 할 수 있었으나, 독일의 대학들은 나치당이 집권한 1933년 이후 암흑의 시기를 지내야만 했다. 20세기 후반에는 통신수단의 비약적 발전으로 끊임없는 정보교환과 유익한 상호 왕래가 이루어지고 있으나, 학생들은 언어장벽, 재정문제, 국가별 특이한 학과목 및 학제 등의 이유로 인하여 교수들처럼 그 혜택을 충분히 누리지 못하고 있으며, 대학 간 이동도 중세시대 대학 간 교류처럼 원활히 이루어지지 않고 있다.

두 번에 걸친 세계대전과 같은 가장 비참한 사회적 비극을 겪고, 다른 한편으로 모든 학문에서 가장 지대한 발전을 이룬 20세기에는 대학이 문화와 사회경제 발전에 결정적 요소가 되었다. 새로운 학문, 새로운 교육방법 등이 도입되어 원거리교육, 평생교육, 직장교육, 생애 전 기간에 걸친 교육개념도 등장한다. 21세기에는 아직 고등교육의 혜택을 누리지 못하는 계층, 높은 연령층에 대해서까지 대학 문호를 확대하는, 이른바 교육의 보편타당성과 질적 요소를 충족하는 보다 높은 차원의 평생교육이 요구된다.

오늘날 지식을 한 국가에만 한정하지 않으려는 움직임이 강해지고, 유럽연합 회원국의 공동 연구주제 및 공동 교육 프로그램의 시행으로 전 유럽 대학의 유럽화가 이루어지고 있다. 최근 몇 년 사이 고등교육과 평생교육 분야 및 연구 분야에서 회원국 간 다양한 협력 프로그램이 제안 · 시행되고 있다. 이러한 정책으로 각 교과 과정과 학위의 조화 및 상호 인정이 이루어지고 있으며, 이는 고유의 대학정신의 실질적인 부활과 발전이라 할 수 있다. 현재 유럽국가들은 EU 경제 분야의 급속한 통합에 이은 인적교류의 보다 원활한 촉진을 위하여 교육 분야에서의 통합을 추진하고 있다. 1997년 4월 포르투갈 리스본에서 고등교육 분야에 있어서 학위자격 상호인증 협력사항에 대하여 협의하고, 유명한 "리스본 상호인증협약(Lisbon Recognition Convention)"을 체결하여 볼로냐 프로세스를 추진하고 있으며, 2010년까지 유럽고등교육권(EHEA: European Higher Education Area) 형성을 위한 여섯 가지 목표를 채택한 것은 이러한 추세를 반영한 결과이다.[35] 그러나 유럽에서 대학에 대한 재정정책은 전통적으로 국가가 담당하였고, 이로 인하여 대학 스스로 발전을 추진하는 데 한계가 있었다. 반면, 미국에서는 개인적 재정부담과 사립대학의 설립이 활발하였고, 국립이든 사립이든 개인 기업에서나 볼 수 있는 이사회를 조직하고 있으며, 이사회를 통해 자율적으로 예산을 관리한다. 학생들은 상당한 비용이 드는 교육을 받기 위하여 비용을 직접 조달해야 하기 때문에 학교 선택에 신중을 기하게 되었다. 한편으로 대학의 입장에서는 학생을 고객으로 간주하기 시작하고, 이로 인해 대학 간 학생유치를 위한 경쟁이 치열해져, 대학들은 그들의 대학에 우수한 교수 · 연구원을 유치하기 위하여 상당한 비용을 지불하는 것을 마다하지 않게 되었다. 재원을 마련하기 위한 기부와 같은 상업적 행위는 미국 내 3,000여 개에 이르는 거의 모든 대학에서 이루어지고 있다. 학생들은 개인의 학문적 열망과 희망에 따라 대학을 지원하고, 대학은 광고시장에 투자하고 운동부를 지원하며 대학의 명성을 높이려 한다. 그러나 유럽 대학들은 중앙정부의 재정지원에 의존하며 대학 간 경쟁을 소홀히 한 결과, 오랜 역사와 명성에도 불구하고 이제는 미국 대학에 대한 경쟁력을 상실하고 있다. 이는 유럽 대학들이 향후 해결해야 할 과제이다.

유럽에서 인쇄술의 발달이 지식혁명을 촉발했듯이 오늘날 인터넷과 정보통신기술이 한계를 예측하기 어려운 또 다른 혁명을 일으키고 있다. 시간, 거리, 비용의 개념이 파괴되었으며 과학, 산업에 끼친 영향은 언급할 필요조차 없다. 서류, 그림, 도면, 프로그램, 문서, 영상물들을 지구상 어디건 자유롭게 보낼 수 있게 되었다. 생물학적 다양성이 생태계에 필요한 것과 마찬가지로 문화적 다양성 또한 사회가 필요로 하는 것이다. 이런 기술의 발달은 스승과 제자 사이의 접촉에도 영향을 주면서 교육 방식에도 변화를 가져왔다. 학생들은 교수를 선택하는데 있어 텔레비전 등에 출연한 적이 있는 영향력 있어 보이는 교수를

35 볼로냐 선언에 대한 보다 자세한 사항은 이 장 1. 볼로냐 프로세스 참조.

선호하거나 아예 뽑기를 할 수도 있고, 교수의 권위는 수강생의 감소에 따라 약화되거나 변화할 수 있다. 학생들의 선택의 여지는 점점 더 강해져 소비자 운동가를 연상하게 되었다.

이제 우리는 새로운 세기의 시작에 즈음하여 대학과 사회의 새로운 계약의 방향에 대하여 인식하게 될 것이다. 먼저 사회와 밀접한 협력관계에 있는 직업기술교육과 연구활동 등과 같은 대학 임무의 변화를 목격하게 될 것이다. 대학기관은 사회적 필요에 보다 적극적으로 대응하고 참여할 수 있도록 더욱 유연성을 확대하여야 한다. 특히 개발도상국은 새로운 형태의 대학발전과 지역협력 프로그램에 적극적으로 대처할 수 있는 정책이 필요하다. 통신의 발달로 선진 각국의 대학들과 협력관계를 이루는 것이 보다 용이해졌다. 이로써 우수한 인재의 급속한 유출(brain drain)을 막을 수 있고 선진국과의 문화적 차이를 이해하며, 선진국의 체제를 모델로 삼고 필수적인 지식과 정보를 교환할 수 있다.

재원의 다변화와 직업교육으로의 접근은 산업계와의 협력과 경쟁을 통하여 보다 강화될 필요가 있다. 19-20세기에 지식의 발달로 인해 필요했던 세분화된 학문연구는 이제 서로 다른 지식의 영역을 초월하는 학제적 연구로 발달해야 한다. 이러한 요구는 새로운 통신기술의 발달로 인하여 더욱 강해지고 있다. 예상하지 못했던 새로운 직업들을 위한 교육의 준비가 필요해졌고, 적응성과 빠르게 발전하는 기술에 관한 고찰이 요구되고 있다. 이러한 도전에 직면하여 대학은 열린정신과 협동정신, 그리고 진실과 객관에 입각하여 장기적인 내부적 발전을 추구해야 한다. 대학의 전통적인 목적 및 의무는 오늘날 환경보호, 인권수호, 평화롭게 살 수 있는 사회의 권리 수호 등에 이르기까지 다양해졌다. 미래의 대학은 인류가 현재 봉착하고 있는 기후 온난화, 무분별한 개발로 인한 자원고갈과 환경오염 해결, 삶의 질 향상을 위한 정의로운 사회의 구현 등에 기여해야 한다. 인류의 생존과 발전이 여기에 달려 있기 때문이다.

맺는 말

영국에서는 의무교육 제도가 도입된 1870년까지 교육을 대체로 개인적인 문제로 인식했다. 학교는 대부분 교회에 의하여 운영되는 라틴문법학교로, 주로 목회자 양성과 귀족 자녀 교육을 위한 엘리트 교육 위주였다. 1944년 소위 "세 가지 형태 진학 제도(Tripartite System)"를 도입하고 11+ 시험이 시행됨으로써 학생들은 초등학교를 마치면서 시험을 보아 진로를 결정했다. 일종의 중학교 무시험 진학 제도인 종합학교 제도는 1968년에야 시행되었다. 현재 영국 교육제도의 기본적인 틀은 1988년 교육개혁법에 의하여 이루어졌다고 보아도 과언이 아니다. 주요 내용은 그동안 학교별로 서로 다른 교육내용을 가르치던 것을 통일하고자 도입한 국가 교육과정과 연령별 성취목표 수준 제시 및 전국단위 평가 제도이며, 아울러 학부모의 교육참여를 촉진하는 학교운영위원회제 도입과 학교선택권 부여, 단위 학교에 대폭적인 자율권을 부여하는 중앙정부 보조금학교(GM Schools) 제도 도입을 통한 학교교육의 효과성(School Effectiveness) 제고 등이다. 또한 교육기준청, 대학질관리청, 자격교육과정개발원, 대학재정지원위원회 등의 기관설립을 통하여 교육의 혁신이 지속되도록 제도화하였고, 교육의 질관리에도 많은 관심을 갖고 학교문화로 정착되도록 하는 데 많은 노력을 하였다. 1997년 집권한 노동당의 토니 블레어 수상은 영국 대학의 발전에 국가재정만으로는 한계가 있다고 보고, 학부모와 대학생의 엄청난 반대에도 불구하고 유럽에서는 처음으로 대학수업료를 부과한다.

1808년 나폴레옹에 의하여 도입된 대학 입학 자격시험인 바칼로레아가 200년 넘게 시행되고 있는 등 프랑스 교육제도는 나폴레옹 시대에 큰 골격이 잡힌 이후 큰 변화없이 최근까지 이어져왔다. 소수 엘리트 교육을 중시하여 1960년대까지 해당연령의 약 11%만이 바칼로레아를 취득하였고, 1980대까지만 해도 바칼로레아 합격자 비율이 30% 이하였다. 1984년 새바리(Savary) 법에 의하여 대학의 학생 선발권을 박탈하며 해당 지역 바칼로레아 합격자를 모두 수용하도록 하고, 1989년 해당 학생 80%가 바칼로레아를 취득하게 한다고 선언한 이후에야 대학교육이 보편화되기 시작한다. 2006년 이후에는 바칼로레아 합격자 비율이 80%를 넘어선다. 대학까지 거의 무료로 운영하고 바칼로레아 합격자는 원하면 모두 대학에 진학할 수 있기 때문에 프랑스에서는 현재 해당 연령의 약 55% 정도가 대학에 진학하고 있다. 그러나 정부의 재정지원만으로 모든 국공립 대학의 운영비를 충당하기 때문에 늘어나는 학생수요에 부응한 시설 확충이나 교수 증원 등이 이루어지지 않아 고등교육 환경이 매우 열악하다. 예를 들면 교사 대 학생 비율이 중등학교는 15명 정도이나 대학의 경우는 25명 정도로 높다. 그동안 대학은 학생 선발과 교직원 채용의 자율권이 없었고, 등록금도 받을 수 없었으며, 교육과정 운영 등에 있어서도 많은 제약을 받았다. 2007년 대학개혁법(LRU)과 2008년 프랑스 성장촉진위원회 보고서(아탈리 보고서)에 의하여 대학의 자율권 확대와 대학 간 경쟁 촉진, 교육재정 확충 등이 추진되고 있다.

영국과 프랑스 사례가 보여주듯이, 유럽에서는 교육에 있어서 오랜 역사를 자랑하지만 1960년대까지만 해도 소수 엘리트 양성체제, 전통적인 고전학문과 교수임용 방식을 고수했고, 1980년대에 이르러서야 고등교육의 보편화, 새로운 학문수용과 교육 · 연구에서의 경쟁체제 도입이 이루어져 상대적으로 경쟁력이 떨어지기 시작한다. 반면, 미국 대학은 19세기 초부터 산업발달에 따라 지리학, 회계 등 실용학문에 대한 수요를 적극 수용하고 종교와 교육의 분리를 통한 학문의 자유 구현, 연구 중심의 대학 교육체제 구축과 교수임용 제도 개선, 학제 간 연구와 산학연계 협력을 통한 연구력 향상, 교육기관 평가인증제체 구축, 학업성적 이외에 학생의 잠재적 능력 등을 고려한 다양한 학생 선발 제도 도입 등 현대적 교육제도의 골격을 만들어냈다. 이로 인하여 미국 대학들은 유럽 대학보다는 늦게 출발했지만 시대적 흐름을 적극 수용하여 세계에서 가장 우수한 교수진과 연구력으로 높은 대학경쟁력을 과시하고 있다.

21세기 지식기반사회에서 국가 간 경쟁은 더욱 치열해지고 있으며, 국가 간 경쟁력의 유무는 어떻게 창조적이고 우수한 인재를 양성하고 활용하는가에 달려 있다. 아울러 21세기에 들어서면서 인류는 급격한 변화를 경험하고 있다. 소셜 네트워크, 사이버 대학 등 정규 교육기관과 비정규 교육을 연결하는 다양한 형태의 교육 방식이 등장함으로써 사람들의 취향과 행동 방식에까지 큰 영향을 미치고 있을 뿐 아니라 교육 방식에도 큰 변화를 불러 오고 있다. 상대적 빈부격차의 증가, 저출산과 고령화에 따른 사회적 복지부담의 증가, 환경오염과 지구온난화 문제 등도 인류가 해결해야 할 중요한 문제로 등장했다. 이러한 새로운 변화와 시대적 요구사항을 어떻게 교육제도에 반영하여 창의적인 우수한 인재를 양성하느냐가 중요하다. 지금까지의 교육제도가 엘빈 토플러의 제2물결 시대에 적합한 것이었다면, 이제는 제3물결 시대에 부응하는 새로운 교육의 틀을 만들어야 한다. 미국, 영국, 프랑스의 교육제도 발전 과정에서 공통점을 찾는다면, 교육자(공급자) 입장이 아니라 학생과 사회(수요자) 입장에서 변화의 목적과 방향을 잡았다는 것이다. 21세기 지식정보사회에서 변화의 목적과 방향은 지속가능사회의 구축이다.

이제 교육은 교육자와 학부모만의 문제가 아니고 예비부부, 임산부는 물론, 기업체도 관심을 갖고 상호 긴밀한 협력관계를 유지하면서 해결방안을 모색해야 한다. 어떻게 하면 좋은 아이를 낳고 키울 수 있는지에 대한 교육이 필요하다. 건강과 관련하여 예를 들면, 맞벌이 부부 등장 등으로 짧은 시간에 쉽게 요리할 수 있는 가공된 식재료나 인스턴트 음식이 등장하면서 어린아이들의 비만만 문제가 아니라 20대에 당뇨병 환자가 나올 정도다. 학교에서 지식과 기술만 가르칠 것이 아니라 자신의 건강관리법에 대한 교육도 강화해야 한다. 학생에게는 학생에 적합한 건강관리법을, 직장에서는 직원들에게 자녀교육법과 건강관리법을, 고령자에게는 평생교육 시스템을 통해 병원치료보다는 고령자 스스로 건강관리를 잘할 수 있도록 투자하고 교육 시스템을 갖추어야 한다. 고령화에 따른 과도한 의료부담을 줄이고 건강하고 지속가능한 사회를 위해서는 어린아이 때부터 스스로 자신의 건강을 관리하는 법을 배워야 한다.

무엇보다 인성교육의 필요성도 강조된다. 가속화된 경쟁구도와 각종 정보통신기술의 발전은 지식과 기술만을 지나치게 강조하며 금전만능 방향으로 움직이고 있다. 최근 우리나라에서 벌어지고 있는 아동 성추행, 학생의 교사폭행, 자식의 부모 살해 등 각종 사회문제는 인성교육의 중요성을 새삼 느끼게 하고 있다. 인성이 좋은 아이가 공부도 잘하고 성공적인 삶을 살아간다는 것에 대한 연구사례는 많다.[1]

---

1 미국 스탠퍼드 대학의 월터 미셸(Walter Mischel) 교수는 만족지연능력을 갖고 있는 아이들이 그렇지 못했던 아이들보다 성장 후에도 사회적으로 더 성공적인 삶을 살고 있다는 연구결과를 1966년 발표했다. 이것이 유명한 마시멜로 검사(Marsh-mallow Test)이다. 공복상태인 4-5세 아이들에게

OECD 보고서도 자기 감정을 잘 조정하는 능력이 효과적인 학습(effective learning)의 가장 중요한 요소 중 하나임을 보여주고 있다. 이제 교육은 지식과 기술의 전수뿐 아니라 자신을 통제할 줄 아는 정신능력 강화교육과 인성교육을 필수화하고 강조해야 한다.[2]

최근에는 뇌과학(Brain Science)에 기초해 인간의 학습행태와 연령별, 개인별 학습 능력의 차이를 고려한 학습이론도 개발되고 있다. 핀란드의 경우, 1970년대 초 교육혁신을 단행하면서 이러한 뇌과학에 기초한 다양한 연구결과[3]를 교원양성 과정에 도입하였다. 교사의 중요성을 인식하고 교원양성 과정을 석사 과정으로 올리고, 지식과 교수법, 교육이론은 물론 교수(teaching) 분야에서의 연구능력과 창의적인 해결능력을 갖출 수 있도록 연구에 기초한 교육과정(research-based curriculum)을 운영하고 있다. 이제 전통적 교수-학습방법이 아니라 뇌과학 등의 발달로 인간능력의 발달단계와 개인별 차이 등에 대한 보다 종합적이고 체계적인 이해를 바탕으로 새로운 학습이론을 정립하고, 이에 기초한 교육과정 및 평가방법 설계, 교원양성과 능력개발이 이루어져야 한다.

이처럼 교육환경이 변화함에 따라 교육의 목적과 내용도 끊임없이

마시멜로를 주고 15분 동안 안 먹고 참으면 15분 후 1개를 더 준다고 약속했다. 10년 후, 20년 후 마시멜로를 먹고 싶은 유혹을 이기지 못한 아이들과 먹고 싶은 유혹을 참으며 만족을 지연시킨 아이들의 모습은 너무도 달랐다. 먹고 싶은 유혹에 굴복당한 아이들은 작은 일에도 쉽게 좌절하고 고집을 잘 부리며 친구가 없는 외톨이가 되어 있었다. 새로운 자신의 모습이나 더 나은 삶을 위해 도전하려는 의지도 보이지 않았다. 그러나 먹고 싶은 욕구를 이겨낸, 이른바 만족을 지연시키는 능력, 자신의 목적을 달성하기 위해 자신을 통제할 줄 아는 능력을 갖춘 아이들은 긍정적인 가치관을 가지고 있었다. 그들은 부모와 친구, 이웃과 잘 어울렸고, 그들의 눈과 귀는 늘 열려 있었으며 자신을 향상시킬 수 있는 것들을 잘 분별했다.

2 OECD(CERI), *Understanding the Brain: The Birth of a Learning Science* (2007).

3 볼티라이넨(Touko Voutilainen) 등은 1990년에 소위 "지식의 개념(the Concept of Knowledge)"에 기초한 새로운 학습이론을 제시하며 교원양성 과정의 혁신 중요성을 강조하였고, 핀란드가 이를 받아들여 혁신한 결과, OECD PISA에서 좋은 성과를 거두고 있다. 더 자세한 것은 정일용 외, 「핀란드 교육의 특징과 교육혁신의 성공요인」, 『KEDI 세계교육정책 인포메이션』(2012. 11) 참조.

변화 · 발전하고 있다. 인터넷이 보편화되기 전에는 지식을 많이 외워 아는 것을 필요로 하였으나 지금은 창의적 문제해결 능력과 협동능력[4] 등을 필요로 한다. 지금의 지식정보화시대는 암기식 교육이 아닌 창의적 교육을, 단편적 지식이 아닌 통합적 지식을, 많은 지식보다는 도전정신과 창의력을 요구하는 시대이다. 앞으로는 교육과정, 교원양성체제, 평가 방식, 학교운영체제 등에서 새로운 정보과학기술(뇌과학, 정보통신기술 등)에 기초한 새로운 교수학습이론을 중심으로 전반적인 혁신을 준비해야 한다. 아울러 혁신의 방향은 가능한 모든 영역에서 선순환구조가 내재된 지속가능한 사회구축이어야 한다.

4 이러한 능력을 핵심능력(key skills, core skills, foundation skills, key competence 등으로 호칭)이라고 하며, 의사소통능력, 문제해결능력, 협동능력, 분석능력 등을 말한다. 이러한 새로운 능력에 대한 관심과 수요가 증가하면서 OECD는 1997년 소위 "DeSeCo(Definition and Selection of Competencies) 프로젝트"를 시작하였고, 2003년 최종 보고서 "Key Competencies for a Successful Life and a Well-Functioning Society"를 발간하였으며, 2005년에는 보다 다듬어진 요약 보고서 "Definition and Selection of Key Competencies-Executive Summary"를 발표하였다. 21세기 지식정보화시대에서 요구하는 이러한 새로운 능력을 국가마다 다르게 부르고 개념도 조금씩 다르게 파악하였으나, OECD는 DeSeCo 프로젝트에서 국가별 사례분석을 통하여 공통분모를 찾아내고자 했다. 좀 더 자세한 것은 다음 사이트에서 볼 수 있다. http://www.oecd.org/edu/skills-beyond-school/definitionandselectionofcompetenciesdeseco.htm; http://www.deseco.admin.ch/.

정일용(鄭日鎔)

서울대학교 사범대학 사회교육학과에서 학사학위(1978-1982), 동 대학 교육학과에서 석사학위(1986-1989), 미국 위스콘신 대학교 매디슨 캠퍼스에서 박사학위(1990-1993)를 받았다. 중학교 교사와 증권회사 직원으로 근무하였고, 행정고시(28회)에 합격한 뒤, 인천광역시교육청, 교육개혁위원회 사무국, 교육부 국과장, 대통령비서실 행정관, 충청북도교육청과 경상북도교육청의 부교육감, 주OECD 대한민국대표부 공사, 교육부 중앙교육연수원장으로 재직하였다. 퇴직 후에는 교육계에서의 오랜 연구와 실무경험, 국제경험을 바탕으로 호원대학교와 세한대학교 초빙교수를 역임하였고, 현재는 KOICA의 르완다 교육 역량강화 사업을 담당하고 있다.